中国社会保险年鉴

1997

劳动部社会保险事业管理局编
劳动部综合计划与工资司审定

中国人事出版社

《中国社会保险年鉴·1997》
编辑委员会

序

社会保险是国家为劳动者建立的一项基本保障制度，旨在保证劳动者在因年老、疾病、生育、伤残或死亡以及失业等原因暂时或永久丧失劳动能力、或丧失劳动岗位时能够从社会获得物质帮助。

随着我国经济体制改革的逐步深入，社会主义市场经济体制的逐步建立和形成，社会保险制度改革也取得了突破性的进展。以养老保险为龙头的各项社会保险业务在全国范围内逐步展开。

自1984年开始，一些市县进行基本养老保险制度改革试点，实行国有企业退休费用社会统筹。1991年国务院发布《国务院关于企业职工养老保险制度改革的决定》，提出了“逐步建立起基本养老保险与企业补充养老保险和职工个人储蓄性养老保险相结合的制度。改变养老保险完全由国家、企业包下来的办法，实行国家、企业、个人三方共同负担，职工个人也要缴纳一定的费用。”党的十四届三中全会通过的《中共中央关于建立社会主义市场经济体制若干问题的决定》中提出城镇职工养老保险金由单位和个人共同负担，实行社会统筹和个人帐户相结合。1995年国务院发布《国务院关于深化企业职工养老保险制度改革的通知》，进一步提出了两个社会统筹和个人帐户相结合的办法。6号文件发布以后，各地区各部门按照“社会统筹与个人帐户相结合”的原则，普遍制定并出台了基本养老保险制度改革方案。“统帐结合”的原则已经深入人心，职工督促企业按时足额缴费的机制已经开始形成。但是由于多种养老保险办法并存，暴露出一些亟待解决的问题，使统一全国养老保险制度成为进一步深化改革的关键。经过广泛的调查研究，今年7月国务院作出了统一企业职工基本养老保险制度的决定，这标志着我国企业职工养老保险制度的改革进入了一个新的阶段，一个适应建立社会主义市场经济体制要求的、具有中国特色的养老保险体系正在逐步形成，对“九五”时期乃至下个世纪初我国社会保险领域的各项改革都将产生重大影响。截至今年上半年，全国已有8700多万在职职工、2300多万离退休人员参加了基本养老保险，其中：已建立个人帐户的在职职工4254万人，从个人帐户中定期领取养老金的离退休人员229万人。

医疗保险制度改革是从一些地区结合本地实际情况实行的职工大病医疗费用社会统筹和离退休人员的医疗费用社会统筹开始的。这些统筹既减轻了企业负担，又解决了大病医疗的风险，在一定程度上发挥了社会保险互助互济的功能，缓解了企业医疗费用畸轻畸重的矛盾，对保障在职职工和离退休人员的医疗，均衡企业负担，维护社会稳定发挥了积极的作用。目前这两种形式的统筹仍在各地发展和扩大。党的十四届三中全会决定提出医疗保险金由单位和个人共同负担，实行社会统筹和个人帐户相结合制度，并于1994年开始在九江和镇江两市进行试点，1996年国务院决定扩大“统帐结合”试点，目前已有58个城市申请参加扩大试点，其中32个城市已出台了方案并开始运作。到今年上半年全国已有1000多万在职职工、150多万离退休人员参加了医疗保险。

1996年，劳动部发布了《企业职工工伤保险试行办法》，国家技术监督局也印发了《职工工伤与职业病致残程度鉴定》国家标准，这两个文件的正式实施，标志着工伤保险制度改革发展到一个新的阶段。一年多来，已有十多个省、市转发了《试行办法》。生育保险到去年年底已在23个省、自治区、直辖市中开展，有20多万生育女工享受生育保险待遇。

江泽民总书记在党的十五大所作的《高举邓小平理论伟大旗帜，把建设有中国特色社会主义事业全面推向二十一世纪》的报告中，把推进社会保障制度改革作为加快国有企业改革，促进经济发展的一项重要配套改革措施。报告指出：“建立社会保障体系，实行社会统筹和个人帐户相结合的养老、医疗保险制度，完善失业保险和社会救济制度，提供最基本的社会保障。”《报告》进一步明确了社会保障制度改革的任务及其在整个经济体制改革中所处的位置，社会保险制度改革的任务繁重而艰巨，我们必须加大改革的力度，加强对深层次问题的调查分析和研究，建立科学的决策体系，建立完善的社会保险制度，以适应经济体制改革和经济发展的需要。

1989年劳动部制定了社会保险统计制度，1992年又制定了社会保险会计制度，这两项制度的颁布实施使决策机构和有关部门能够定期全面了解和掌握全国社会保险制度改革和发展的情况。我们已经进入信息时代，宏观和微观决策离不开信息的支持。《中国社会保险年鉴·1997》是我国建立社会保险制度以来的第一部统计资料大全，它收集了近年来我国社会保险制度改革的重要统计数据和有关的重要文件法规，全面反映了我国社会保险事业的发展状况，是一部有价值的工具书。

我希望《中国社会保险年鉴·1997》的出版，能帮助社会各界更全面系统地了解我国的社会保险事业发展过程和现状，能为从事社会保险事业管理和研究的人员提供有价值的量化分析数据，能为各级政府的领导进行社会保险制度改革决策提供可靠的依据。总之，我希望这部年鉴的出版能得到社会各界的重视和支持，并能很好地应用它，使它能充分发挥作用。

1997年9月30日

编辑说明

《中国社会保险年鉴·1997》是第一部全面反映我国社会保险事业发展情况的资料性年刊。本刊收集了自1989年以来全国和各省、自治区、直辖市养老、工伤、生育、医疗保险的各项统计数据及基本养老保险实行11个行业统筹的中央部门的统计数据；收集了关于1996年全国社会保险事业发展情况的分析报告；收集了近几年我国有关社会保险的重要法规、文件及相关统计文件选编和统计分类标准。

全书共分四大部分：一、统计图；二、统计表：1. 综合，2. 养老保险，3. 工伤保险，4. 生育保险，5. 医疗保险，6. 社会保险管理机构；7. 全部离退休人员及全部职工、离退休人员的保险福利费用；三、统计分析报告；四、重要文件选编。统计表中“#”符号表示“其中”项。

本书数据资料的取得形式主要是国家和部门的报表统计。1989—1991年基本养老保险数据全部为国有企业数据；1992年及以后各年的基本养老保险数据包括国有企业、城镇集体企业及其他各种经济类型企业全部数据，自1993年起，统计内容由基本养老保险扩大到企业补充养老保险、个人储蓄性养老保险、工伤保险、生育保险和医疗保险；1996年离退休金实行社会化发放情况及1997年“两节”期间“送温暖”情况为非常规统计调查数据。

本书在编辑过程中，得到有关部门的大力支持，在此深表感谢。

由于本书统计数据资料是汇集1989年至1996年8年的资料，编辑整理时间仓促，数据量较大，编辑过程中难免有错，恳请广大读者对本书提出宝贵意见。

编　者

1997年10月

目　录

一、统计图

二、统计表

（一）开展各项社会保险的人员、工资、基金等情况及社会保险管理机构情况

1. 综合

2. 养老保险

3. 工伤保险

4. 生育保险

5．医疗保险

6．社会保险管理机构

（二）全部离退休人员及全部职工、离退休人员的保险福利费用情况

三、统计分析

四、重要文件选编

一、统计图

我国社会保险发展情况

（单位：个）

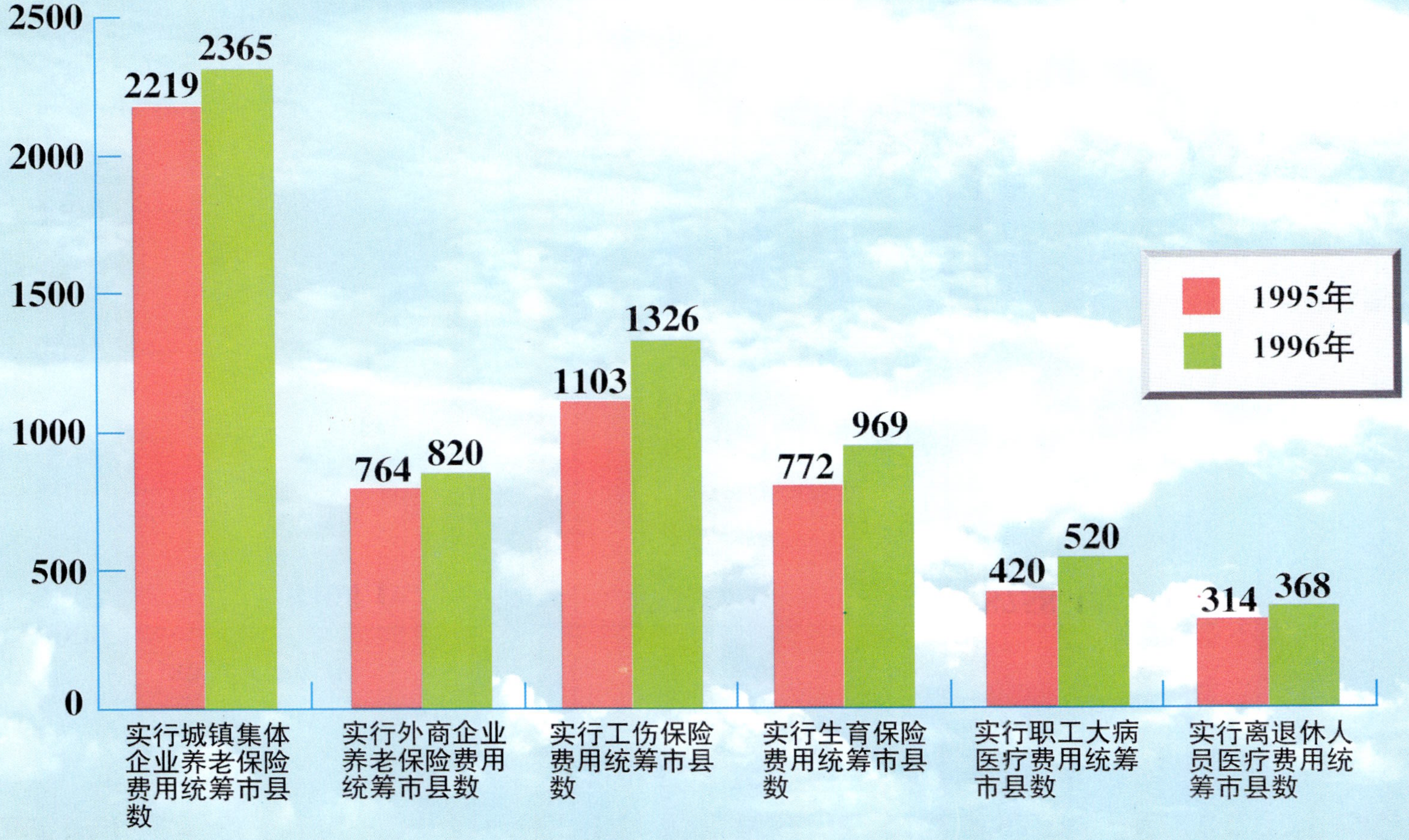

全国参加基本养老保险的企业人员增长情况

(1994–1996)

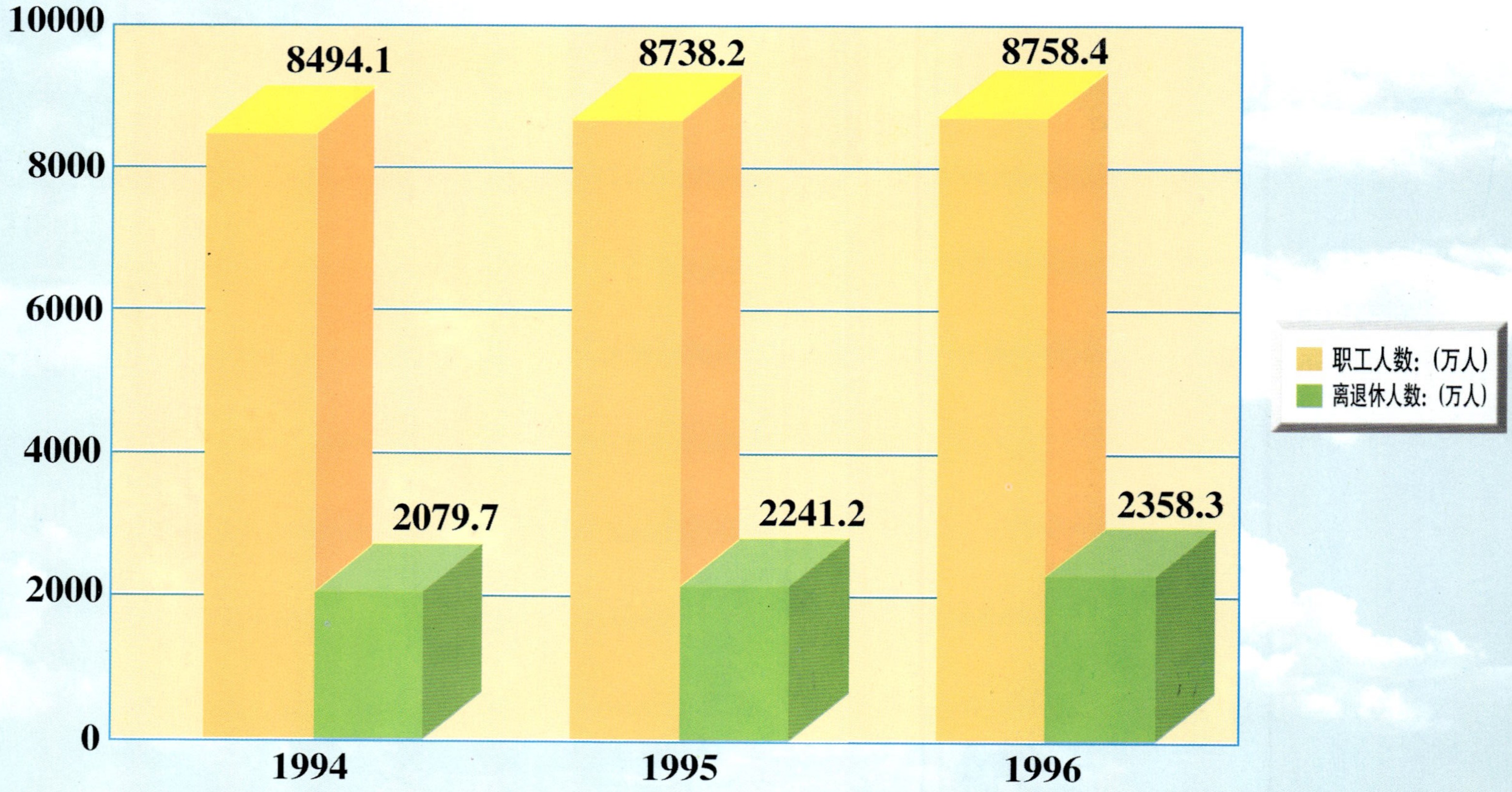

全国基本养老保险基金收支情况

(1994–1996)

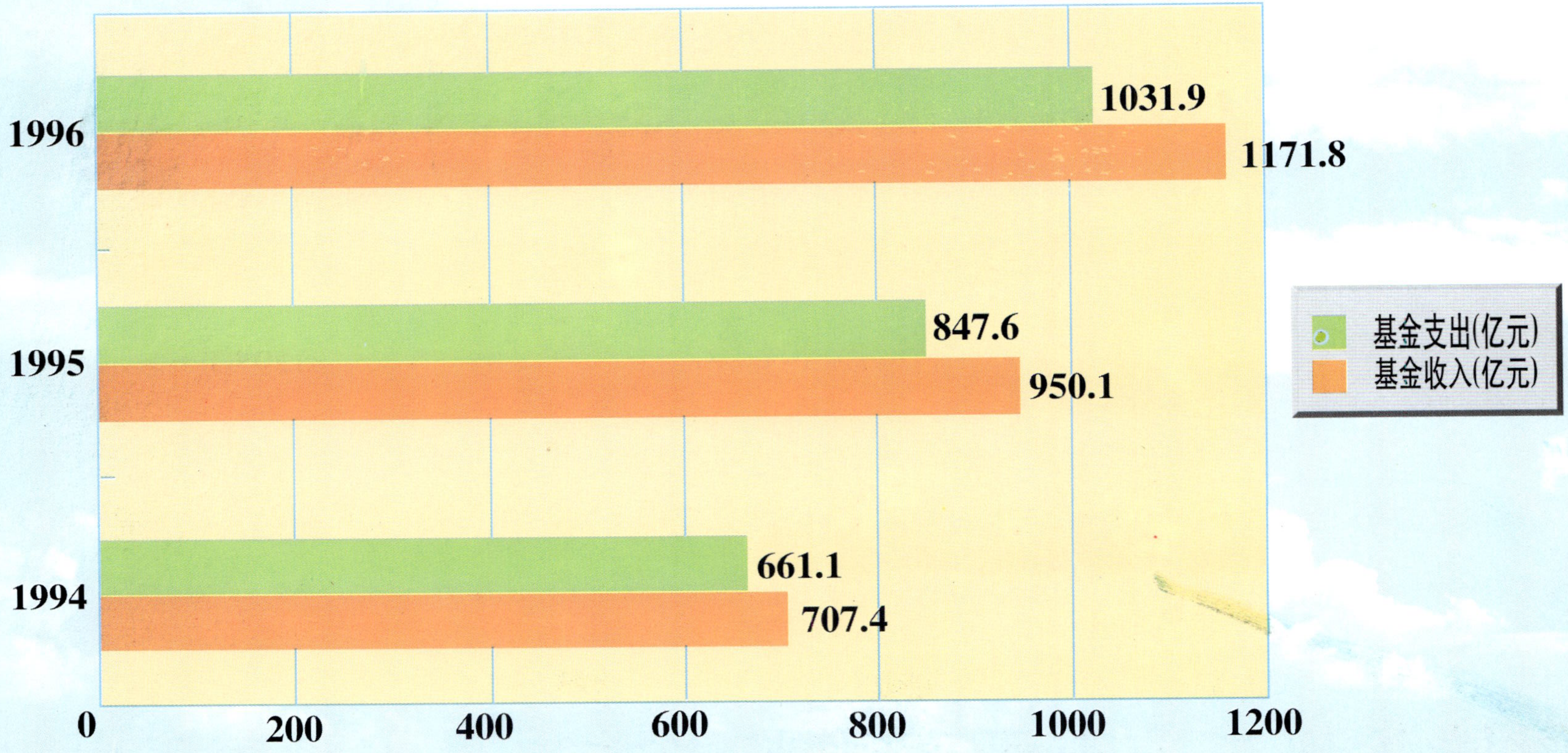

1996年全国参加基本养老保险的企业职工所有制构成

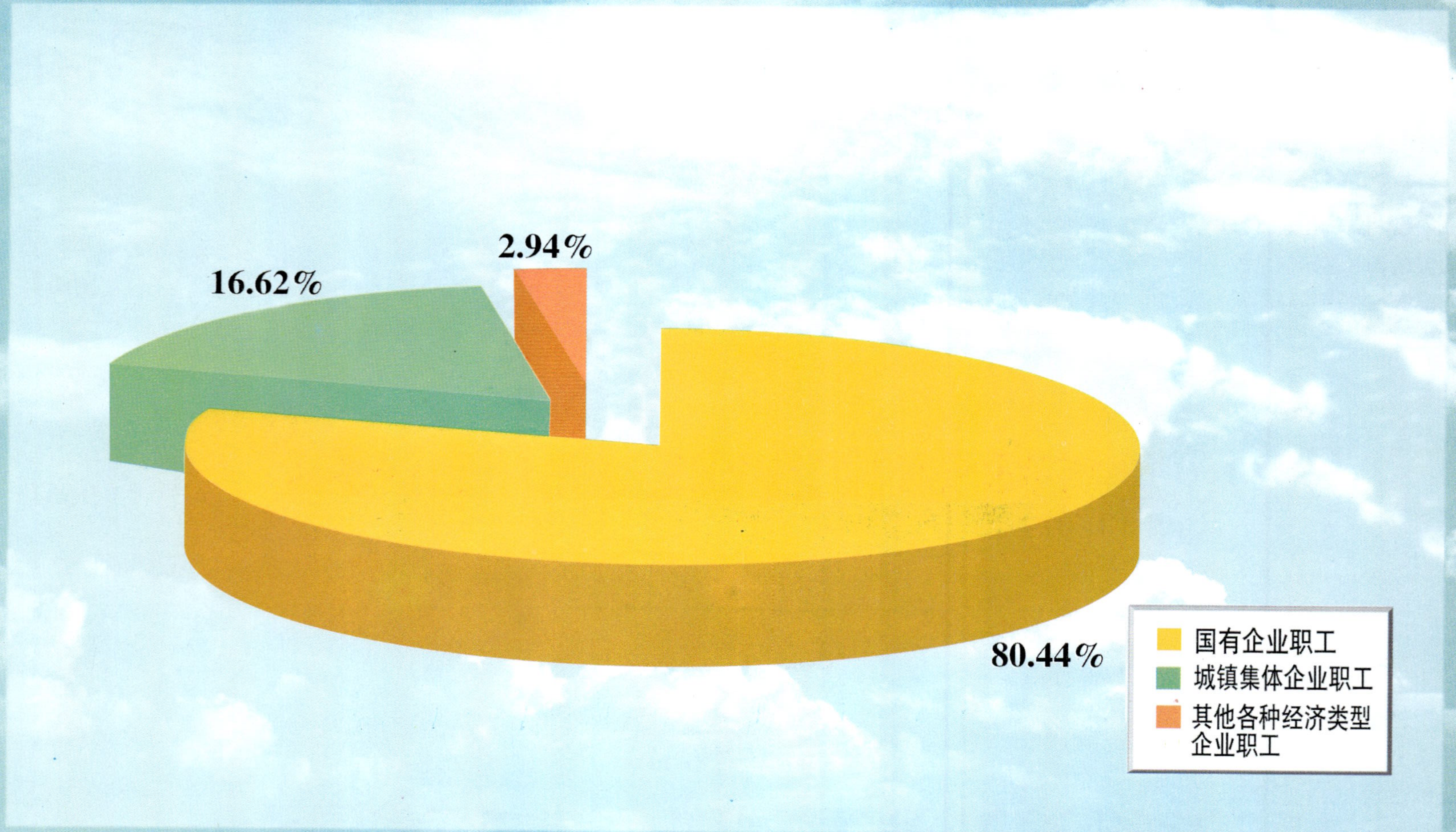

1996年全国参加基本养老保险的企业职工覆盖面

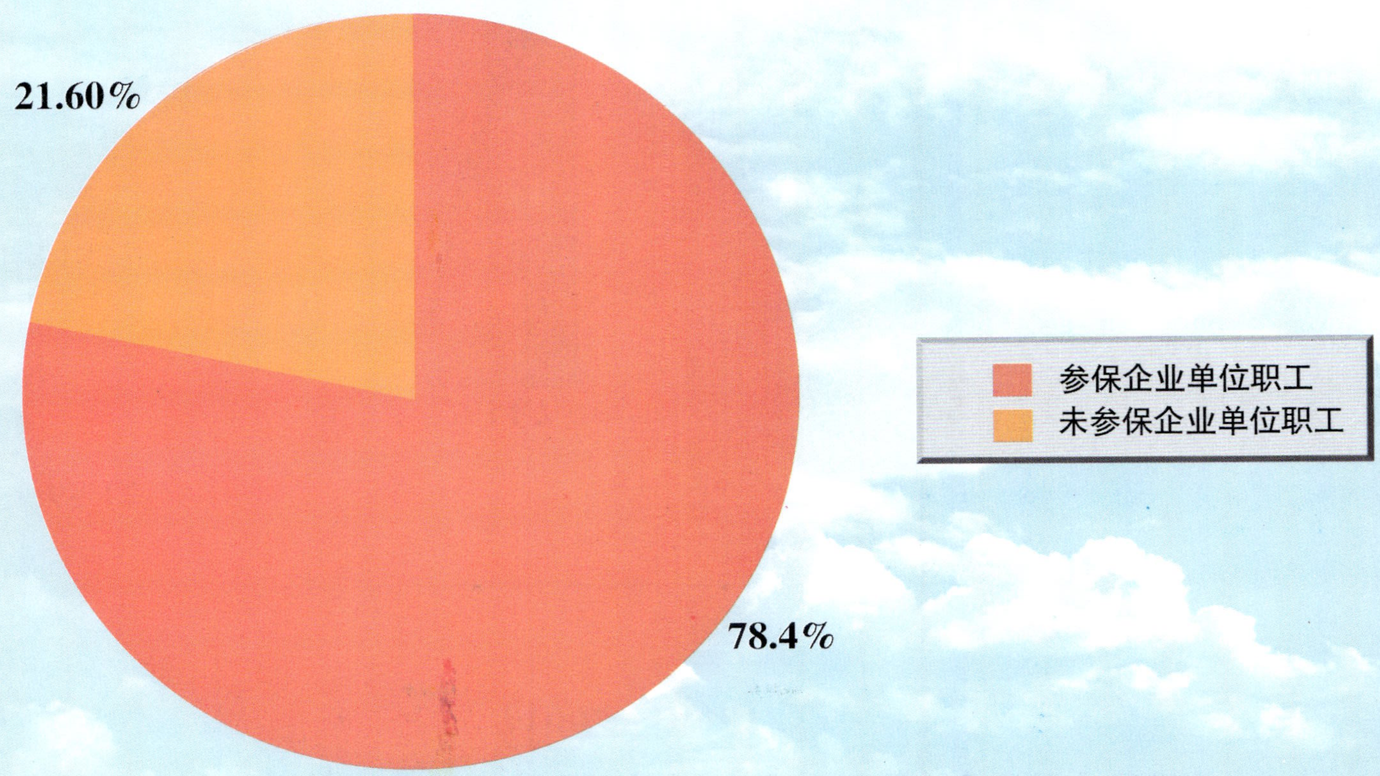

全国参加工伤保险职工增长情况

(1994–1996)

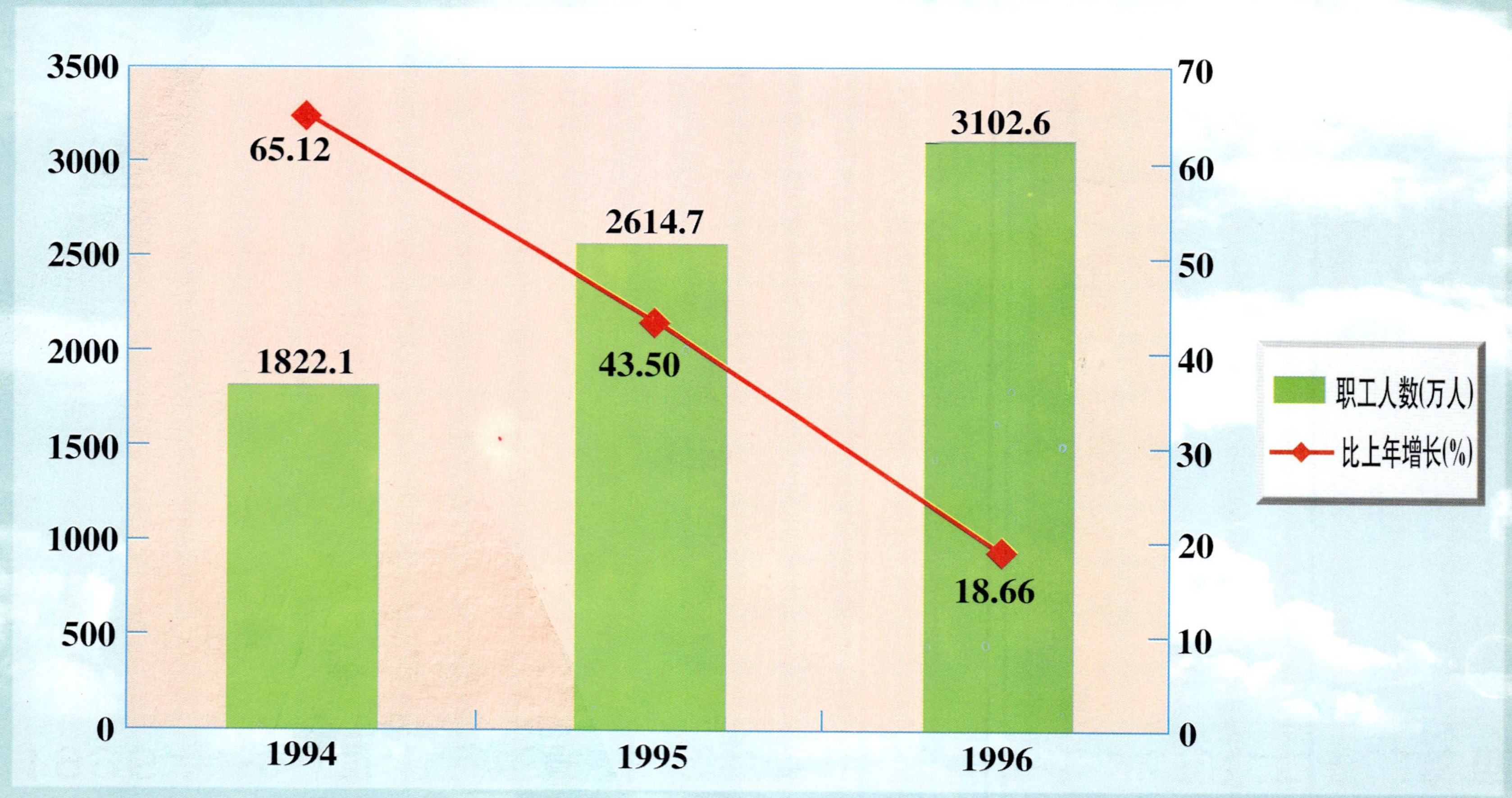

全国工伤保险基金收支余情况

(1994-1996)

单位：亿元

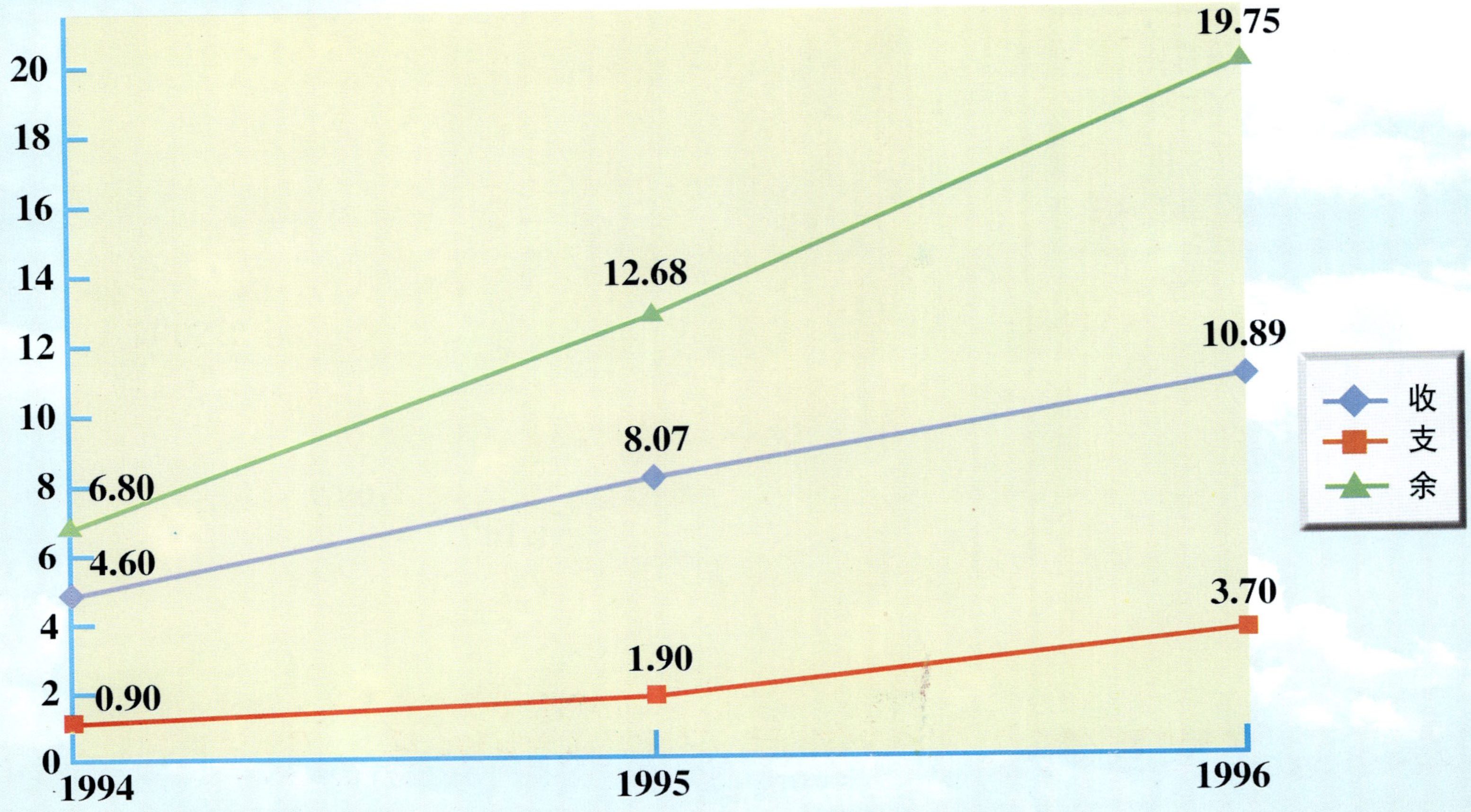

1996年全国地方各级社会保险管理机构专业技术人员比重(%)

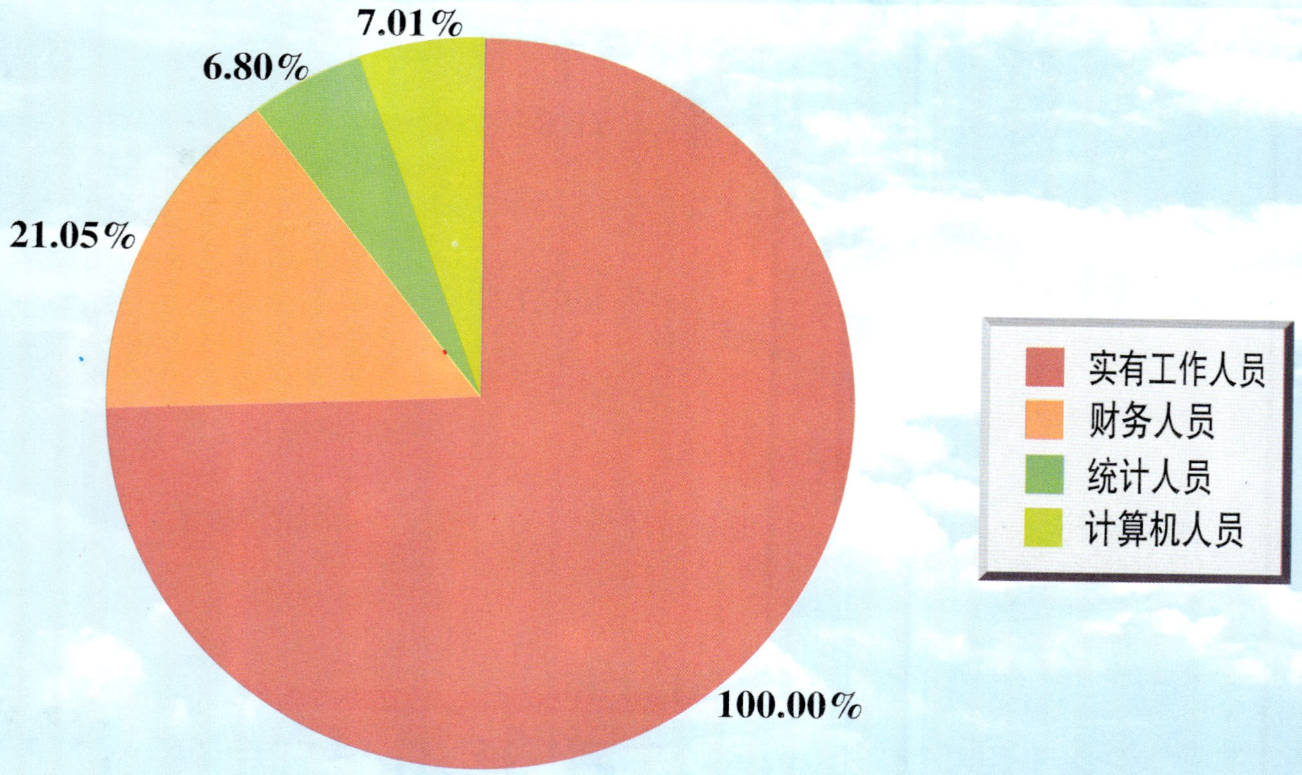

二、统计表

（一）开展各项社会保险的人员、工资、基金等情况及社会保险管理机构情况

1. 综合

1—1 全国社会保险基金收入情况

(1989—1996)

单位:万元

年　份	合　计	基本养老保险	工伤保险	生育保险	医疗保险
1989	1467469	1467469			
1990	1788178	1788178			
1991	2157084	2157084			
1992	3657660	3657660			
1993	5082156	5035402	23923	8476	14355
1994	7166088	7074245	45547	14735	31561
1995	9707410	9500507	80861	29375	96667
1996	12071813	11717639	108917	55173	190084

1—2 全国社会保险基金支出情况

(1989—1996)

单位:万元

年　份	合　计	基本养老保险	工伤保险	生育保险	医疗保险
1989	1188292	1188292			
1990	1493363	1493363			
1991	1730714	1730714			
1992	3219145	3219145			
1993	4728818	4706303	4144	5036	13335
1994	6657520	6610902	9424	8081	29113
1995	8583732	8476087	19028	15782	72835
1996	10550887	10318689	36997	32865	162336

1—3 全国社会保险基金期末结余情况

(1989—1996)

单位:万元

年　份	合　计	基本养老保险	工伤保险	生育保险	医疗保险
1989	679899	679899			
1990	978760	978760			
1991	1440688	1440688			
1992	2206083	2206083			
1993	2628884	2585889	31038	7614	4343
1994	3136746	3047662	67688	14281	7115
1995	4483495	4298338	126792	27383	30982
1996	6097225	5785604	197492	49726	64403

1—4 1996年各地离退休金实行社会化发放人数及占参加基本养老保险离退休人数比重

顺位	地区	发放人数(人)	比重(%)	顺位	地区	发放人数(人)	比重(%)
1	北京	420000	56.68	17	广东	118976	9.67
2	云南	198719	50.07	18	宁夏	5711	9.26
3	西藏	4380	30.40	19	四川	90616	8.76
4	河南	225164	30.05	20	江苏	107261	7.33
5	河北	162424	21.71	21	贵州	14737	7.28
6	山西	80973	19.80	22	浙江	58602	7.27
7	山东	173932	18.42	23	湖南	49433	6.75
8	湖北	133918	17.62	24	辽宁	101798	6.10
9	甘肃	33989	17.11	25	安徽	25944	5.79
10	青海	10746	16.63	26	内蒙古	19431	5.66
11	福建	63178	15.82	27	天津	30730	4.96
12	海南	37033	15.33	28	江西	15526	3.27
13	黑龙江	144369	15.22	29	吉林	4509	0.73
14	新疆兵团	43281	14.68	30	上海	12598	0.67
15	陕西	51160	12.19	31	重庆	2396	0.44
16	广西	31466	11.53	—	总计	2473000	12.48

注:本表为基本养老保险开展情况调查数据。

1—5 1997年"两节"期间各地"送温暖"费用开支情况

单位:万元

地区	费用开支	地区	费用开支
天津	8.25	广东	2661.57
河北	6686.70	广西	349.00
山西	4611.00	海南	166.93
内蒙古	1760.00	云南	857.23
吉林	1394.20	贵州	808.68
上海	19.62	四川	1373.27
江苏	4783.89	重庆	522.90
安徽	1896.00	西藏	15.00
福建	1084.82	陕西	2200.00
江西	2386.00	甘肃	1888.60
山东	3131.30	宁夏	34.91
河南	5733.61	青海	497.28
湖北	1048.49		
湖南	12732.98	合计	59011.18

注:本表为基本养老保险开展情况调查数据。

1－6－1　分地区全国实行社会保险统筹的市县数(一)

(1993)

单位:个

地　区	实行城镇集体企业基本养老保险费用统筹的市县数	实行外商投资企业基本养老保险费用统筹的市县数	退休费由社会保险机构发放的市县数	退休费委托银行或邮局发放的市县数
全国总计	1927	709	792	614
北　京	18	18	0	0
天　津	18	18	0	0
河　北	175	183	84	52
山　西	84	5	48	17
内蒙古	22	0	41	8
辽　宁	44	19	22	7
吉　林	46	7	0	6
黑龙江	38	10	22	12
上　海	20	20	2	0
江　苏	76	76	7	13
浙　江	75	38	8	4
安　徽	53	7	6	5
福　建	46	51	26	32
江　西	102	19	35	42
山　东	147	41	13	13
河　南	129	6	63	73
湖　北	53	19	15	23
湖　南	21	4	6	9
广　东	138	14	2	10
广　西	65	14	22	23
海　南	14	6	14	4
四　川	167	34	44	68
贵　州	60	3	9	4
云　南	86	2	101	87
西　藏	0	0	72	0
陕　西	93	8	27	44
甘　肃	49	2	62	27
青　海	4	0	18	8
宁　夏	12	2	0	7
新　疆	72	83	23	16

1—6—2 分地区全国实行社会保险统筹的市县数(二)

(1993)

单位:个

地　区	实行工伤保险费用统筹的市县数	实行生育保险费用统筹的市县数	实行职工大病医疗费用统筹的市县数	实行离退休人员医疗费用统筹的市县数
全国总计	500	268	221	134
北　京	0	0	0	0
天　津	0	0	0	0
河　北	15	11	24	34
山　西	1	6	4	6
内蒙古	0	0	1	1
辽　宁	23	2	3	5
吉　林	18	10	13	0
黑龙江	1	0	0	0
上　海	0	0	0	0
江　苏	5	14	1	1
浙　江	5	27	2	0
安　徽	1	1	2	0
福　建	37	24	0	2
江　西	36	67	16	6
山　东	3	28	4	4
河　南	33	18	9	27
湖　北	48	11	2	7
湖　南	2	3	8	6
广　东	122	16	1	2
广　西	37	11	3	2
海　南	15	0	0	0
四　川	85	18	122	27
贵　州	0	0	1	0
云　南	2	1	0	0
西　藏	0	0	0	0
陕　西	0	0	3	1
甘　肃	3	0	2	1
青　海	0	0	0	1
宁　夏	0	0	0	1
新　疆	8	0	0	0

1—7—1　分地区全国实行社会保险统筹的市县数(一)

(1994)

单位:个

地　　区	实行城镇集体企业基本养老保险费用统筹的市县数	实行外商投资企业基本养老保险费用统筹的市县数	退休费由社会保险管理机构发放的市县数	退休费委托银行或邮局发放的市县数
全国总计	2024	775	917	615
北　　京	18	18	0	0
天　　津	18	18	0	0
河　　北	175	183	80	26
山　　西	108	7	46	21
内 蒙 古	32	2	45	11
辽　　宁	30	9	24	8
吉　　林	51	51	0	4
黑 龙 江	89	14	49	6
上　　海	20	20	0	0
江　　苏	76	39	20	22
浙　　江	75	40	5	6
安　　徽	62	9	9	5
福　　建	42	59	33	24
江　　西	107	19	38	45
山　　东	152	49	18	18
河　　南	129	9	63	73
湖　　北	55	25	50	32
湖　　南	24	7	6	12
广　　东	141	25	1	12
广　　西	44	13	13	22
海　　南	18	6	14	4
四　　川	173	33	68	41
贵　　州	61	3	11	6
云　　南	90	2	103	88
西　　藏	0	0	72	0
陕　　西	102	22	34	41
甘　　肃	44	6	60	35
青　　海	3	1	31	6
宁　　夏	13	2	1	8
新　　疆	72	84	23	39

1—7—2 分地区全国实行社会保险统筹的市县数(二)

(1994)

单位:个

地区	实行工伤保险费用统筹的市县数	实行生育保险费用统筹的市县数	实行职工大病医疗费用统筹的市县数	实行离退休人员医疗费用统筹的市县数
全国总计	794	485	366	249
北京	0	0	0	0
天津	0	0	0	0
河北	38	33	26	31
山西	81	86	68	28
内蒙古	1	6	1	1
辽宁	28	1	3	4
吉林	35	27	29	29
黑龙江	1	1	2	3
上海	0	0	0	0
江苏	25	31	5	5
浙江	20	31	8	1
安徽	3	1	2	0
福建	40	28	0	2
江西	55	77	33	10
山东	8	31	13	13
河南	33	23	9	30
湖北	67	31	4	7
湖南	10	3	10	9
广东	136	17	3	0
广西	55	15	3	4
海南	19	0	0	0
四川	115	41	135	66
贵州	3	0	1	1
云南	2	1	1	0
西藏	0	0	0	0
陕西	0	0	3	0
甘肃	8	1	5	3
青海	0	0	0	1
宁夏	1	0	0	1
新疆	8	0	2	0

1—8—1 分地区全国实行社会保险统筹的市县数(一)

(1995)

单位:个

地 区	实行城镇集体企业基本养老保险费用统筹的市县数	实行外商投资企业基本养老保险费用统筹的市县数	退休费由社会保险管理机构发放的市县数	退休费委托银行或邮局发放的市县数
全国总计	2221	766	1056	769
北 京	18	18	0	0
天 津	18	18	0	0
河 北	184	184	84	68
山 西	112	11	62	19
内 蒙 古	63	5	39	8
辽 宁	73	19	39	16
吉 林	51	51	0	4
黑 龙 江	81	19	41	6
上 海	22	22	23	0
江 苏	76	38	38	32
浙 江	75	45	8	6
安 徽	58	8	7	11
福 建	50	60	23	27
江 西	100	18	39	42
山 东	158	69	24	30
河 南	129	9	63	73
湖 北	71	31	45	47
湖 南	32	8	5	10
广 东	141	32	4	17
广 西	78	26	36	43
海 南	19	6	14	5
四 川	202	39	80	66
贵 州	61	6	10	7
云 南	102	3	99	103
西 藏	0	0	72	0
陕 西	92	9	68	41
甘 肃	57	7	61	36
青 海	2	0	26	20
宁 夏	12	4	1	9
新 疆	84	1	45	23

1—8—2 分地区全国实行社会保险统筹的市县数(二)

(1995)

单位:个

地　　区	实行工伤保险费用统筹的市县数	实行生育保险费用统筹的市县数	实行职工大病医疗费用统筹的市县数	实行离退休人员医疗费用统筹的市县数
全国总计	1103	772	420	314
北　　京	0	0	18	0
天　　津	0	0	0	0
河　　北	81	97	34	27
山　　西	103	111	81	52
内 蒙 古	12	9	6	5
辽　　宁	59	12	3	4
吉　　林	41	31	35	35
黑 龙 江	11	5	6	4
上　　海	0	0	0	0
江　　苏	40	44	6	4
浙　　江	56	41	18	2
安　　徽	5	4	2	1
福　　建	65	40	3	8
江　　西	78	82	32	7
山　　东	16	38	17	15
河　　南	33	23	9	30
湖　　北	70	47	6	9
湖　　南	14	6	8	9
广　　东	141	36	3	0
广　　西	92	51	8	8
海　　南	19	0	3	0
四　　川	140	76	107	78
贵　　州	3	1	1	0
云　　南	6	3	0	1
西　　藏	0	0	0	0
陕　　西	0	11	4	0
甘　　肃	11	3	10	9
青　　海	0	0	0	1
宁　　夏	3	0	0	1
新　　疆	4	1	0	4

1—9—1　分地区全国实行社会保险统筹的市县数(一)

(1996)

单位:个

地　　区	实行城镇集体企业基本养老保险费用统筹的市县数	实行外商投资企业基本养老保险费用统筹的市县数	退休费由社会保险管理机构发放的市县数	退休费委托银行或邮局发放的市县数
全国总计	2365	820	1164	965
北　　京	18	18	18	18
天　　津	18	18	2	2
河　　北	138	138	86	24
山　　西	117	21	81	28
内 蒙 古	96	5		12
			43	
辽　　宁	75	29	45	21
吉　　林	51	51	0	2
黑 龙 江	81	24	65	12
上　　海	20	20	21	0
江　　苏	77	45	68	63
浙　　江	75	44	7	6
安　　徽	65	13	7	15
福　　建	70	69	21	30
江　　西	107	20	30	41
山　　东	156	73	43	82
河　　南	129	9	63	73
湖　　北	89	52	61	48
湖　　南	103	16	6	10
广　　东	142	36	5	17
广　　西	85	33	20	40
海　　南	19	7	14	40
四　　川	209	51	103	92
贵　　州	54	3	7	10
云　　南	102	3	99	103
西　　藏	0	0	72	0
陕　　西	106	9	73	67
甘　　肃	72	7	43	43
青　　海	7	0	33	20
宁　　夏	14	4	1	13
新　　疆	70	2	27	33

1—9—2　分地区全国实行社会保险统筹的市县数(二)

(1996)

单位:个

地区	实行工伤保险费用统筹的市县数	实行生育保险费用统筹的市县数	实行职工大病医疗费用统筹的市县数	实行离退休人员医疗费用统筹的市县数
全国总计	1326	969	520	368
北　京	0	0	18	0
天　津	0	0	0	0
河　北	101	100	22	27
山　西	116	117	101	62
内蒙古	16	22	9	3
辽　宁	79	17	3	4
吉　林	45	37	37	37
黑龙江	19	11	6	4
上　海	0	0	21	0
江　苏	50	48	7	4
浙　江	69	51	27	2
安　徽	7	6	2	1
福　建	80	56	4	7
江　西	89	92	40	10
山　东	48	78	36	34
河　南	33	23	9	30
湖　北	78	63	15	17
湖　南	20	10	10	12
广　东	142	50	11	0
广　西	92	64	13	13
海　南	19	0	3	0
四　川	177	94	111	88
贵　州	6	2	0	0
云　南	6	3	0	1
西　藏	0	0	0	0
陕　西	0	12	4	0
甘　肃	21	10	11	9
青　海	0	0	0	2
宁　夏	3	0	0	1
新　疆	10	3	0	0

2. 养老保险

2－1 分地区全国参加基本养老保险职工人数

（1989－1991）

单位：人

地　区	1989	1990	1991
全国总计	48169054	52007013	56536574
北　京	1611142	1618465	1622038
天　津	1308236	1377514	1386115
河　北	2443927	2606910	2674392
山　西	1336011	1439771	1421244
内蒙古	516416	683237	1102137
辽　宁	3189072	3087497	3277364
吉　林	1855487	1916104	1986002
黑龙江	2802108	3551578	3655838
上　海	2643616	2665500	2659367
江　苏	3082466	3311534	5529559
浙　江	1586231	1633265	864771
安　徽	1385304	1456633	1439248
福　建	887514	919369	952309
江　西	1466763	1446527	1465896
山　东	2616862	2978739	3142009
河　南	2921015	3149020	3360486
湖　北	2344473	2546940	2711752
湖　南	2093033	2188892	2276719
广　东	3115330	3305550	3455814
广　西	1022291	1057005	1155227
海　南	174522	199627	405800
四　川	3806108	3900015	4089195
贵　州	757758	840097	873900
云　南	748610	1211069	1290064
西　藏	38196	32234	32878
陕　西	1514897	1672114	1799822
甘　肃	336717	407600	747460
青　海	42030	51405	275775
宁　夏	168311	175334	240643
新　疆	354608	577468	642750

2—2 分地区全国参加基本养老保险离休退休和退职人员人数

（1989—1991）

单位:人

地 区	1989	1990	1991
全国总计	8933544	9653101	10865757
北 京	371841	396638	411765
天 津	314397	329758	351411
河 北	304003	351229	376693
山 西	218413	240470	250574
内 蒙 古	82647	94983	174008
辽 宁	646241	587500	638015
吉 林	306206	317230	337516
黑 龙 江	553505	696689	709554
上 海	875755	900465	935340
江 苏	468748	513432	1026854
浙 江	298325	314984	227620
安 徽	241666	245077	251819
福 建	204005	213497	224931
江 西	278705	292098	300496
山 东	396166	423645	456831
河 南	410261	441183	470615
湖 北	375442	391157	419925
湖 南	383683	423639	453923
广 东	594613	154801	685226
广 西	138524	624373	174668
海 南	33258	36879	38964
四 川	8150063	843915	916901
贵 州	140986	153184	159909
云 南	128996	250475	279903
西 藏	10620	10694	11859
陕 西	230806	250107	288642
甘 肃	28524	32446	95483
青 海	789	1181	44007
宁 夏	24477	25454	41017
新 疆	56879	96218	111288

2—3 分地区全国基本养老保险基金收支余情况

(1989)

单位:万元

地区	基金收入	基金支出				期末结余
		合计	离休、退休、退职费	管理服务费	其他	
全国总计	1467469.48	1188291.50	1099897.64	33072.12	55321.74	679898.75
北京	55866.00	48067.00	46468.00	301.00	1298.00	18820.00
天津	45244.40	38396.90	36271.10	691.30	1434.50	13173.50
河北	59435.70	40809.85	36738.84	1714.58	1456.43	42479.87
山西	30633.40	25340.39	24015.77	914.57	410.05	12865.95
内蒙古	13068.80	9746.06	9004.16	182.91	558.99	7290.84
辽宁	96036.05	79823.37	76606.94	1819.65	1396.78	37565.96
吉林	50023.60	41595.80	40490.30	996.10	109.40	18389.40
黑龙江	81473.03	73410.37	71900.50	1315.79	194.08	20660.98
上海	153014.23	139585.22	138641.12	943.59	0.51	38862.61
江苏	9557.35	77591.20	59264.51	1896.42	16430.27	42170.75
浙江	58278.43	42010.59	39551.39	878.28	1580.92	34785.38
安徽	31511.07	23809.66	23134.15	466.84	208.67	16829.58
福建	36521.45	30388.94	29547.76	726.01	115.17	11682.35
江西	40322.24	31340.47	28910.96	958.18	1471.33	20466.57
山东	84749.52	59156.88	46209.27	3476.94	9470.67	57277.97
河南	67273.25	49996.14	46365.73	2141.58	1488.83	40730.21
湖北	62743.53	45025.73	41793.37	1574.46	1657.90	39922.16
湖南	65686.03	50698.60	47031.64	1492.08	2174.88	26563.71
广东	25307.71	83776.22	76769.11	1384.70	5622.41	36351.32
广西	99828.44	17861.25	15841.59	1743.08	276.58	58363.51
海南	4896.50	3619.60	3259.90	121.80	237.90	3969.00
四川	117345.50	102595.70	93951.80	3648.70	4995.20	31597.60
贵州	9732.50	6988.40	6647.50	210.29	130.61	5752.67
云南	26767.28	23698.27	20500.24	1348.36	1849.67	7243.46
西藏	2406.54	3311.48	2558.06	712.51	40.91	2763.31
陕西	34538.43	27897.15	26596.86	763.83	536.46	16167.09
甘肃	5778.04	2143.11	1967.72	108.25	67.14	8352.77
青海	1056.26	195.37	119.37	42.06	33.94	2242.61
宁夏	4791.94	3773.29	3646.57	91.23	35.49	2429.07
新疆	7569.26	5638.49	5193.41	407.03	38.05	4128.55

2-4 分地区全国基本养老保险基金收支余情况

(1990)

单位:万元

地区	基金收入	基金支出				期末结余
		合计	离休、退休、退职费	管理服务费	其他	
全国总计	1788178.26	1493362.91	1397929.31	43849.64	51583.96	978759.62
北京	65772.00	61580.00	54320.00	1903.00	5357.00	23012.00
天津	59419.00	50583.70	47589.90	826.80	2167.00	22009.80
河北	71083.63	51960.47	48007.62	1900.68	2052.17	61603.03
山西	39413.37	32650.77	30577.31	1132.64	940.82	19565.55
内蒙古	15800.96	11794.80	11272.50	220.70	301.60	11297.00
辽宁	110148.14	92162.76	87818.14	2189.13	2155.49	55551.34
吉林	53386.40	45500.50	43600.80	1360.80	538.90	26275.10
黑龙江	112733.04	101173.96	98611.36	2206.37	356.23	35188.67
上海	654516.05	166185.07	165134.12	1048.78	2.17	37193.19
江苏	111870.01	88921.04	82925.36	2046.05	3949.63	65182.86
浙江	71132.33	54333.70	51373.51	936.56	2023.63	51606.85
安徽	32709.53	24913.63	24035.04	523.86	354.73	24451.27
福建	43311.17	38776.27	37655.92	953.27	167.08	16213.34
江西	46701.68	39198.66	34253.44	1213.92	3731.30	27969.56
山东	118119.07	76640.37	68037.87	5415.85	3186.65	98756.67
河南	78403.79	60800.17	57798.66	2542.28	459.23	58914.65
湖北	76560.77	58703.02	56322.71	2112.81	267.50	57787.55
湖南	78266.22	63590.00	59123.60	1529.68	2936.72	41808.47
广东	125658.94	109325.83	98076.70	2870.02	8379.11	76232.58
广西	32938.39	25125.56	23447.80	879.03	798.73	42662.15
海南	6979.30	5045.50	4722.20	179.10	144.20	6331.30
四川	135727.30	123985.20	110358.70	4397.50	9229.00	43454.00
贵州	12873.46	9886.33	9445.21	214.33	226.79	8739.77
云南	40643.97	35696.29	33002.16	1954.40	739.73	12485.90
西藏	3353.96	3702.33	2501.44	1099.01	101.88	1596.39
陕西	41750.96	33013.06	31611.72	1115.23	286.11	24854.08
甘肃	9252.14	4640.12	4330.09	158.46	151.57	13037.16
青海	1421.96	263.54	177.06	48.24	38.24	3401.03
宁夏	5841.90	4530.81	4316.35	120.58	93.88	3740.44
新疆	22388.82	18679.45	17482.02	750.56	446.87	7837.92

2—5 分地区全国基本养老保险基金收支余情况

(1991)

单位:万元

地区	基金收入	基金支出				期末结余
		合计	离休、退休、退职费	管理服务费	其他	
全国总计	2157083.85	1730713.57	1593920.07	57041.45	79166.74	1440687.97
北京	74210.97	68938.82	66564.70	2374.12	0.00	28284.16
天津	62432.33	55836.77	52998.90	918.91	1916.71	28604.56
河北	92377.26	76006.88	58742.82	2688.02	14529.61	77973.41
山西	51773.15	44442.80	38129.82	1493.02	4819.14	26895.90
内蒙古	24451.47	16970.61	16124.63	411.89	429.89	18777.86
辽宁	138326.67	114947.92	109306.16	2742.24	2877.58	78688.55
吉林	67673.55	57575.14	54377.81	2434.37	725.86	36373.38
黑龙江	129188.69	116406.32	111520.94	2697.86	2131.41	47971.04
上海	204467.09	187817.70	185298.92	1061.15	1433.41	54485.00
江苏	157998.85	118261.23	94079.19	3132.08	20721.65	133395.98
浙江	78942.05	62409.73	57155.16	1399.51	382.97	68139.17
安徽	45826.51	34991.44	33642.08	728.10	620.46	35286.34
福建	37105.36	36298.67	35279.26	394.34	74.75	3150.27
江西	67408.87	52625.24	40519.20	1343.88	10762.12	42753.19
山东	142181.13	102303.94	82168.80	9064.72	11068.29	138633.86
河南	96465.96	70714.71	66908.95	3182.66	610.00	84665.90
湖北	92195.33	69089.06	64607.53	2902.77	1574.26	80360.72
湖南	9145.43	75262.68	69515.52	1688.08	4055.96	57891.22
广东	60803.29	16954.37	12217.67	1532.52	3222.56	175787.14
广西	59347.69	31074.30	52556.54	1144.41	—22632.25	36792.66
海南	8343.68	6333.24	5884.98	261.01	183.45	7877.95
四川	172954.99	152547.67	133546.28	6146.67	12853.10	63861.32
贵州	22086.69	118.79	17512.52	305.65	299.86	12707.67
云南	54075.06	47026.22	43159.18	2607.53	1259.41	19534.74
西藏	65043.15	4442.55	4039.55	74.66	328.34	3154.39
陕西	55622.37	45909.85	43195.56	1995.45	717.05	34571.79
甘肃	18262.14	11486.10	10908.29	406.78	171.03	19813.20
青海	2509.96	960.88	806.00	82.51	72.37	4974.02
宁夏	9699.91	7864.90	7454.00	171.49	239.41	5575.45
新疆	32964.25	27095.04	25699.11	1115.05	378.34	13707.13

2—6　分经济类型全国参加基本养老保险职工人数

(1992—1996)

单位:人

	1992	1993	1994	1995	1996
总　　计	77746588	80081670	84941412	87377929	87584105
一、国有企业	65397591	65908407	70060861	71307660	70448888
二、城镇集体企业	11767409	13185000	13245499	13702616	14554943
三、其他各种经济类型企业	581588	988263	1635052	2367653	2580274
# 外商投资企业	327045	612822	980813	1394483	1720726

2—7　分经济类型全国参加基本养老保险职工覆盖率

(1992—1996)

单位:%

	1992	1993	1994	1995	1996
总　　计	68.07	70.03	74.69	76.89	78.40
一、国有企业	85.56	86.24	92.85	95.76	95.14
二、城镇集体企业	33.66	40.46	43.00	46.53	51.47
三、其他各种经济类型企业	20.64	18.48	21.91	27.03	27.48
# 外商投资企业	21.25	21.27	24.15	25.00	31.87

2—8 分地区全国参加基本养老保险职工人数

(1992—1996)

单位:人

地区	1992	1993	1994	1995	1996
全国总计	71092321	73357363	72987412	73376929	73625995
北京	1945764	1819133	1772038	1770084	1927000
天津	1813955	1771027	1750969	1722609	1692186
河北	3885178	3745289	3540984	3535212	3445113
山西	1874636	1908058	2030743	2104014	1879379
内蒙古	1258130	1467381	1555638	1660793	1797217
辽宁	5223878	5156163	5443219	5648737	5582985
吉林	2370734	2807767	2576250	2596267	2574867
黑龙江	4063460	4282824	3901817	3635974	3610447
上海	3400037	3844053	3231744	3471457	3419116
江苏	5558371	5930770	6099311	6097086	6016339
浙江	2682714	2795328	2823006	2819869	2765606
安徽	1714532	1818841	1990109	2099011	2039185
福建	1192280	1195228	1168670	1111235	1298500
江西	2042208	2059185	1999630	1933173	2032544
山东	4952408	4991571	4619911	4785224	4919205
河南	4179554	4320129	4537739	3950704	3891818
湖北	2905346	2933723	3075644	3067747	3532294
湖南	2599741	2656970	2556497	2632452	2627716
广东	3348615	3534234	4334003	4400568	4371800
广西	1430368	1425489	1463792	1566197	1614869
海南	719436	732171	780527	821249	814820
四川	4925951	5107350	4962954	5077187	5020432
贵州	906857	902089	776001	806920	811495
云南	1442576	1412548	1350094	1378066	1386903
西藏	33236	40226	38995	39916	40170
陕西	2013121	2050089	1818884	1758963	1679000
甘肃	858167	881039	925673	864328	924267
青海	270002	271293	242510	241751	242015
宁夏	294415	353739	283881	282023	291810
新疆	1186651	615466	704121	695320	683769
新疆兵团	0	528190	632058	802793	693128

注:1.本表不含实行系统统筹的数字。

2.1994年职工人数比上年下降,主要原因是“新六家”实行系统统筹单位退出地方统筹,且均为国有企业单位。

2—9 分地区国有企业参加基本养老保险职工人数

（1992—1996）

单位：人

地区	1992	1993	1994	1995	1996
全国总计	58743324	59184100	58106861	57306660	56555690
北京	1612573	1418388	1379330	1369888	1452958
天津	1386792	1325096	1286302	1255182	1227642
河北	3139847	3048627	2973121	2982975	2911525
山西	1780049	1755011	1785055	1805198	1532652
内蒙古	1212791	1401410	1481142	1450718	1516067
辽宁	4116392	3779520	3906820	3892420	3774648
吉林	2228357	2178082	2029936	2069622	2073390
黑龙江	3753992	3832656	3419667	3214273	3146974
上海	2600788	2927774	2277844	2229985	2101497
江苏	3260825	3487815	3544168	3502529	3458595
浙江	1736755	1720821	1728211	1704904	1688564
安徽	1561580	1629476	1665421	1722291	1647989
福建	1020241	1032076	1000358	931561	913142
江西	1542690	1558710	1489579	1466361	1700251
山东	3425066	3427514	3024273	3138802	3233425
河南	3471683	3618864	3885358	3350149	3252373
湖北	2807385	2811574	2871970	2831239	2615111
湖南	2494189	2533383	2434355	2328757	2157671
广东	2818348	2965390	3657593	3643270	3645515
广西	1319577	1318392	1329212	1430231	1473140
海南	662258	666453	693184	735997	722242
四川	4141889	4111839	3940424	3910998	3814883
贵州	894888	880625	750401	778179	781839
云南	1347884	1316173	1253847	1251139	1259756
西藏	32743	39695	38476	39431	39637
陕西	1860821	1866736	1620106	1553113	1480571
甘肃	841958	851837	891520	818560	851066
青海	269967	271098	242301	241544	239554
宁夏	262002	317239	247035	250726	257390
新疆	1138994	563636	629112	612939	594082
新疆兵团	0	528190	630740	793679	691541

注：本表不含实行系统统筹单位的数字。

2—10　分地区城镇集体企业参加基本养老保险职工人数

（1992—1996）

单位：人

地　　区	1992	1993	1994	1995	1996
全国总计	11767409	13185000	13245499	13702616	14496884
北　　京	289819	334126	323600	279003	296758
天　　津	427163	428732	415569	389768	371789
河　　北	719819	689273	563216	545970	527799
山　　西	93926	149900	238931	290107	333135
内 蒙 古	45339	65971	67801	109605	276230
辽　　宁	1039551	1320485	1463353	1648475	1612362
吉　　林	142377	591255	523585	503916	473322
黑 龙 江	300576	413540	385762	359154	394971
上　　海	799249	800800	723852	740003	716240
江　　苏	2107094	2172294	2179796	2154316	2127607
浙　　江	945959	991741	979582	896501	841298
安　　徽	151602	188382	323365	373228	376150
福　　建	89394	90152	87087	82163	262573
江　　西	476279	470931	480001	436543	320321
山　　东	1500435	1502012	1477231	1488409	1501695
河　　南	688368	691066	638776	587777	622256
湖　　北	85348	109680	181476	204682	565775
湖　　南	103104	120274	115030	221163	435774
广　　东	507530	537982	529621	597072	601996
广　　西	90585	90443	107240	108883	111218
海　　南	36612	39365	42932	43216	44491
四　　川	781220	987850	1012731	1147760	1179436
贵　　州	11705	20817	24007	24633	25332
云　　南	89738	92150	91940	114201	113042
西　　藏	27	47	48	48	52
陕　　西	149296	17613	189333	193685	182452
甘　　肃	16209	21979	29061	41422	67400
青　　海	35	195	165	144	2348
宁　　夏	31728	35904	35944	30241	32967
新　　疆	47322	51637	73329	81664	78653
新疆兵团	0	0	1135	8864	1442

注：本表不含实行系统统筹单位的数字。

2—11　分地区其他各种经济类型企业参加基本养老保险职工人数

（1992—1996）

单位：人

地　区	1992	1993	1994	1995	1996
全国总计	581588	988263	1635052	2367653	2573421
北　京	43372	66619	69108	121193	177284
天　津	0	17195	49098	77659	92755
河　北	25512	7389	4647	6267	5789
山　西	661	3147	6757	8709	13592
内蒙古	0	0	6695	100470	4920
辽　宁	67935	56158	73046	107842	195972
吉　林	0	38430	22729	22729	28155
黑龙江	8892	36628	96388	62547	68502
上　海	0	115479	230048	501469	601379
江　苏	190452	270661	375347	440241	430137
浙　江	0	82766	175213	218464	235744
安　徽	1350	983	1323	3492	15046
福　建	82645	73000	81225	97511	122785
江　西	23239	29544	30050	30269	11972
山　东	26907	62045	118407	158013	184085
河　南	19503	10199	13605	12778	17189
湖　北	12613	12469	22198	31826	51408
湖　南	2448	3313	7112	82532	34271
广　东	22737	30862	146789	160226	124289
广　西	20206	16654	27340	27083	30511
海　南	20566	26353	44411	42036	48087
四　川	2842	7661	9799	18429	26113
贵　州	264	647	1593	4108	4324
云　南	4954	4225	4307	12726	14105
西　藏	466	484	471	437	481
陕　西	3004	7340	9445	12165	15977
甘　肃	0	7223	5092	4346	5801
青　海	0	0	44	63	113
宁　夏	685	596	902	1056	1453
新　疆	335	193	1680	717	11034
新疆兵团	0	0	183	250	145

注：本表不含实行系统统筹单位的数字。

2—12　分经济类型全国参加基本养老保险离休、退休和退职人员人数

（1992—1996）

单位：人

	1992	1993	1994	1995	1996
总　计	16814953	18394447	20794000	22411584	23583113
一、国有企业	13394192	14508839	16670513	17867127	17572209
二、城镇集体企业	3384413	3759537	3935877	4289444	4668569
三、其他各种经济类型企业	36348	126071	187610	255013	342335

2—13 分地区全国参加基本养老保险离休、退休和退职人员人数

(1992—1996)

单位:人

地　　区	1992	1993	1994	1995	1996
全国总计	15465071	16883907	17723049	18817784	19752685
北　　京	590317	670536	707020	723590	741000
天　　津	506246	544873	568448	587340	619842
河　　北	612957	653090	646413	698252	748107
山　　西	369248	404356	445443	466873	397032
内 蒙 古	199708	272518	292739	332154	374443
辽　　宁	1327422	1427296	1552644	1610849	1680199
吉　　林	567562	605448	590461	613550	617205
黑 龙 江	801247	898381	880142	902586	936787
上　　海	1396657	1618346	1508345	1555903	1612348
江　　苏	1094642	1240625	1324256	1396541	1463787
浙　　江	635552	686284	725058	764701	806159
安　　徽	309853	355674	395107	442875	448414
福　　建	258091	280429	293841	299903	399431
江　　西	424013	452038	452085	450946	474450
山　　东	813665	842171	844962	906662	944255
河　　南	652983	685951	740377	714013	751513
湖　　北	459428	494173	566285	669168	768397
湖　　南	525586	578647	569290	627162	729781
广　　东	832836	847001	1069532	1175360	1230063
广　　西	245405	255838	290106	311777	343396
海　　南	167309	189964	233365	228375	241522
四　　川	1199739	1341662	1414456	1531527	1575528
贵　　州	168460	191872	171870	195993	201557
云　　南	329374	354532	362956	385532	407891
西　　藏	13230	15322	14841	15820	14159
陕　　西	355903	396736	386102	402304	419659
甘　　肃	125522	154153	172200	179509	199062
青　　海	49597	52917	58277	61081	64633
宁　　夏	53891	70386	55802	58742	61641
新　　疆	378628	140221	158329	177781	185640
新疆兵团	0	162467	232297	330915	294784

注:本表不含实行系统统筹单位的数字。

2—14 分地区国有企业参加基本养老保险离休、退休和退职人员人数

(1992—1996)

单位:人

地　　区	1992	1993	1994	1995	1996
全国总计	12044310	12998299	13599562	14273327	14745720
北　　京	461520	486409	515291	534117	558715
天　　津	379304	406137	412744	428394	451316
河　　北	479453	511980	526917	574997	622823
山　　西	351248	378268	399958	413912	337825
内 蒙 古	194443	265614	283892	305358	313741
辽　　宁	722106	1000925	1073452	1086498	1113478
吉　　林	441517	483920	470023	489828	500509
黑 龙 江	746316	826264	804572	821639	844607
上　　海	965937	1123253	1014021	1039973	1083027
江　　苏	587082	677517	712829	755248	806674
浙　　江	369169	386849	409065	435969	462541
安　　徽	272702	311342	317319	346477	347116
福　　建	225764	241435	253298	258865	275263
江　　西	338650	356305	349135	350912	377062
山　　东	500265		506980	545063	572922
		516286			
河　　南	513054	541114	597031	569127	596784
湖　　北	446248	475813	529389	607518	606277
湖　　南	500697	551487	539294	540511	562186
广　　东	592549	613549	843147	902215	963739
广　　西	211638	219995	239249	259030	287313
海　　南	154627	175573	217641	211828	224641
四　　川	950924	1015083	1072656	1131591	1153436
贵　　州	166515	187066	166024	190253	195336
云　　南	301977	325341	332894	347169	365560
西　　藏	13227	15319	14836	15815	14512
陕　　西	313018	345520	347156	337741	351724
甘　　肃	123402	151680	167829	172493	180544
青　　海	49582	52883	58238	61050	64355
宁　　夏	46638	62395	47075	49762	51928
新　　疆	370404	130512	145310	160559	165786
新疆兵团	254334	162467	232297	329415	294033

注:本表不含实行系统统筹单位的数字。

2—15 分地区城镇集体企业参加基本养老保险离休、退休和退职人员人数

(1992—1996)

单位:人

地 区	1992	1993	1994	1995	1996
全国总计	3384413	3759537	3935877	4289444	4667188
北 京	127689	182508	189202	184338	114113
天 津	126942	138245	143093	143337	148586
河 北	131852	141110	119270	122817	125180
山 西	18000	25434	44763	52218	58392
内 蒙 古	5265	6904	8844	25562	60459
辽 宁	343062	424373	475759	521748	541960
吉 林	126045	117069	117977	121261	114801
黑 龙 江	51584	71721	74553	80084	89715
上 海	430720	441373	429096	433177	434313
江 苏	488938	529204	564136	583605	608933
浙 江	266383	290891	292162	299197	310857
安 徽	36916	44332	77788	96392	100603
福 建	30977	33191	33555	33525	116346
江 西	82570	92007	98517	99577	94241
山 东	312826	318882	327970	346570	354707
河 南	139547	144823	143303	144815	154419
湖 北	13119	17928	36108	51361	155683
湖 南	24859	27136	29519	85401	166517
广 东	239771	231025	223320	255388	259120
广 西	33352	35483	49775	51531	54648
海 南	12557	14263	15593	16312	16755
四 川	248625	326349	340775	398213	422440
贵 州	1945	4806	5846	5739	6219
云 南	27385	29118	29911	38031	41936
西 藏	0	0	0	0	0
陕 西	42874	51161	38893	64507	67845
甘 肃	2120	2469	4367	7009	18462
青 海	15	34	39	31	278
宁 夏	7253	7991	8725	8978	9710
新 疆	8222	9707	13018	17220	19199
新疆兵团	0	0	0	1500	751

注:本表不含实行系统统筹单位的数字。

2—16 分地区其他各种经济类型企业参加基本养老保险离休、退休和退职人员人数

(1992—1996)

单位:人

地区	1992	1993	1994	1995	1996
全国总计	36348	126071	187610	255013	342137
北京	1108	1619	2527	5135	68172
天津	0	491	12611	15609	19940
河北	1652	0	226	438	104
山西	0	656	722	743	815
内蒙古	0	0	3	1234	243
辽宁	7920	1998	3433	2603	24764
吉林	0	4459	2461	2461	1895
黑龙江	347	396	1017	863	2465
上海	0	53720	65228	82753	95008
江苏	18622	33904	47291	57688	48180
浙江	0	8544	23831	29535	32761
安徽	235	0	0	6	695
福建	1350	5803	6988	7513	7822
江西	2793	3726	4433	457	3147
山东	574	7003	10012	15029	16626
河南	382	14	43	71	310
湖北	61	432	788	10289	6487
湖南	30	24	477	1250	1078
广东	516	2427	3065	17757	7204
广西	415	360	1082	1216	1435
海南	125	128	131	235	126
四川	190	230	1025	1723	1652
贵州	0	0	0	1	2
云南	12	73	151	332	395
西藏	3	3	5	5	7
陕西	11	55	53	56	90
甘肃	0	4	4	7	56
青海	0	0	0	0	0
宁夏	0	0	2	2	3
新疆	2	2	1	2	655
新疆兵团	0	0	0	0	0

注:本表不含实行系统统筹单位的数字。

2—17 分经济类型全国基本养老保险基金收入

(1992)

单位:万元

项目	工资总额	基金收入				平均缴费比例(%)
		合计	单位缴纳	个人缴纳	其他	
总计	19120585.4	3657660.0	3429220.7	88558.5	139880.8	18.40
一、国有企业	16702409.9	3116009.0	2933950.0	76045.9	106013.1	18.02
二、城镇集体企业	2276076.8	514493.6	470873.2	11452.9	32167.5	21.19
三、其他各种经济类型企业	142101.1	27157.4	24397.5	1059.7	1700.2	17.92
# 外商投资企业	83509.0	14761.0	13548.1	466.2	746.7	16.78

2—18 分经济类型全国基本养老保险基金支出和期末结余

(1992)

单位:万元

项目	基金支出				期末结余
	合计	离休、退休、退职费	管理服务费	其他	
总计	3219145.0	2969245.9	82321.4	167577.7	2206083.3
一、国有企业	2717135.9	2497660.4	70833.1	148642.4	2012777.6
二、城镇集体企业	493866.6	465138.5	11003.5	17724.6	145977.8
三、其他各种经济类型企业	8142.5	6447.0	484.8	1210.7	47327.9
# 外商投资企业	2853.1	2264.9	344.7	243.5	28239.2

2—19　分地区全国基本养老保险基金收入及平均缴费比例

(1992)

地　区	工资总额（万元）	基金收入（万元）				平均缴费比例(%)
		合　计	单位缴纳	个人缴纳	其　他	
全国总计	16548870.7	3281537.2	3053871.3	87784.8	139881.1	18.98%
北　京	693164.0	113539.0	113270.0	269.0	0.0	16.38%
天　津	469450.7	85332.5	83444.6	240.1	1647.8	17.83%
河　北	879757.6	156778.5	142245.5	3432.1	11100.9	16.56%
山　西	455407.2	81981.5	77672.9	3373.4	935.2	17.80%
内蒙古	174138.2	40992.5	37234.0	2861.7	896.8	23.03%
辽　宁	1209534.3	243472.4	234651.2	3603.1	5218.1	19.70%
吉　林	508251.0	82218.5	75899.1	4095.5	2223.9	15.74%
黑龙江	786290.9	154427.0	149215.8	2186.2	3025.0	19.26%
上　海	1218107.8	299296.5	290867.6	519.4	7909.5	23.92%
江　苏	1262744.7	258934.8	241821.5	4953.4	12159.9	19.54%
浙　江	681943.8	159157.0	144268.3	3887.3	11001.4	21.73%
安　徽	282345.1	52478.7	50295.2	877.3	1306.2	18.12%
福　建	286252.5	58729.7	54766.2	3188.5	775.0	20.25%
江　西	297771.7	75116.5	69176.6	3047.8	2892.1	24.25%
山　东	914858.3	217624.4	191854.8	6251.7	19517.9	21.65%
河　南	781518.8	147195.0	136160.9	5406.8	5627.3	18.11%
湖　北	598730.9	114352.9	104948.6	2557.2	6847.1	17.96%
湖　南	542268.7	110632.5	100329.5	3761.7	6541.3	19.20%
广　东	1429758.3	233423.1	199960.9	12298.3	21163.9	14.85%
广　西	298919.9	59364.6	52395.8	4751.4	2217.4	19.12%
海　南	133653.4	26740.7	24237.0	2018.0	485.7	19.64%
四　川	1113336.6	209055.6	193595.7	8626.3	6833.6	18.16%
贵　州	139840.7	27471.7	26098.4	857.9	515.4	19.28%
云　南	330157.5	66775.9	64813.2	974.6	988.1	19.93%
西　藏	15394.8	6738.5	3811.1	47.2	2880.2	25.06%
陕　西	431325.7	73195.5	69886.9	934.5	2374.1	16.42%
甘　肃	192205.6	33923.2	31606.8	1083.1	1233.3	17.01%
青　海	60757.9	11979.2	11491.7	185.4	302.1	19.22%
宁　夏	68174.6	13846.1	12847.1	446.4	552.6	19.50%
新　疆	184831.8	45952.2	44493.6	790.1	668.5	24.50%
新疆兵团	107977.7	20811.0	20510.8	259.4	40.8	19.24%

注:本表不含实行系统统筹单位的数字。

2—20 分地区国有企业基本养老保险基金收入

(1992)

单位:万元

地区	工资总额	基金收入			
		合计	单位缴纳	个人缴纳	其他
全国总计	14130695.2	2739886.2	2558600.4	75272.7	106013.1
北京	591872.0	91037.0	90797.0	240.0	0.0
天津	389660.5	70925.9	69060.9	240.1	1624.9
河北	741943.2	131837.2	119286.7	3064.5	9486.0
山西	438760.2	79675.0	75529.4	3216.7	928.9
内蒙古	170766.2	40238.6	36542.6	2801.4	894.6
辽宁	1000813.8	197296.8	189147.4	3266.1	4883.3
吉林	479770.0	79163.5	72989.8	3962.6	2211.1
黑龙江	744854.3	148174.7	143359.5	1860.0	2955.2
上海	978983.3	241678.5	235165.4	471.9	6041.2
江苏	807089.3	151391.2	143722.6	2956.3	4712.3
浙江	456368.2	100220.8	92351.6	2760.7	5108.5
安徽	266342.3	49004.8	46927.0	796.0	1281.8
福建	252181.5	50619.6	47275.3	2693.9	650.4
江西	246444.0	62404.6	57648.7	2355.9	2400.0
山东	658087.4	141449.3	129998.3	4009.1	7441.9
河南	681155.6	128676.9	118297.4	5143.7	5235.8
湖北	586547.9	111994.5	102760.5	2497.2	6736.8
湖南	523623.9	106159.3	96674.3	3201.7	6283.3
广东	1248447.0	200138.7	170173.7	11188.6	18776.4
广西	279317.9	55237.0	48584.4	4488.9	2163.7
海南	120140.2	25379.5	23070.9	1824.7	483.9
四川	986597.7	189929.8	176468.0	7040.9	6420.9
贵州	138456.8	27302.6	25345.4	843.8	1113.4
云南	315645.5	62748.3	61032.4	865.5	850.4
西藏	15221.4	6702.7	3776.4	46.0	2880.3
陕西	409151.6	69206.5	65995.8	895.5	2315.2
甘肃	189531.9	33500.9	31215.7	1060.2	1225.0
青海	60747.0	11976.0	11489.9	185.4	300.7
宁夏	63149.2	12736.8	11811.7	401.1	524.0
新疆	181048.6	42268.2	40990.9	643.9	633.4
新疆兵团	107977.7	20811.0	20510.8	259.4	40.8

注:本表不含实行系统统筹单位的数字。

2—21 分地区城镇集体企业基本养老保险基金收入

(1992)

单位:万元

地　区	工资总额	基金收入			
		合计	单位缴纳	个人缴纳	其他
全国总计	2276076.8	514493.6	470873.2	11452.9	32167.5
北　京	82456.0	19490.0	19461.0	29.0	0.0
天　津	79790.3	14406.6	14383.7	0.0	22.9
河　北	133622.9	24404.7	22496.7	367.7	1540.3
山　西	16449.1	2299.1	2136.1	156.7	6.3
内蒙古	3372.0	753.9	691.4	60.3	2.2
辽　宁	187172.6	42255.4	41664.8	263.8	326.8
吉　林	28481.0	3055.0	2909.3	132.9	12.8
黑龙江	39418.1	5778.6	5430.4	307.2	41.0
上　海	239124.4	57618.0	55702.3	47.6	1868.1
江　苏	408649.3	96898.4	88623.7	1772.5	6502.2
浙　江	225575.7	58936.2	51916.7	1126.6	5892.9
安　徽	15788.7	3434.9	3332.1	79.5	23.3
福　建	16837.6	4392.7	4167.1	223.5	2.1
江　西	49679.8	12101.4	10997.4	620.8	483.2
山　东	248241.8	73972.6	60219.9	2059.2	11693.5
河　南	98049.5	18340.8	17705.0	247.3	388.5
湖　北	11782.1	2224.1	2064.4	53.7	106.0
湖　南	18166.0	4157.2	3482.6	526.7	147.9
广　东	174113.6	33284.5	29787.2	1109.7	2387.6
广　西	17099.3	3742.7	3484.7	212.9	45.1
海　南	7968.1	878.4	754.0	122.5	1.9
四　川	126025.5	19065.8	17073.5	1579.7	412.6
贵　州	1383.9	166.4	150.6	13.8	2.0
云　南	14281.9	3845.7	3616.6	92.7	136.4
西　藏	9.3	1.9	1.9	0.0	0.0
陕　西	21134.7	3788.5	3702.3	27.4	58.8
甘　肃	2673.6	422.4	391.1	22.9	8.4
青　海	10.9	3.2	1.8	0.0	1.4
宁　夏	4996.6	1104.0	1030.5	44.8	28.7
新　疆	3722.5	3670.5	3494.4	151.5	24.6
新疆兵团	0.0	0.0	0.0	0.0	0.0

注:本表不含实行系统统筹单位的数字。

2—22 分地区其他各种经济类型企业基本养老保险基金收入

(1992)

单位:万元

地　区	工资总额	基金收入			
		合　计	单位缴纳	个人缴纳	其　他
全国总计	142101.1	27157.4	24397.5	1059.7	1700.2
北　京	18836.0	3012.2	3012.0	0.0	0.2
天　津	0.0	0.0	0.0	0.0	0.0
河　北	4192.5	536.6	462.1	0.0	74.5
山　西	197.9	7.3	7.3	0.0	0.0
内蒙古	0.0	0.0	0.0	0.0	0.0
辽　宁	21547.9	3920.2	3839.0	73.2	8.0
吉　林	0.0	0.0	0.0	0.0	0.0
黑龙江	2018.5	473.7	425.9	19.0	28.8
上　海	0.0	0.0	0.0	0.0	0.0
江　苏	47006.1	10645.1	9475.3	224.7	945.1
浙　江	0.0	0.0	0.0	0.0	0.0
安　徽	214.2	39.0	36.1	1.8	1.1
福　建	17233.5	3717.4	3323.8	271.1	122.5
江　西	1649.9	610.5	530.5	71.1	8.9
山　东	8259.1	2202.5	1636.6	183.4	382.5
河　南	2313.7	177.2	158.4	15.9	2.9
湖　北	400.9	134.3	123.7	6.3	4.3
湖　南	478.8	316.0	172.6	33.3	110.1
广　东	7197.7	0.0	0.0	0.0	0.0
广　西	2502.7	384.9	326.6	49.7	8.6
海　南	5545.1	482.8	412.0	70.8	0.0
四　川	713.4	60.1	54.2	5.8	0.1
贵　州	0.0	2.8	2.4	0.3	0.1
云　南	230.1	181.8	164.3	16.4	1.1
西　藏	164.1	33.9	32.8	1.1	0.0
陕　西	1039.5	200.4	188.8	11.6	0.0
甘　肃	0.0	0.0	0.0	0.0	0.0
青　海	0.0	0.0	0.0	0.0	0.0
宁　夏	28.8	5.4	4.9	0.5	0.0
新　疆	60.7	13.5	8.2	3.7	1.6
新疆兵团	0.0	0.0	0.0	0.0	0.0

注:本表不含实行系统统筹单位的数字。

2—23 分地区全国基本养老保险基金支出及期末结余

（1992）

单位：万元

地区	基金支出				期末结余
	合计	离休、退休、退职费	管理服务费	其他	
全国总计	2373971.8	2596096.7	79583.5	164039.6	2119668.0
北京	125558.0	120977.0	4581.0	0.0	19910.0
天津	78351.0	75291.3	1076.8	1982.9	38239.2
河北	124560.7	113434.1	4047.8	7078.8	128191.1
山西	72129.4	70372.3	1684.1	73.0	37084.8
内蒙古	31212.3	30389.9	822.4	0.0	28578.4
辽宁	218848.8	210234.5	4681.6	3932.7	129771.0
吉林	73217.2	44118.4	2242.0	26856.8	46282.5
黑龙江	137558.9	131883.8	3014.6	2660.5	65422.0
上海	307986.2	304544.8	3441.4	0.0	87087.7
江苏	246167.7	204555.0	5283.4	36329.3	150197.8
浙江	135190.2	125912.7	3159.3	6118.2	107635.0
安徽	40938.0	39426.3	1085.8	425.9	48488.7
福建	56512.4	53241.9	2853.4	417.1	26777.3
江西	59499.2	55143.8	860.1	3495.3	63381.4
山东	173411.0	132668.6	7240.2	33502.2	246842.7
				2830.1	
河南	107503.5	99415.6	5257.8		127823.3
湖北	89487.6	83187.7	3365.9	2934.0	106196.1
湖南	92033.5	85961.1	2537.1	3535.3	79937.4
广东	159563.6	150304.1	3810.3	5448.9	260910.7
广西	45922.7	43422.0	1727.3	773.4	53685.8
海南	21266.1	14926.7	753.3	5586.1	15851.3
四川	185934.6	171790.0	5662.2	8482.4	89818.3
贵州	23214.9	21845.7	812.3	556.9	17016.9
云南	59625.2	55109.6	2982.3	1533.3	27414.6
西藏	5564.2	3656.0	57.5	1850.7	4124.5
陕西	63694.4	60055.9	3270.5	368.0	44534.8
甘肃	27104.3	19978.8	827.8	6297.7	25676.5
青海	9771.6	9476.8	168.6	126.2	7216.6
宁夏	11223.5	10710.3	274.2	239.0	8565.2
新疆	38244.3	36186.1	1454.7	603.5	21404.6
新疆兵团	18425.1	17872.9	547.8	4.4	5601.8

注：本表不含实行系统统筹单位的数字。

2—24 分地区国有企业基本养老保险基金支出及期末结余

（1992）

单位：万元

地　　区	基金支出				期末结余
	合　计	离休、退休、退职费	管理服务费	其　他	
全国总计	2337710.9	2124481.2	68095.7	145133.8	1926362.2
北　京	98657.0	95087.0	3570.0	0.0	20664.0
天　津	64394.7	61508.8	1004.9	1881.0	37244.8
河　北	103486.3	93237.4	3435.7	6813.2	116818.0
山　西	70740.0	69053.1	1644.4	42.5	36009.8
内蒙古	30614.1	29804.1	810.4	0	28393.7
辽　宁	174077.5	167254.1	4085.8	2737.6	124926.1
吉　林	70695.5	42678.8	2167.7	25849.0	45252.6
黑龙江	132749.6	127187.5	2921.5	2640.6	63578.2
上　海	227615.4	225550.6	2064.8	0	124548.1
江　苏	15299.8	116323.8	3556.0	333120.0	91118.0
浙　江	84271.7	77613.6	2054.1	4604.0	84088.3
安　徽	37739.8	36286.4	952.6	500.8	47532.2
福　建	49939.5	46982.7	2540.5	416.3	19776.8
江　西	50288.3	46593.7	606.8	3087.8	54234.4
山　东	115998.9	87068.1	5239.5	23691.3	169097.3
河　南	90772.2	83411.2	4681.9	2679.1	121026.7
湖　北	87913.5	81754.3	3272.9	2886.3	104939.6
湖　南	88575.7	82637.6	2461.0	3477.1	77367.3
广　东	126662.1	117899.2	3510.5	5252.4	252537.5
广　西	42207.3	39810.6	1656.9	739.8	52678.9
海　南	20185.8	14305.6	698.8	5181.4	15361.3
四　川	169777.9	156616.0	5079.7	8082.2	84024.2
贵　州	23142.1	21776.6	810.1	555.4	16910.6
云　南	56366.8	52116.7	2812.2	1437.9	25907.9
西　藏	5562.9	3654.7	57.5	1850.7	4090.0
陕　西	60073.0	56470.2	3234.9	367.9	43697.4
甘　肃	26856.3	199763.8	809.7	6282.8	25475.9
青　海	9768.3	9473.5	168.6	126.2	7216.6
宁　夏	10357.0	9865.0	253.1	238.9	7981.4
新　疆	36796.2	34823.6	1385.3	587.3	18262.8
新疆兵团	18425.1	17872.9	547.8	4.4	5601.8

注：本表不含实行系统统筹单位的数字。

2—25 分地区城镇集体企业基本养老保险基金支出及期末结余

（1992）

单位:万元

地区	基金支出				期末结余
	合计	离休、退休、退职费	管理服务费	其他	
全国总计	493866.6	465138.5	11003.5	17724.6	145977.8
北京	26564.0	25555.0	1009.0	0.0	－9735.0
天津	13956.3	13782.5	71.9	101.9	994.5
河北	20802.8	20010.5	589.0	203.3	10709.1
山西	1388.4	1318.2	39.8	30.4	1060.6
内蒙古	597.9	585.8	12.1	0.0	184.7
辽宁	43377.3	41774.6	411.2	1191.5	－664.4
吉林	2521.7	1439.7	74.3	1007.7	1029.9
黑龙江	4739.0	4627.2	92.0	19.8	1213.9
上海	80370.8	78994.2	1376.6	0.0	－37460.4
江苏	88366.6	84425.2	1668.2	2273.2	44107.8
浙江	50918.5	48299.1	1105.3	1514.1	23546.7
安徽	3246.9	3114.7	132.2	0.0	915.7
福建	6244.6	6014.8	229.5	0.3	－2933.4
江西	8666.4	8151.3	238.7	276.4	8848.5
山东	57198.4	45468.5	1955.9	9774.0	74017.8
河南	16695.0	15979.8	570.2	145.0	6526.4
湖北	1568.9	1462.9	89.8	16.2	1024.1
湖南	3436.8	3319.3	60.2	57.3	2106.2
广东	32901.2	32404.9	299.8	196.5	8373.1
广西	3671.1	3581.1	59.2	30.8	538.4
海南	1057.6	619.2	35.2	403.2	－19.5
四川	16155.8	15174.0	581.6	400.2	5713.1
贵州	72.8	69.1	2.3	1.4	103.5
云南	3243.7	2987.4	161.1	95.2	1290.1
西藏	0.0	0.0	0.0	0.0	1.9
陕西	3615.0	3584.0	30.9	0.1	617.4
甘肃	247.9	215.0	18.1	14.8	200.5
青海	3.3	3.3	0.0	0.0	0.0
宁夏	866.1	845.3	20.8	0.0	576.4
新疆	1446.7	1361.9	68.6	16.2	3090.2
新疆兵团	0.0	0.0	0.0	0.0	0.0

注:本表不含实行系统统筹单位的数字。

2—26 分地区其他经济类型企业基本养老保险基金支出及期末结余

(1992)

单位:万元

地区	基金支出				期末结余
	合计	离休、退休、退职费	管理服务费	其他	
全国总计	8142.5	6447.0	484.8	1210.7	47327.9
北京	337.0	335.0	2.0	0.0	8981.0
天津	0.0	0.0	0.0	0.0	0.0
河北	271.6	186.2	23.1	62.3	664.1
山西	1.0	1.0	0.0	0.0	14.4
内蒙古	0.0	0.0	0.0	0.0	0.0
辽宁	1394.0	1205.9	184.6	3.5	5509.2
吉林	0.0	0.0	0.0	0.0	0.0
黑龙江	70.3	69.1	1.1	0.1	629.9
上海	0.0	0.0	0.0	0.0	0.0
江苏	4801.4	3806.0	59.3	936.1	14972.0
浙江	0.0	0.0	0.0	0.0	0.0
安徽	26.2	25.2	1.0	0.0	40.8
福建	328.3	244.4	83.3	0.6	9933.9
江西	544.5	398.7	14.7	131.1	298.6
山东	213.7	132.0	44.8	36.9	3727.6
河南	3633.0	27.6	5.7	3599.7	270.3
湖北	5.3	0.5	3.2	1.6	232.4
湖南	21.0	4.1	15.9	1.0	463.9
广东	0.0	0.0	0.0	0.0	0.0
广西	44.2	30.4	11.2	2.6	468.5
海南	22.7	1.8	19.3	1.6	509.5
四川	0.9	0.0	0.9	0.0	81.0
贵州	0.0	0.0	0.0	0.0	2.8
云南	14.7	5.5	9.0	0.2	216.5
西藏	1.3	1.3	0.0	0.0	32.6
陕西	6.4	1.7	4.7	0.0	220.0
甘肃	0.0	0.0	0.0	0.0	0.0
青海	0.0	0.0	0.0	0.0	0.0
宁夏	0.3	0.0	0.3	0.0	7.4
新疆	1.4	0.6	0.7	0.1	51.5
新疆兵团	0.0	0.0	0.0	0.0	0.0

注:本表不含实行系统统筹单位的数字。

2—27　分经济类型全国基本养老保险基金收入

(1993)

项　　目	工资总额(万元)	基　金　收　入　(万元)				平均缴费比例(%)
		合　计	单位缴纳	个人缴纳	其　他	
总　　计	23985354	5035402	4401553	292326	341523	19.57
一、国有企业	19912693	4121355	3628020	227542	265793	19.36
二、城镇集体企业	2993829	737853	623907	44149	39797	22.31
三、其他各种经济类型企业	272635	51466	44970	4359	2137	18.09
# 外商投资企业	178236	37667	33159	2679	1829	20.11

2—28　分经济类型全国基本养老保险基金支出及期末结余

(1993)

单位:万元

项　　目	基　金　支　出				期末结余
	合　计	离休、退休、退职费	管理服务费	其　他	
总　　计	4706303	4180431	100095	425777	2585889
一、国有企业	3824911	3383065	85699	356147	2373503
二、城镇集体企业	760869	680355	13297	67217	131676
三、其他各种经济类型企业	15900	12937	1099	1864	80710
# 外商投资企业	7724	6088	808	828	59571

2—29 分地区全国基本养老保险基金收入平均缴费比例

(1993)

地　区	工资总额（万元）	基金收入（万元）				平均缴费比例(%)
		合　计	单位缴纳	个人缴纳	其　他	
全国总计	20316862	4394786	3801992	258387	335127	19.99%
北　京	789501	158706	146370	12336	0	20.10%
天　津	556733	110063	95661	10535	3867	19.07%
河　北	881455	228118	160217	12619	55282	19.61%
山　西	493486	98405	90069	6046	2290	19.48%
内蒙古	222875	57601	52708	3228	1665	25.10%
辽　宁	1341913	335395	310423	18486	6486	24.51%
吉　林	522830	146165	130689	5551	9925	26.06%
黑龙江	918602	205500	193144	6253	6103	21.71%
上　海	1830433	436736	379257	47084	10395	23.29%
江　苏	1698878	366381	321467	27296	17618	20.53%
浙　江	876810	215201	195472	7766	11963	23.18%
安　徽	354884	71979	67063	2079	2837	19.48%
福　建	309721	67831	61086	6107	638	21.69%
江　西	377152	102236	88454	6082	7700	25.07%
山　东	1208484	371962	262706	13647	95609	22.87%
河　南	807225	166666	145752	11862	9052	19.53%
湖　北	772711	146300	131718	4535	10047	17.63%
湖　南	626584	141731	124021	5601	12109	20.69%
广　东	2163884	201335	166787	10292	24256	8.18%
广　西	345819	77319	66650	6554	4115	21.17%
海　南	159022	42638	38423	3290	925	26.23%
四　川	1288434	260197	223288	13309	23600	18.36%
贵　州	203725	37214	33733	2700	781	17.88%
云　南	365524	79901	76804	1763	1334	21.49%
西　藏	19198	7474	3834	139	3501	20.69%
陕　西	439857	102146	87969	5516	8661	21.25%
甘　肃	226976	44194	40374	3011	1529	19.11%
青　海	63921	14540	13235	623	682	21.68%
宁　夏	89291	19969	18378	1075	516	21.79%
新　疆	180639	48119	45102	1606	1411	25.86%
新疆兵团	180295	32764	31138	1396	230	18.04%

注：本表不含实行系统统筹单位的数字。

2—30 分地区国有企业基本养老保险基金收入

(1993)

单位:万元

地区	工资总额	基金收入			
		合计	单位缴纳	个人缴纳	其他
全国总计	17050378	3606187	3133115	209879	263193
北京	667572	128982	118660	10322	0
天津	453090	89333	77174	8575	3584
河北	759169	190058	130168	10973	48917
山西	464020	94350	86392	5732	2226
内蒙古	219258	56745	51955	3141	1649
辽宁	1066848	261280	242509	13224	5547
吉林	447162	127608	113496	4435	9677
黑龙江	836845	191497	180733	5589	5175
上海	509345	355693	310946	38885	5862
江苏	1079012	214211	190082	16778	7351
浙江	573094	131324	119031	4760	7533
安徽	334138	66977	62221	1967	2789
福建	278362	60186	54024	5529	633
江西	305096	86277	74152	4973	7152
山东	890884	245660	178640	9109	57911
河南	698289	150062	130011	11431	8620
湖北	757263	141869	127804	4193	9872
湖南	600906	135564	118726	5026	11812
广东	1847862	169505	139462	9175	20868
广西	324288	71835	61807	6069	3959
海南	137052	39202	35505	2791	906
四川	1114523	227618	194132	10420	23066
贵州	200713	36715	33279	2659	777
云南	349588	74968	72137	1588	1243
西藏	18972	7426	3789	136	3501
陕西	405768	96886	83217	5067	8602
甘肃	222772	44143	39685	2935	1523
青海	63883	14535	13230	623	682
宁夏	81767	18423	16975	976	472
新疆	162442	44491	42035	1402	1054
新疆兵团	180295	32764	31138	1396	230

注:本表不含实行系统统筹单位的数字。

2—31 分地区城镇集体企业基本养老保险基金收入

(1993)

单位:万元

地　区	工资总额	基金收入			
		合计	单位缴纳	个人缴纳	其他
全国总计	2993829	737853	623907	44149	69797
北　京	88170	23947	32425	1522	0
天　津	98220	19101	16938	1882	281
河　北	121406	37707	29738	1604	6365
山　西	27804	3856	3505	287	64
内蒙古	3617	856	753	87	16
辽　宁	256320	70021	64260	4949	812
吉　林	69193	17861	16972	642	247
黑龙江	76753	13043	11507	623	913
上　海	288802	78978	66453	7992	4533
江　苏	535762	133332	115451	9122	8759
浙　江	274518	77245	70227	2793	4225
安　徽	20537	4968	4813	111	44
福　建	17243	4665	4328	336	1
江　西	68624	15278	13747	1054	477
山　东	305706	123433	81521	4276	37636
河　南	106586	16473	15638	425	410
湖　北	13218	4048	3580	320	148
湖　南	25022	9035	5210	542	283
广　东	316002	31830	27325	117	3388
广　西	18511	4883	4393	378	112
海　南	10725	1908	1636	257	15
四　川	172065	32350	28952	2864	534
贵　州	2793	482	441	37	4
云　南	15124	4796	4544	165	87
西　藏	24	5	5	0	0
陕　西	31573	4898	4436	415	47
甘　肃	3998	738	681	51	6
青　海	38	5	5	0	0
宁　夏	7458	1522	1381	97	44
新　疆	18017	3589	3042	201	346
新疆兵团	0	0	0	0	0

注:本表不含实行系统统筹单位的数字。

2—32 分地区其他各种经济类型企业基本养老保险基金收入

(1993)

单位:万元

地区	工资总额	基金收入			
		合计	单位缴纳	个人缴纳	其他
全国总计	272635	51466	44970	4359	2137
北京	33759	5777	5285	492	0
天津	5423	1629	1549	78	2
河北	880	353	311	42	0
山西	1662	199	172	27	0
内蒙古	0	0	0	0	0
辽宁	18745	4094	3654	313	127
吉林	6475	696	221	474	1
黑龙江	5004	960	904	41	15
上海	32286	2065	1858	207	0
江苏	84104	18838	15934	1396	1508
浙江	29198	6632	6214	213	205
安徽	209	34	29	1	4
福建	14116	2980	2734	242	4
江西	3432	681	555	55	71
山东	11894	2869	2545	262	62
河南	2350	131	103	6	22
湖北	2230	383	334	22	27
湖南	656	132	85	33	14
广东	0	0	0	0	0
广西	3020	601	450	107	44
海南	11245	1528	1282	242	4
四川	1846	229	204	25	0
贵州	119	17	13	4	0
云南	812	137	123	10	4
西藏	202	43	40	3	0
陕西	2516	362	316	34	12
甘肃	206	33	8	25	0
青海	0	0	0	0	0
宁夏	66	24	22	2	0
新疆	180	39	25	3	11
新疆兵团	0	0	0	0	0

注:本表不含实行系统统筹单位的数字。

2—33 分地区全国基本养老保险基金支出及期末结余

(1993)

单位:万元

地区	基金支出				期末结余
	合计	离休、退休、退职费	管理服务费	其他	
全国总计	4084453	3400621	98946	423901	2449874
北京	169002	163349	5653	0	10222
天津	120112	116482	1370	2260	28189
河北	239932	175669	4786	59477	116377
山西	82596	79183	2053	1360	52894
内蒙古	51736	46747	1241	3748	34443
辽宁	314916	292753	7191	14972	155146
吉林	139528	91579	3001	44948	47559
黑龙江	186652	178342	4184	4126	84270
上海	406023	400139	4732	1152	117801
江苏	359389	277089	6912	75388	157190
浙江	184541	167508	5381	11652	142880
安徽	57753	53333	1341	3079	62928
福建	67252	64441	2507	304	27356
江西	89193	76131	1014	12048	76205
山东	365656	251880	8224	105552	271853
河南	140181	129367	5239	5575	154957
湖北	124938	114633	4173	6132	126569
湖南	124570	109015	3468	12087	96420
广东	192703	170856	3844	18003	269543
广西	58288	50479	2644	5165	71492
海南	36325	64656	1203	769	22162
四川	242280	21386	6788	22206	106633
贵州	29882	28112	1703	679	24345
云南	71845	66907	3357	1581	35470
西藏	6397	6201	48	148	5120
陕西	89721	77889	3196	8636	56960
甘肃	35001	32569	1038	1394	36923
青海	11603	10748	203	652	10154
宁夏	16587	15737	399	451	12062
新疆	41142	39468	1385	289	25781
新疆兵团	28709	27973	668	68	9970

注:本表不含实行系统统筹单位的数字。

2－34　分地区国有企业基本养老保险基金支出及期末结余

(1993)

单位:万元

地　区	基金支出				期末结余
	合　计	离休、退休、退职费	管理服务费	其　他	
全国总计	3307684	2868926	83920	354838	2237488
北　京	127133	122550	4583	0	22897
天　津	96005	93089	1243	1673	30572
河　北	198015	145609	3909	48497	108861
山　西	80041	76703	1989	1349	50319
内蒙古	50939	45988	1206	3745	34199
辽　宁	239963	220734	6285	12944	148255
吉　林	122956	75740	2335	44881	41971
黑龙江	175938	168117	3941	3880	79137
上　海	303558	298208	4198	1152	176683
江　苏	224873	158964	4567	61342	80456
浙　江	112167	101332	3265	7570	102271
安　徽	53055	48721	1257	3077	61885
福　建	58682	56155	2224	303	25739
江　西	76885	64735	685	11465	63413
山　东	243230	165347	6090	71793	189377
河　南	124446	114171	4760	5515	148302
湖　北	122030	112004	3991	6035	123795
湖　南	119749	104487	3340	11922	92435
广　东	157512	137667	3438	16407	264531
广　西	53143	45899	2480	4764	70274
海　南	33331	31516	1064	751	21231
四　川	215507	187432	6127	21948	95033
贵　州	29616	27856	1063	697	23994
云　南	67840	63188	3142	1510	33036
西　藏	6396	6200	48	148	5037
陕　西	85319	73551	3138	8630	55265
甘　肃	34509	32105	1017	1387	36440
青　海	11599	10744	203	652	10153
宁　夏	15470	14655	365	450	11093
新　疆	39068	37486	1299	283	20864
新疆兵团	28709	27973	668	68	9907

注:本表不含实行系统统筹单位的数字。

2—35 分地区城镇集体企业基本养老保险基金支出及期末结余

(1993)

单位：万元

地区	基金支出				期末结余
	合计	离休、退休、退职费	管理服务费	其他	
全国总计	760869	680355	13297	67517	131676
北京	41032	40166	866	0	26493
天津	23983	23301	75	587	3888
河北	41873	30033	860	10980	6543
山西	2516	2443	62	11	2401
内蒙古	797	759	35	3	244
辽宁	74343	71649	753	1941	—918
吉林	16464	15776	628	60	4964
黑龙江	10358	10096	235	27	3899
上海	102204	101684	520	0	60686
江苏	125478	110384	2111	12983	51962
浙江	69916	64286	1961	3669	32617
安徽	4698	4612	84	2	972
福建	7272	7089	182	1	—5541
江西	11921	11033	316	572	12199
山东	122421	86531	2131	33759	76170
河南	15720	15187	474	59	6280
湖北	2851	2581	174	96	2216
湖南	4751	4522	113	116	3459
广东	35191	33189	406	1596	5012
广西	5080	4534	148	398	213
海南	2913	2820	77	16	—1025
四川	26763	25852	660	251	11300
贵州	266	256	10	0	331
云南	3992	3713	208	71	2094
西藏	0	0	0	0	7
陕西	4386	4330	51	5	1129
甘肃	490	464	19	7	444
青海	4	4	0	0	1
宁夏	1116	1082	33	1	942
新疆	2070	1979	85	6	4828
新疆兵团	0	0	0	0	0

注：本表不含实行系统统筹单位的数字。

2—36　分地区其他经济类型企业基本养老保险基金支出及期末结余

(1993)

单位:万元

地　区	基金支出				期末结余
	合　计	离休、退休、退职费	管理服务费	其　他	
全国总计	15900	12937	1099	1864	80710
北　京	837	633	204	0	13818
天　津	124	92	32	0	1505
河　北	44	27	17	0	973
山　西	39	37	2	0	174
内蒙古	0	0	0	0	0
辽　宁	610	370	153	87	7809
吉　林	108	63	38	7	624
黑龙江	356	129	8	219	1234
上　海	261	247	14	0	1804
江　苏	9038	7741	234	1063	24772
浙　江	2458	1890	155	413	7992
安　徽	0	0	0	0	71
福　建	1298	1197	101	0	7158
江　西	387	363	13	11	593
山　东	5	2	3	0	6306
河　南	15	9	5	1	375
湖　北	57	48	8	1	558
湖　南	70	6	15	49	526
广　东	0	0	0	0	0
广　西	65	46	16	3	1005
海　南	81	17	62	2	1956
四　川	10	2	1	7	300
贵　州	0	0	0	0	20
云　南	13	6	7	0	340
西　藏	1	1	0	0	76
陕　西	16	8	7	1	566
甘　肃	2	0	2	0	39
青　海	0	0	0	0	0
宁　夏	1	0	1	0	27
新　疆	4	3	1	0	89
新疆兵团	0	0	0	0	0

注:本表不含实行系统统筹单位的数字。

2—37 分经济类型全国基本养老保险基金收入

(1994)

项　　目	工资总额（万元）	基　金　收　入　（万元）				平均缴费比例(%)
		合　计	单位缴纳	个人缴纳	其　他	
总　　计	32328310	7074245	6009648	535693	528904	20.25
一、国有企业	27736076	5986280	5073620	447940	464720	19.91
二、城镇集体企业	3875787	912068	794007	69229	48832	22.27
三、其他各种经济类型企业	716447	175897	142021	18524	15352	22.41
# 外商投资企业	425239	97520	82140	9024	6356	21.44

2—38 分经济类型全国基本养老保险基金支出及期末结余

(1994)

单位:万元

地　区	基　金　支　出				基　金　结　余
	合　计	离休、退休、退职费	管理服务费	其　他	
总　　计	6610902	6154882	136650	319370	3047662
一、国有企业	5514963	5109639	113995	291329	3839742
二、城镇集体企业	1022695	979007	19790	23898	24636
三、其他各种经济类型企业	73244	66236	2865	4143	183284
# 外商投资企业	26889	22046	1544	3299	130285

2—39　分地区全国基本养老保险基金收入及平均缴费比例

(1994)

地　　区	工资总额（万元）	基　金　收　入（万元）				平均缴费比例(%)
		合　计	单位缴纳	个人缴纳	其　他	
全国总计	24675679	5620245	4873929	397127	349189	21.36
北　　京	1093349	238095	193443	39854	4798	21.34
天　　津	729096	170106	136755	26912	6439	22.45
河　　北	1038808	236841	210076	9751	17014	21.16
山　　西	602218	134638	120597	7298	6743	21.24
内 蒙 古	376928	72838	66252	3912	2674	18.61
辽　　宁	1577766	435409	395051	25772	14586	26.67
吉　　林	627654	158937	145598	8914	4425	24.62
黑 龙 江	1047984	231416	213453	9684	8279	21.29
上　　海	2622200	601935	515987	57974	27974	21.89
江　　苏	2230124	500541	416158	44226	40157	20.64
浙　　江	1162748	316687	272041	24450	20196	25.50
安　　徽	567234	100412	90706	3556	6150	16.62
福　　建	385297	92312	81218	10071	1023	23.69
江　　西	421204	118610	99656	7188	11766	25.37
山　　东	1302307	361176	298521	25282	37373	24.86
河　　南	985358	198689	171763	11771	15155	18.63
湖　　北	748103	168235	145779	8876	13580	20.67
湖　　南	739479	163070	139593	8039	15438	19.96
广　　东	2164708	386208	345537	0	40671	15.96
广　　西	406882	103546	86467	8641	8438	23.37
海　　南	384065	58618	48085	8013	2520	14.61
四　　川	1436104	308616	274432	22445	11739	20.67
贵　　州	159642	37492	32468	2710	2314	22.04
云　　南	463226	102248	94123	3631	4494	21.10
西　　藏	26963	9740	4704	183	4853	18.12
陕　　西	474875	114155	95906	6861	11388	21.64
甘　　肃	276350	53768	46648	3363	3757	18.10
青　　海	80223	22658	20516	1232	910	27.11
宁　　夏	68355	19498	16844	1250	1404	26.47
新　　疆	292117	54925	50542	2200	2183	18.06
新疆兵团	184312	48826	45010	3068	748	26.09

注：本表不含实行系统统筹单位的数字。

2—40 分地区国有企业基本养老保险基金收入

(1994)

单位：万元

地区	工资总额（万元）	基金收入（万元） 合计	单位缴纳	个人缴纳	其他
全国总计	20083445	4532280	3937901	309374	285005
北京	887761	187394	154005	31607	1782
天津	587785	133272	106493	21299	5480
河北	914151	197167	174653	7938	14576
山西	555562	128249	114744	6783	6722
内蒙古	337531	70192	63812	3749	2631
辽宁	1221508	332209	301723	19014	11472
吉林	539340	136262	125004	7025	4233
黑龙江	916823	214689	198898	7782	8009
上海	1939445	465005	395612	44410	24983
江苏	1371265	284797	237947	26774	20076
浙江	747206	192538	166222	14675	11641
安徽	416112	90161	80973	3187	6001
福建	341155	81655	71525	9128	1002
江西	339574	98311	82514	5468	10329
山东	967977	237288	195997	16838	24453
河南	856558	171437	147246	10305	13886
湖北	717870	159670	138335	8307	13028
湖南	708938	154268	131723	7641	14904
广东	1928984	337412	300044	0	37368
广西	372763	95453	79334	7888	8231
海南	327651	53926	44152	7358	2416
四川	1226466	268311	238590	19113	10608
贵州	155033	36748	31808	2638	2302
云南	441150	96451	88756	3382	4313
西藏	26770	9690	4569	178	4943
陕西	440746	107601	90148	6269	11184
甘肃	268235	52279	45348	3201	3730
青海	80175	22650	20508	1232	910
宁夏	60968	17469	15020	1113	1336
新疆	264964	50927	47119	2010	1798
新疆兵团	183979	48799	44989	3062	748

注：本表不含实行系统统筹单位的数字。

2—41 分地区城镇集体企业基本养老保险基金收入

(1994)

单位:万元

地区	工资总额	基金收入			
		合计	单位缴纳	个人缴纳	其他
全国总计	38757887	912068	794007	69229	48832
北京	142942	35138	28960	6012	166
天津	119749	29143	23656	4732	755
河北	123855	38878	34709	1741	2428
山西	44406	6127	5644	462	21
内蒙古	39303	2599	2406	151	42
辽宁	324705	96453	87387	6145	2921
吉林	84212	20510	18780	1551	179
黑龙江	106991	14698	12737	1854	107
上海	458914	93247	83270	9718	259
江苏	686528	176961	145267	14398	17296
浙江	350009	92226	82624	4984	4618
安徽	150561	10210	9696	368	146
福建	21263	5961	5418	534	9
江西	77448	19339	16610	1308	1421
山东	347748	111740	93218	7487	11035
河南	126646	26860	24185	1433	1242
湖北	26553	7655	6798	494	363
湖南	28664	8431	7562	359	510
广东	228653	47332	44128	0	3204
广西	27426	6922	6159	640	123
海南	29387	2643	2195	366	82
四川	206376	39557	35187	3253	1117
贵州	4046	726	654	61	11
云南	20845	5590	5187	230	173
西藏	3	4	4	0	0
陕西	29776	5794	5138	523	133
甘肃	7656	1340	1215	100	25
青海	36	6	6	0	0
宁夏	7181	1988	1788	133	67
新疆	2657	3964	3399	186	379
新疆兵团	328	26	20	6	0

注:本表不含实行系统统筹单位的数字。

2—42 分地区其他各种经济类型企业基本养老保险基金收入

(1994)

单位:万元

地 区	工资总额	基金收入			
		合 计	单位缴纳	个人缴纳	其 他
全国总计	716447	175897	142021	18524	15352
北 京	62646	15563	10478	2235	2850
天 津	21562	7691	6606	881	204
河 北	802	796	714	72	10
山 西	2250	262	209	53	0
内蒙古	94	47	34	12	1
辽 宁	31553	6747	5941	613	193
吉 林	4102	2165	1814	338	13
黑龙江	24170	2029	1818	48	163
上 海	197841	43683	37105	3846	2732
江 苏	172331	38783	32944	3054	2785
浙 江	6553	31923	23195	4791	3937
安 徽	561	41	37	1	3
福 建	22879	4696	4275	409	12
江 西	4182	960	532	412	16
山 东	46582	12148	9306	957	1885
河 南	2154	392	332	33	27
湖 北	3680	910	646	75	187
湖 南	1877	371	308	39	24
广 东	7071	1464	1365	0	99
广 西	6693	1171	974	113	84
海 南	27027	2049	1738	289	22
四 川	3262	748	655	79	14
贵 州	563	18	6	11	1
云 南	1231	207	180	19	8
西 藏	190	46	41	5	0
陕 西	4353	760	620	69	71
甘 肃	459	149	85	62	2
青 海	12	2	2	0	0
宁 夏	206	41	36	4	1
新 疆	576	34	24	4	6
新疆兵团	5	1	1	0	0

注:本表不含实行系统统筹单位的数字。

2—43 分地区全国基本养老保险基金支出及期末结余

(1994)

单位:万元

地区	基金支出				期末结余
	合计	离休、退休、退职费	管理服务费	其他	
全国总计	5178065	4832087	127480	218498	2892104
北京	219121	212442	6679	0	29197
天津	161330	159252	2049	29	36965
河北	218046	207086	5547	5413	135172
山西	118033	113026	1728	3279	69499
内蒙古	62515	59840	1404	1271	44766
辽宁	412140	392981	8807	10352	177054
吉林	152856	146634	4458	1764	62075
黑龙江	209513	195520	4917	9076	106173
上海	583526	574541	7976	1009	136210
江苏	499403	456457	7858	35088	158328
浙江	261389	252029	8327	1033	198178
安徽	84520	80746	1729	2045	79352
福建	76767	73146	3041	580	42900
江西	105593	101373	2837	1383	89221
山东	422803	344254	8433	70116	210226
河南	170166	152187	5776	12203	183480
湖北	148351	133647	5525	9179	146851
湖南	134049	121181	3722	9146	125441
广东	339765	312618	11976	15171	315986
广西	75432	68897	3274	3261	95100
海南	47623	45339	1454	830	33155
四川	281227	265120	7062	9045	134023
贵州	28751	27337	1094	320	32033
云南	91113	80612	3957	6544	46605
西藏	8950	8194	104	652	5909
陕西	99592	89192	2823	7577	69141
甘肃	42081	39620	1392	1069	48679
青海	19673	19072	310	291	13139
宁夏	15789	15073	560	156	15769
新疆	47457	45471	1569	417	33169
新疆兵团	40491	39194	1092	205	18308

注:本表不含实行系统统筹单位的数字。

2—44 分地区国有企业基本养老保险基金支出及期末结余

(1994)

单位:万元

地区	基金支出 合计	基金支出 离休、退休退职费	基金支出 管理服务费	基金支出 其他	期末结余
全国总计	4082126	3786844	104825	190457	2684184
北京	166905	161754	5151	0	43387
天津	119477	117704	1758	15	44367
河北	184277	175392	4396	4489	121751
山西	112978	108159	1564	3255	65590
内蒙古	61300	58675	1362	1263	43091
辽宁	308371	293520	7013	7838	167651
吉林	132891	127370	3916	1605	53815
黑龙江	196494	183078	4635	8781	97332
上海	411814	404672	6133	1009	229874
江苏	281316	251231	4488	25597	83937
浙江	154162	148542	5044	576	140647
安徽	73928	70408	1564	1956	78125
福建	67173	63789	2804	580	40219
江西	89215	85998	2423	794	72508
山东	284600	218279	5591	60730	142065
河南	142409	125431	5141	11837	177330
湖北	143277	129039	5164	9074	140617
湖南	127090	114599	3573	8918	119616
广东	288230	265183	10076	12971	313713
广西	67714	61491	3071	3152	93547
海南	43786	41668	1316	802	31342
四川	246274	231507	6319	8448	117071
贵州	28355	26959	1076	320	31343
云南	86444	76604	3700	6140	43043
西藏	8948	8192	104	652	5780
陕西	94361	84095	2719	7547	66123
甘肃	41075	38668	1338	1069	47720
青海	19668	19067	310	291	13135
宁夏	14098	13453	508	137	14461
新疆	45019	43136	1477	406	26692
新疆兵团	40477	39181	1091	205	18295

注:本表不含实行系统统筹单位的数字。

2—45 分地区城镇集体企业基本养老保险基金支出及期末结余

(1994)

单位:万元

地区	基金支出				期末结余
	合计	离休、退体、退职费	管理服务服务费	其他	
全国总计	1022695	979007	19790	23898	24636
北京	50552	49419	1133	0	—41907
天津	38286	38140	144	2	—13031
河北	33620	31569	1128	923	11801
山西	5026	4846	157	23	3502
内蒙古	1214	1171	41	2	1629
辽宁	102865	98830	1679	2356	—4116
吉林	19123	18627	418	78	6351
黑龙江	12813	12277	262	274	5784
上海	149175	147895	1280	0	—116614
江苏	193791	184557	2967	6267	35132
浙江	99180	96175	2734	271	25663
安徽	10590	10338	165	87	1120
福建	7909	7769	140	0	—7487
江西	15785	14931	395	459	15756
山东	131918	120031	2674	9213	55992
河南	27657	26669	625	363	5483
湖北	4892	4446	344	1052	4983
湖南	6892	6527	137	228	4998
广东	49989	46012	1843	2134	2205
广西	7499	7231	164	104	386
海南	3748	3650	77	21	—2124
四川	34836	33536	737	563	16021
贵州	396	378	18	0	661
云南	4605	3977	247	381	3079
西藏	0	0	0	0	11
陕西	5192	5083	91	18	1731
甘肃	998	950	48	0	787
青海	5	5	0	0	2
宁夏	1688	1620	50	18	1243
新疆	2437	2335	91	11	6355
新疆兵团	14	13	1	0	12

注:本表不含实行系统统筹单位的数字。

2—46 分地区其他各种经济类型企业基本养老保险基金支出及期末结余

(1994)

单位:万元

地区	基金支出				期末结余
	合计	离休、退休、退职费	管理服务费	其他	
全国总计	73244	66236	2865	4143	183284
北京	1664	1269	395	0	27717
天津	3567	3408	147	12	5629
河北	149	125	23	1	1620
山西	29	21	7	1	407
内蒙古	1	0	1	0	46
辽宁	904	631	115	158	13519
吉林	842	637	124	81	1909
黑龙江	206	165	20	21	3057
上海	22537	21974	563	0	22950
江苏	24296	20669	403	3224	39259
浙江	8047	7312	549	186	31868
安徽	2	0	0	2	107
福建	1685	1588	97	0	10168
江西	593	444	19	130	957
山东	6285	5944	168	173	12169
河南	100	87	10	3	667
湖北	182	162	17	3	1251
湖南	67	55	12	0	830
广东	1546	1423	57	66	68
广西	219	175	39	5	1939
海南	89	21	61	7	3937
四川	117	77	6	34	931
贵州	0	0	0	0	29
云南	64	31	10	23	483
西藏	2	2	0	0	118
陕西	39	14	13	12	1287
甘肃	8	2	6	0	172
青海	0	0	0	0	2
宁夏	3	0	2	1	65
新疆	1	0	1	0	122
新疆兵团	0	0	0	0	1

注：本表不含实行系统统筹单位的数字。

2—47 分经济类型全国基本养老保险基金收入

(1995)

项 目	工资总额（万元）	基金收入（万元）				平均缴费比例(%)
		合 计	单位缴纳	个人缴纳	其 他	
总 计	42351169	9500507	7918655	897392	684460	20.82
一、国有企业	36265186	8025770	6675967	743245	606558	20.46
二、城镇集体企业	4623603	1112733	956965	106500	49268	23.00
三、其他各种经济类型企业	1462380	362004	285723	47647	28634	22.80
# 外商投资企业	927372	224817	176074	28775	19968	22.09

2—48 分经济类型全国基本养老保险基金支出及期末结余

单位：万元

地 区	基金支出				期末结余
	合 计	离休、退休、退职费	管理服务费	其 他	
总 计	8476087	7931582	179183	365322	4298338
一、国有企业	7162391	6670283	150177	341931	3904164
二、城镇集体企业	1181729	1140552	23335	17842	－25493
三、其他各种经济类型企业	131967	120747	5671	5549	419667
# 外商投资企业	49539	38509	3832	7198	405827

2—49 分地区全国基本养老保险基金收入及平均缴费比例

(1995)

地　区	工资总额(万元)	基金收入(万元)：合　计	基金收入(万元)：单位缴纳	基金收入(万元)：个人缴纳	基金收入(万元)：其　他	平均缴费比例(%)
全国总计	30611241	7247775	6159046	682707	406022	22.35
北　京	1406531	311750	251454	57240	3056	21.95
天　津	858899	208002	167787	33550	6665	23.44
河　北	1290960	332614	292355	19107	21152	24.13
山　西	717217	158836	141684	12189	4963	21.45
内蒙古	444732	82319	70241	7806	4272	17.55
辽　宁	1973538	564170	499354	39220	25596	27.29
吉　林	756279	192804	178687	10834	3283	25.06
黑龙江	1141232	278666	255772	13900	8994	23.63
上　海	3132280	817206	666449	102074	48683	24.54
江　苏	2952101	618432	501032	74023	43377	19.48
浙　江	1589815	412998	346377	39079	27542	24.25
安　徽	655265	133163	113688	7576	11899	18.51
福　建	444846	127474	104623	18884	3967	27.76
江　西	493749	130860	110690	8803	11367	24.20
山　东	1738627	466992	404783	33652	28557	25.22
河　南	1115276	260059	222855	15447	21757	21.37
湖　北	1186754	298773	260328	18593	19852	23.50
湖　南	851266	184134	165675	5125	13334	20.06
广　东	2614818	470121	357500	75588	37033	16.56
广　西	679845	130357	109402	10863	10092	17.69
海　南	444595	77478	63948	10659	2871	16.78
四　川	1728119	403960	357965	30040	15955	22.45
贵　州	251783	54851	47571	4542	2738	20.70
云　南	552017	139817	128105	6803	4909	24.44
西　藏	39876	14423	7091	268	7064	18.45
陕　西	500819	129525	114875	9487	5163	24.83
甘　肃	317249	60676	50392	4781	5503	17.39
青　海	88283	25936	23484	1460	992	28.25
宁　夏	90962	22696	19917	1512	1267	23.56
新　疆	286380	67677	59728	4894	3055	22.57
新疆兵团	267128	71006	65234	4708	1064	26.18

注:本表不含实行系统统筹单位数字。

2—50 分地区国有企业基本养老保险基金收入

(1995)

单位:万元

地区	工资总额	基金收入			
		合计	单位缴纳	个人缴纳	其他
全国总计	24525109	5773038	4916358	528560	328120
北京	1127752	239199	193031	44011	2157
天津	686708	160063	128442	25738	5883
河北	1134306	275661	243843	16695	15123
山西	640396	145250	129489	10865	4896
内蒙古	384039	75444	64840	7002	3602
辽宁	1519656	435353	382769	29228	23356
吉林	659622	165160	154229	8032	2899
黑龙江	1004753	256093	236631	12587	6875
上海	2199510	557939	456622	67381	33936
江苏	1829648	358626	292500	45144	20982
浙江	1002210	256029	212239	24748	19042
安徽	572512	116409	98345	6316	11748
福建	390845	110287	91095	16163	3029
江西	400994	108451	91007	7157	10287
山东	1199861	312663	269263	22978	20422
河南	924433	233554	199613	14164	19777
湖北	1131293	280073	243813	17127	19133
湖南	775464	168727	151821	4696	12210
广东	2235680	422285	318990	67070	36225
广西	629037	118364	98801	9948	9615
海南	373142	71348	58845	9808	2695
四川	1432593	349210	309331	25699	14180
贵州	244651	53796	46646	4434	2716
云南	513229	131749	120973	6311	4465
西藏	39515	14423	7091	268	7064
陕西	479893	119817	106468	8498	4851
甘肃	304682	58070	48079	4536	5455
青海	88227	25930	23478	1460	992
宁夏	81958	20224	17699	1349	1176
新疆	254626	61941	55227	4448	2266
新疆兵团	263874	70900	65138	4699	1063

注:本表不含实行系统统筹单位数字。

2—51　分地区城镇集体企业基本养老保险基金收入

（1995）

单位:万元

地　区	工资总额	基金收入			
		合　计	单位缴纳	个人缴纳	其　他
全国总计	4623749	1112733	956965	106500	49268
北　京	149475	37192	33219	3859	114
天　津	122817	29423	24483	4846	94
河　北	150896	55723	47451	2291	5981
山　西	73086	12699	11373	1259	67
内蒙古	25118	4872	4476	374	22
辽　宁	402159	108841	98828	8231	1782
吉　林	92555	24961	23082	1536	343
黑龙江	103126	17890	16516	997	377
上　海	437566	110342	94493	15761	88
江　苏	876851	205380	162799	23702	18879
浙　江	487890	121700	105808	11142	4750
安　徽	81561	16611	15217	1245	149
福　建	25011	8716	7241	1370	105
江　西	86700	21873	19263	1600	1010
山　东	471152	136778	120013	9262	7503
河　南	183832	25789	22577	1244	1968
湖　北	47061	17254	15315	1365	574
湖　南	53024	15091	13570	420	1101
广　东	283937	47836	38510	8518	808
广　西	39056	9850	8879	743	228
海　南	33265	3160	2646	441	73
四　川	288213	53167	47337	4106	1724
贵　州	5939	1012	893	97	22
云　南	33644	7411	6599	442	370
西　藏	22	0	0	0	0
陕　西	14815	8544	7467	850	227
甘　肃	11407	2414	2181	194	39
青　海	27	6	6	0	0
宁　夏	8736	2409	2164	158	87
新　疆	31609	5686	4466	438	782
新疆兵团	3179	103	93	9	1

注:本表不含实行系统统筹单位的数字。

2－52 分地区其他各种经济类型企业基本养老保险基金收入

(1995)

单位：万元

地区	工资总额	基金收入			
		合计	单位缴纳	个人缴纳	其他
全国总计	1462383	362004	285723	47647	28634
北京	129304	35359	25204	9370	785
天津	49374	18516	14862	2966	688
河北	5758	1230	1061	121	48
山西	3735	887	822	65	0
内蒙古	35575	2003	925	430	648
辽宁	51723	19976	17757	1761	458
吉林	4102	2683	1376	1266	41
黑龙江	33353	4683	2625	316	1742
上海	495204	148925	115334	18932	14659
江苏	245602	54426	45733	5177	3516
浙江	99715	35269	28330	3189	3750
安徽	1192	143	126	15	2
福建	28090	8471	6287	1351	833
江西	6055	536	420	46	70
山东	67614	17551	15507	1412	632
河南	7011	716	665	39	12
湖北	8400	1446	1200	101	145
湖南	22778	316	284	9	23
广东	95201	0	0	0	0
广西	11752	2143	1722	172	249
海南	38188	2970	2457	410	103
四川	7313	1583	1297	235	51
贵州	1173	43	32	11	0
云南	5144	657	533	50	74
西藏	339	0	0	0	0
陕西	6111	1164	940	139	85
甘肃	1160	192	132	51	9
青海	29	0	0	0	0
宁夏	268	63	54	5	4
新疆	145	50	35	8	7
新疆兵团	75	3	3	0	0

注：本表不含实行系统统筹单位的数字。

2—53 分地区全国基本养老保险基金支出及期末结余

(1995)

单位:万元

地区	基金支出				期末结余
	合计	离休、退休、退职费	管理服务费	其他	
全国总计	6419922	6033330	166024	220568	3901990
北京	268714	255673	5374	7667	95180
天津	258800	228528	2791	27481	40739
河北	272045	256594	9574	5877	196827
山西	138712	132965	4973	774	90865
内蒙古	74636	70431	2055	2150	54298
辽宁	509028	484327	13305	11396	258908
吉林	186170	177340	4679	4151	70190
黑龙江	266811	259956	5155	1700	125852
上海	727174	699755	9208	18211	244556
江苏	567006	510992	11206	44808	207809
浙江	336668	315847	11627	9194	290136
安徽	107745	99808	2501	5436	108894
福建	100115	92513	4381	3221	61040
江西	124970	112653	3316	9001	100474
山东	408329	391446	11767	5116	263671
河南	218943	203639	6106	9198	231367
湖北	251727	235294	8596	7837	191679
湖南	159569	148635	4561	6373	156688
广东	405918	386580	13023	6315	376025
广西	98732	37311	4230	7191	137299
海南	78683	70586	1999	6098	43165
四川	367331	347010	8313	12008	175607
贵州	43238	41496	1421	321	43676
云南	122087	113021	5947	3119	64481
西藏	13830	13379	89	362	6950
陕西	104820	101350	3246	224	93832
甘肃	43193	39930	1977	1286	65949
青海	25087	21949	378	2760	16525
宁夏	17773	16336	693	744	21177
新疆	60716	58179	2000	537	40273
新疆兵团	61352	59807	1533	12	27858

注:本表不含实行系统统筹单位数字。

2—54 分地区国有基本养老保险基金支出及期末结余

（1995）

单位:万元

地区	基金支出				期末结余
	合计	离休、退休、退职费	管理服务费	其他	
全国总计	5106226	4772031	137018	197177	3507816
北京	205679	195582	4112	5985	84995
天津	202292	172753	2287	27252	55890
河北	229185	217827	8208	3150	169340
山西	128947	123502	4676	769	82681
内蒙古	68417	64384	1905	2130	51308
辽宁	384788	364390	10607	9791	236188
吉林	162063	154022	4178	3863	58404
黑龙江	250338	243866	4802	1670	111215
上海	514161	489525	6425	18211	291966
江苏	232172	284325	7079	31768	120148
浙江	207759	191546	7019	9194	204210
安徽	92524	84995	2229	5300	106139
福建	85697	78724	3894	3079	53888
江西	105542	94952	2886	7704	80785
山东	259713	247171	7873	4669	189845
河南	194583	179970	5567	9046	221795
湖北	237363	221751	8040	7572	181115
湖南	144869	134743	4175	5951	150526
广东	355809	337912	11582	6315	376025
广西	87578	76532	3990	7056	134867
海南	73717	65802	1821	6094	40218
四川	321791	303102	7299	11390	149447
贵州	42581	40866	1398	317	42593
云南	115982	107377	5591	3014	58972
西藏	13830	13379	89	362	6950
陕西	97438	94196	3021	211	88489
甘肃	41473	38315	1880	1278	64104
青海	25081	21943	378	2760	16523
宁夏	15861	14501	638	722	19308
新疆	56731	54360	1839	532	32050
新疆兵团	61260	59718	1530	12	27832

注:本表不含实行系统统筹单位的数字。

2—55 分地区城镇集体企业基本养老保险基金支出及期末结余

(1995)

单位:万元

地区	基金支出				期末结余
	合计	离休、退休、退职费	管理服务费	其他	
全国总计	1181729	1140552	23335	17842	—25493
北京	47773	46533	532	708	—42782
天津	47336	46983	147	206	—30527
河北	42630	38572	1331	2727	24867
山西	9281	9003	273	5	7383
内蒙古	4743	4595	132	16	1737
辽宁	113406	109595	2207	1604	393
吉林	23030	22508	324	198	8281
黑龙江	16145	15829	287	29	7185
上海	171516	170186	1330	0	—177788
江苏	213820	201349	3537	8934	26387
浙江	118176	114342	3834	0	29555
安徽	15218	14813	269	136	2508
福建	11705	11473	232	0	—11636
江西	19135	17563	415	1157	18488
山东	142333	138407	3479	447	49865
河南	24156	23501	535	120	8517
湖北	13912	13125	530	257	8316
湖南	14636	13854	378	404	5130
广东	50109	48668	1441	0	0
广西	10873	10566	181	126	—1387
海南	4831	4735	92	4	—3801
四川	45269	43653	998	618	23917
贵州	657	630	23	4	1012
云南	6004	5572	327	105	4634
西藏	0	0	0	0	0
陕西	7341	7136	202	3	2935
甘肃	1709	1612	89	8	1492
青海	6	6	0	0	2
宁夏	1908	1835	52	21	1745
新疆	3979	3819	155	5	8057
新疆兵团	92	89	3	0	22

注:本表不含实行系统统筹单位的数字。

2—56 分地区其它各种经济类型企业基本养老保险基金支出及期末结余

(1995)

单位:万元

地区	基金支出				期末结余
	合计	离休、退休、退职费	管理服务费	其他	
全国总计	131967	120747	5671	5549	419667
北京	15262	13558	730	974	52967
天津	9172	8792	357	23	15376
河北	230	195	35	0	2620
山西	484	460	24	0	801
内蒙古	1474	1452	18	4	1253
辽宁	10834	10342	491	1	22327
吉林	1077	810	177	90	3505
黑龙江	328	261	66	1	7452
上海	41497	40044	1453	0	130378
江苏	30014	25318	590	4106	61274
浙江	10733	9959	774	0	56371
安徽	3	0	3	0	247
福建	2713	2316	255	142	18788
江西	293	138	15	140	1201
山东	6283	5868	415	0	23961
河南	204	168	4	32	1055
湖北	452	418	26	8	2248
湖南	64	38	8	18	1032
广东	0	0	0	0	0
广西	281	213	59	9	3819
海南	135	49	86	0	6748
四川	271	255	16	0	2243
贵州	0	0	0	0	71
云南	101	72	29	0	875
西藏	0	0	0	0	0
陕西	41	18	23	0	2408
甘肃	11	3	8	0	353
青海	0	0	0	0	0
宁夏	4	0	3	1	124
新疆	6	0	6	0	166
新疆兵团	0	0	0	0	4

注:本表不含实行系统统筹单位的数字。

2—57 中央十一个系统统筹单位开展基本养老保险情况

(1995)

部门	职工人数(人)	离退休人数(人)	工资总额(亿元)	基本养老保险基金(亿元)		
				收入	支出	期末结余
总计	14011259	3595235	1174.02	225.28	205.61	39.64
铁道部	3341600	1064900	297.96	59.70	57.70	—1.38
邮电部	1007780	246979	98.47	21.06	15.87	17.96
水利部	30933	8281	2.36	0.43	0.41	0.06
电力部	1440000	330000	130.00	23.00	21.60	6.70
交通部	324961	61957	34.57	4.80	3.74	2.21
煤炭部	3292254	1111489	202.21	58.74	55.73	3.01
中国建筑工程总公司	150000	30000	18.80	1.40	1.15	0.69
中国石油天然气总公司	1446652	227613	138.92	20.52	19.82	3.50
中国人民银行	2025000	225000	181.50	22.30	17.20	5.10
中国民航总局	112079	6016	10.56	1.06	0.59	0.47
中国有色金属总公司	840000	283000	58.67	12.27	11.80	1.32

注:本表均为国有企业数字。

2—58 分经济类型全国基本养老保险基金收入

(1996)

项目	工资总额(万元)	基金收入(万元)				平均缴费比例(%)
		合计	单位缴纳	个人缴纳	其他	
总计	47912780	11717639	9426967	1340135	950537	22.47
一、国有企业	40518313	9686402	7817801	1095783	772818	21.99
二、城镇集体企业	5438240	1392106	1132233	167308	92565	23.90
三、其他各种经济类型企业	1956227	639131	476933	77044	85154	28.32
# 外商投资企业	1341963	370560	296818	44617	29125	25.44

2—59 分经济类型全国基本养老保险基金支出及期末结余

(1996)

单位:万元

地区	基金支出				期末结余
	合计	离休、退休、退职费	管理服务费	其他	
总计	10318689	9750439	220264	347986	5785604
一、国有企业	8618486	8119291	178691	320504	5067942
二、城镇集体企业	1510317	1456412	31629	22276	—160932
三、其他各种经济类型企业	189886	174736	9944	5206	878594
# 外商投资企业	68270	60223	5798	2249	608061

2—60 分地区全国基本养老保险基金收入及平均缴费比例

(1996)

地区	工资总额(万元)	基金收入(万元)				平均缴费比例(%)
		合计	单位缴纳	个人缴纳	其他	
全国总计	34575799	8735774	7097880	1055994	581900	23.58
北京	1507569	368302	278389	76281	3632	23.53
天津	1022431	250409	204739	40957	4716	24.03
河北	1475117	370767	30489	31480	34388	22.80
山西	598833	144520	121996	14684	7840	22.82
内蒙古	601091	112206	96093	11087	5026	17.83
辽宁	2384380	705478	594130	56298	55050	27.28
吉林	874296	235032	215828	13661	5543	26.25
黑龙江	1274047	323917	291414	23438	9065	24.71
上海	3452767	948679	758296	131246	59137	25.76
江苏	3426865	797162	634517	106902	55743	21.64
浙江	1642330	468910	381727	55188	31995	26.60
安徽	532093	169907	147181	12930	9796	30.09
福建	571986	167756	126221	27829	13706	26.93
江西	611133	191361	133713	14827	42821	24.31
山东	2119940	587875	489460	52577	45838	25.57
河南	1324523	311628	264427	21715	25486	21.60
湖北	1289045	306213	181517	105471	19225	22.26
湖南	1091748	272897	226521	28917	17459	23.40
广东	2747746	542411	418558	80060	43793	18.15
广西	810642	149050	123554	14366	11130	17.01
海南	519292	79894	65614	10935	3345	14.74
四川	1928463	483678	419090	42386	22202	23.93
贵州	282429	69087	58838	5989	4260	22.95
云南	688762	179319	151605	18655	9059	24.72
西藏	42069	15749	7747	240	7762	18.99
陕西	596112	153256	131746	12012	9498	24.12
甘肃	367508	91968	59501	26516	5951	23.41
青海	108432	30421	26359	2531	1531	26.64
宁夏	111616	26469	21349	2630	2490	21.48
新疆	287616	84049	73608	8477	1964	28.54
新疆兵团	284918	97404	89246	5709	2449	33.33

注:本表不含实行系统统筹单位的数字。

2—61 分地区国有企业基本养老保险基金收入

(1996)

单位:万元

地 区	工资总额	基金收入			
		合 计	单位缴纳	个人缴纳	其 他
全国总计	27220233	6708565	5491926	812420	404219
北 京	1179787	262384	189071	57816	9907
天 津	804591	189908	155215	30678	4015
河 北	1301357	315383	259055	27971	28357
山 西	534054	130538	110022	13091	7425
内蒙古	527397	99376	85527	9587	4262
辽 宁	1794240	494577	428927	38826	26824
吉 林	758546	205035	189430	10640	4965
黑龙江	1127614	298212	268288	21357	8567
上 海	2213921	579931	468647	82981	28303
江 苏	2137427	469007	376864	65946	26197
浙 江	1065437	296641	239295	35285	22061
安 徽	453471	145953	125522	10924	9507
福 建	434756	114464	91776	21240	1448
江 西	519143	141797	102889	11317	27591
山 东	1468934	391764	329220	35794	26750
河 南	1133509	280175	236253	19394	24528
湖 北	1097070	260280	154289	89650	16341
湖 南	921369	227312	189421	24181	13710
广 东	2365960	487876	378564	70979	38333
广 西	758241	134604	110871	13129	10604
海 南	467362	73109	59905	9984	3220
四 川	1579697	413038	357782	35853	19403
贵 州	274516	68105	57911	5894	4300
云 南	643488	166418	140656	17369	8393
西 藏	41677	15749	7747	240	7762
陕 西	539566	141458	121624	10838	8996
甘 肃	331660	84038	55006	23201	5831
青 海	107541	30166	26216	2517	1433
宁 夏	100596	23547	18817	2358	2372
新 疆	255557	76050	68003	7681	366
新疆兵团	281749	97260	89113	5699	2448

注:本表不含实行系统统筹单位的数字。

2—62 分地区城镇集体企业基本养老保险基金收入

(1996)

单位:万元

地区	工资总额	基金收入			
		合计	单位缴纳	个人缴纳	其他
全国总计	5409143	1390442	1130944	166934	92564
北京	158845	34350	27047	7195	108
天津	142545	34351	28586	5701	64
河北	166536	53494	44207	3301	5986
山西	59960	13177	11303	1459	415
内蒙古	70729	8971	8068	840	63
辽宁	480659	138570	120843	11999	5728
吉林	102652	27111	25059	1592	460
黑龙江	114242	21276	19374	1487	395
上海	492730	131320	107821	20781	2718
江苏	988688	262837	204839	32780	25218
浙江	451588	127274	107251	14147	5876
安徽	76822	23729	21467	1984	278
福建	93603	42583	26488	4973	11122
江西	82416	19278	16370	1893	1015
山东	551379	163207	133427	13410	16370
河南	184789	30714	27481	2276	957
湖北	173973	39807	23597	13711	2499
湖南	157316	41110	34689	4428	1993
广东	302684	54535	39994	9081	5460
广西	40530	11306	10022	1009	275
海南	20772	3211	2702	450	59
四川	337305	67833	59024	6148	2661
贵州	6337	919	876	86	43
云南	38159	11706	9965	1132	609
西藏	24	0	0	0	0
陕西	48341	9850	8495	969	386
甘肃	21568	7536	4295	3143	98
青海	825	255	143	14	98
宁夏	10604	2832	2461	261	110
新疆	29444	7161	4902	674	1585
新疆兵团	3078	139	128	10	1

注:本表不含实行系统统筹单位的数字。

2—63 分地区其他各种经济类型企业基本养老保险基金收入

(1996)

单位:万元

地 区	工资总额	基金收入			
		合 计	单位缴纳	个人缴纳	其 他
全国总计	1946423	636767	475010	76640	85117
北 京	168937	77158	62271	11270	3617
天 津	75295	26150	20935	4578	637
河 北	7224	1890	1637	208	45
山 西	4819	805	671	134	0
内 蒙 古	2965	3859	2498	660	701
辽 宁	109481	72331	44360	5473	22498
吉 林	13098	2886	1339	1429	118
黑 龙 江	32191	4429	3732	594	103
上 海	746116	237428	181828	27484	28116
江 苏	300750	65318	52814	8176	4328
浙 江	125305	44995	35181	5756	4058
安 徽	1800	225	192	22	11
福 建	43627	10709	7957	1616	1136
江 西	9574	30286	14454	1617	14215
山 东	99627	32904	26813	3373	2718
河 南	6225	739	693	45	1
湖 北	18002	6126	3631	2110	385
湖 南	13063	4475	2411	308	1756
广 东	79102	0	0	0	0
广 西	11871	3140	2661	228	251
海 南	31158	3574	3007	501	66
四 川	11461	2807	2284	385	138
贵 州	1576	63	51	9	3
云 南	7115	1195	984	154	57
西 藏	368	0	0	0	0
陕 西	8205	1948	1627	205	116
甘 肃	14280	394	200	172	22
青 海	66	0	0	0	0
宁 夏	416	90	71	11	8
新 疆	2615	838	703	122	13
新疆兵团	91	5	5	0	0

注:本表不含实行系统统筹单位的数字。

2-64 分地区全国基本养老保险基金支出及期末结余

(1996)

单位:万元

地区	基金支出				期末结余
	合计	离休、退休、退职费	管理服务费	其他	
全国总计	7720166	7351486	203564	165116	4917598
北京	289350	282894	3262	3194	174132
天津	264875	255944	3470	5461	26273
河北	332332	310384	9520	12428	235262
山西	147483	121256	3817	22410	87902
内蒙古	100580	97058	2737	785	65924
辽宁	625000	598664	16049	10287	339386
吉林	222054	214797	5731	1526	83168
黑龙江	293624	286461	6055	1108	156145
上海	834289	824933	9356	0	358946
江苏	765794	707493	18954	39347	239177
浙江	382651	369102	13386	163	376395
安徽	149491	141213	3381	4897	129310
福建	140896	134573	3911	2412	87900
江西	137065	131497	3742	1826	154770
山东	505255	462550	22643	20062	346291
河南	258839	248596	7533	2710	284156
湖北	261411	244229	10429	6753	236481
湖南	254782	234136	8960	11686	174803
广东	509087	489899	15052	4136	409349
广西	114568	108728	4400	1440	171781
海南	78326	76109	2042	175	44733
四川	416075	401177	9477	5421	243210
贵州	58159	56254	1429	476	54604
云南	153476	144153	5289	4034	90324
西藏	12511	12051	213	247	10188
陕西	130490	125633	4233	624	116598
甘肃	80182	77087	2689	406	77735
青海	26822	26147	633	42	20124
宁夏	18870	17202	814	854	28776
新疆	72366	69856	2307	203	51956
新疆兵团	83463	81410	2050	3	41799

注:本表不含实行系统统筹单位的数字。

2—65 分地区国有企业基本养老保险基金支出及期末结余

(1996)

单位:万元

地区	基金支出				期末结余
	合计	离休、退体、退职费	管理服务费	其他	
全国总计	6020977	5721341	162001	137635	4205260
北京	215646	210723	2500	2423	125395
天津	194068	186440	2788	4840	51730
河北	283580	264772	7965	10843	201143
山西	136163	110321	3445	22397	81913
内蒙古	89342	86218	2404	720	61342
辽宁	453899	432786	11679	9434	271880
吉林	196490	190041	5334	1115	66949
黑龙江	272936	266402	5481	1053	136903
上海	578440	572657	5783	0	293457
江苏	450060	410159	10877	29024	139095
浙江	231294	222704	8456	134	269557
安徽	124746	117167	2954	4625	127346
福建	108031	103274	2938	1819	60321
江西	105211	101105	3166	940	117371
山东	319949	291903	16822	11224	261660
河南	228120	218919	6806	2395	273850
湖北	230073	214922	9073	6078	221772
湖南	212873	193634	7689	11550	164965
广东	454552	436996	13420	4136	409349
广西	100767	95392	4077	1298	168579
海南	72365	70357	1842	166	40963
四川	357881	345127	7940	4814	204604
贵州	57466	55596	1398	472	53232
云南	143779	134992	4969	3818	81611
西藏	12511	12051	213	247	10188
陕西	121800	117234	3950	616	108147
甘肃	74119	71295	2447	377	74023
青海	26747	26074	632	41	19937
宁夏	16581	15009	741	831	26274
新疆	68165	65798	2165	202	39935
新疆兵团	83323	81273	2047	3	41769

注:本表不含实行系统统筹单位的数字。

2—66 分地区城镇集体企业基本养老保险基金支出及期末结余

(1996)

单位:万元

地区	基金支出				期末结余
	合计	离休、退休、退职费	管理服务费	其他	
全国总计	1509541	1455646	31619	22276	—163418
北京	56446	55783	323	340	—72955
天津	57494	57139	172	183	—53670
河北	48486	45399	1504	1583	29875
山西	11034	10672	349	13	4669
内蒙古	8939	8620	265	54	1769
辽宁	145895	142433	2609	853	—6932
吉林	24541	23984	211	346	10851
黑龙江	20022	19421	519	52	9742
上海	195889	194559	1330	0	—242357
江苏	288495	275554	6777	6164	729
浙江	136500	132561	3910	29	20329
安徽	24741	24046	423	272	1496
福建	29578	28307	681	590	1369
江西	21249	20379	5	865	16517
山东	175100	161354	4921	8825	37972
河南	30687	29655	717	315	8544
湖北	30496	28575	1246	675	10429
湖南	41369	40049	1219	101	4871
广东	54535	52903	1632	0	0
广西	13256	12886	240	130	—3337
海南	5791	5688	95	8	—6383
四川	57679	55600	1480	599	34071
贵州	689	656	29	4	1242
云南	9551	9058	277	216	6789
西藏	0	0	0	0	0
陕西	8623	8374	243	6	4162
甘肃	5980	5722	229	29	3048
青海	75	73	1	1	187
宁夏	2283	2192	69	22	2294
新疆	3978	3837	140	1	11240
新疆兵团	140	137	3	0	21

注:本表不含实行系统统筹单位的数字。

2—67　分地区其他所有制企业基本养老保险基金支出及期末结余

(1996)

单位:万元

地　区	基金支出				期末结余
	合计	离休、退休、退职费	管理服务费	其他	
全国总计	189648	174499	9944	5205	875756
北　京	17258	16388	439	431	121692
天　津	13313	12365	510	438	28213
河　北	266	213	51	2	4244
山　西	286	263	23	0	1320
内蒙古	2299	2220	68	11	2813
辽　宁	25206	23445	1761	0	74438
吉　林	1023	772	186	65	5368
黑龙江	666	608	55	3	9500
上　海	59960	57717	2243	0	307846
江　苏	27239	21780	1300	4159	99353
浙　江	14857	13837	1020	0	86509
安　徽	4	0	4	0	468
福　建	3287	2992	292	3	26210
江　西	10605	10013	571	21	20882
山　东	10206	9293	900	13	46659
河　南	32	22	10	0	1762
湖　北	842	732	110	0	4280
湖　南	540	453	52	35	4967
广　东	0	0	0	0	0
广　西	545	450	83	12	6539
海　南	170	64	105	1	10153
四　川	515	450	57	8	4535
贵　州	4	2	2	0	130
云　南	146	103	43	0	1924
西　藏	0	0	0	0	0
陕　西	67	25	40	2	4289
甘　肃	83	70	13	0	664
青　海	0	0	0	0	0
宁　夏	6	1	4	1	208
新　疆	223	221	2	0	781
新疆兵团	0	0	0	0	9

注:本表不含实行系统统筹单位的数字。

2—68 中央十一个系统统筹单位开展基本养老保险情况

(1996)

部门	职工人数(人)	离退休人数(人)	工资总额(亿元)	基本养老保险基金(亿元)			平均缴费比例(%)
				收入	支出	期末结余	
总计	13958110	3830428	1348.63	298.18	259.85	86.90	19.38
铁道部	3325124	1080729	338.49	72.34	66.05	9.45	21.18
邮电部	1008511	260737	114.39	28.39	19.53	23.08	19.73
水利部	33897	9957	2.78	0.62	0.63	0.10	20.53
电力部	1491325	366387	158.16	28.78	27.31	7.22	18.13
交通部	308975	66741	44.28	7.05	4.37	6.39	15.42
煤炭部	3272237	1197623	229.98	86.68	79.58	11.30	25.28
中国建筑工程总公司	125591	34561	11.48	1.80	1.42	1.16	15.35
中国石油天然气总公司	1466700	255735	168.63	29.71	26.98	6.49	17.34
中国人民银行	1985206	242067	200.06	26.59	19.61	16.67	12.86
中国民航总局	115339	6689	16.60	1.92	0.76	2.00	10.87
中国有色金属总公司	825205	309202	63.78	14.3	13.61	3.04	22.42

2—69 分经济类型中央十一个系统统筹单位参加基本养老保险人员、工资及基金收入

(1996)

项目	职工人数(人)	离退休人数(人)	工资总额(万元)	基金收入(万元)			
				合计	单位缴纳	个人缴纳	其他
总计	13958110	3830428	13486341	2981865	2329087	284141	368637
一、国有企业	13893198	3828849	13447440	2977837	2325875	283363	368599
二、城镇集体企业	58059	1381	29097	1664	1289	374	1
三、其他各种经济类型企业	6853	198	9804	2364	1923	404	37

2—70 分经济类型中央十一个系统统筹单位基本养老保险基金支出及期末结余

(1996)

单位:万元

项目	基金支出				期末结余
	合计	离休、退休、退职费	管理服务费	其他	
总计	2598523	2398953	16700	182870	868006
一、国有企业	2597509	2397950	16690	182869	862682
二、城镇集体企业	776	766	10	0	2486
三、其他各种经济类型企业	238	237	0	1	2838

2—71 分经济类型全国实行企业补充养老保险基本情况

(1993—1994)

单位:万元

项目	1993				1994			
	职工人数(人)	基金收入	基金支出	期末结余	职工人数(人)	基金收入	基金支出	期末结余
总计	504644	5313	86	6569	2087043	62093	6356	62417
# 中央单位					1007951	24043	5500	18543
一、国有企业	453949	4905	59	5917	1006191	36709	651	60569
二、城镇集体企业	18867	98	3	200	36181	475	156	578
三、其他各种经济类型企业	31828	310	24	452	36720	866	49	1270

2—72 分经济类型全国实行企业补充养老保险基本情况

(1995—1996)

单位:万元

项目	1995				1996			
	职工人数(人)	基金收入	基金支出	期末结余	职工人数(人)	基金收入	基金支出	期末结余
总计	2062703	51619	14610	120350	2656121	68046	13188	183033
# 中央单位	1000000	30000	4306	65194	1668454	54746	7011	122072
一、国有企业	933866	19716	10247	117309	946369	11605	5985	179796
二、城镇集体企业	44240	465	35	1101	35017	1386	176	2315
三、其他各种经济类型企业	84597	1438	22	1940	6281	309	16	922

2—73　分地区全国实行企业补充养老保险基本情况

（1993—1994）　　单位：万元

地区	1993				1994			
	职工人数（人）	基金收入	基金支出	期末结余	职工人数（人）	基金收入	基金支出	期末结余
全国总计	504644	5313	86	6569	1079092	38050	856	43874
北京								
天津	3807	81	0	81	3800	298	0	379
河北	55831	1570	7	1579	65984	2773	192	4156
山西	16993	38	0	73	37567	64	2	135
内蒙古	1804	1	0	1	6711	12	0	13
辽宁	7668	81	0	81	91739	3443	203	3401
吉林	5146	5	0	5	6238	11	1	34
黑龙江	7143	7	0	7	8585	9	0	16
上海								
江苏	21050	168	0	183	28728	348	3	528
浙江	25971	197	24	337	29390	458	46	749
安徽	243	3	0	3	1409	69	2	69
福建	63063	1615	10	1756	76207	1277	85	2962
江西	58863	219	3	281	84302	312	17	576
山东	21781	76	0	106	38483	56	1	161
河南	9572	63	0	94	35709	84	0	177
湖北	23077	102	2	192	17665	153	62	283
湖南	73624	117	2	295	76602	262	91	467
广东	500	3	0	3	341597	26952	52	26903
广西	8013	131	2	226	11370	127	10	342
海南								
四川	92282	487	27	912	100071	555	42	1425
贵州	299	11	0	11	1273	27	0	38
云南	5173	294	9	291	13013	687	40	938
西藏								
陕西	62	4	0	4	823	36	0	40
甘肃	2358	30	0	32	1266	19	1	50
青海								
宁夏								
新疆	321	10	0	16	542	17	2	31
新疆兵团					18	1	0	1

注：本表不含实行系统统筹单位的数字。

2－74 分地区全国实行企业补充养老保险基本情况

(1995－1996)

单位:万元

地区	1995				1996			
	职工人数(人)	基金收入	基金支出	期末结余	职工人数(人)	基金收入	基金支出	期末结余
全国总计	1062703	21619	10304	55156	987667	13300	6177	60961
北京								
天津	77659	952	21	1310				
河北	66641	412	151	4417	66776	500	158	4759
山西	44911	65	4	196	43104	143	14	325
内蒙古	7335	14	0	27	13241	25	23	29
辽宁	71347	2575	455	5485	146915	2149	108	7526
吉林	5337	168	5	197	5318	137	25	309
黑龙江	52114	3852	3359	49	51765	1571	1981	99
上海								
江苏	25921	417	7	938	28477	592	22	1508
浙江	29931	605	92	1262	28209	682	65	1879
安徽	816	24	2	91	1340	128	4	215
福建	78842	1444	201	4205	43640	2160	396	5969
江西	147768	1143	36	1683	46920	255	1027	911
山东	21476	65	2	224	63571	169	0	393
河南	11217	91	5	263	9228	35	5	293
湖北	7289	262	6	539	12712	333	20	852
湖南	85354	367	8	826	80391	154	24	956
广东	228287	6174	5757	27320	229187	496	2004	25812
广西	18686	285	11	621	29079	256	17	860
海南								
四川	66834	607	47	1985	62220	1106	130	2961
贵州	2286	138	1	174	2631	153	6	321
云南	10302	1920	125	2733	15669	2179	138	4774
西藏								
陕西	470	6	0	46	1548	4	2	48
甘肃	973	23	8	65	2663	28	1	92
青海					1961	22	0	22
宁夏								
新疆	856	6	1	35	1150	20	7	40
新疆兵团	51	4	0	5	52	0	0	8

注:本表不含实行系统统筹单位的数字。

2—75 分经济类型全国实行个人储蓄性养老保险基本情况

(1993—1994)

单位:万元

项目	1993				1994			
	职工人数(人)	基金收入	基金支出	期末结余	职工人数(人)	基金收入	基金支出	期末结余
总计	728178	2089	58	4942	1838499	13478	1561	16796
# 中央单位					1007951	12081	1321	10760
一、国有企业	615414	1898	48	4426	707148	1168	228	16063
二、城镇集体企业	91427	141	9	414	99785	77	8	483
三、其他各种经济类型企业	21337	50	1	102	23615	152	4	250

2—76 分经济类型全国实行个人储蓄性养老保险基本情况

(1995—1996)

单位:万元

项目	1993				1994			
	职工人数(人)	基金收入	基金支出	期末结余	职工人数(人)	基金收入	基金支出	期末结余
总计	2195614	14129	2180	43684	2250563	23385	5007	66758
# 中央单位	1000000	10000	1600	34100	1009437	19923	2140	57345
一、国有企业	954861	3667	556	42660	1082981	3067	2837	65632
二、城镇集体企业	161998	247	18	717	156218	367	29	1056
三、其他各种经济类型企业	78755	215	6	307	1927	28	1	70

2—77 分地区全国实行个人储蓄性养老保险基本情况

(1993—1994)

单位:万元

地区	1993				1994			
	职工人数(人)	基金收入	基金支出	期末结余	职工人数(人)	基金收入	基金支出	期末结余
全国总计	728178	2089	58	4942	830548	1397	240	6036
北京								
天津	3807	9	0	9	3800	53	0	62
河北	55490	491	36	1769	69345	158	172	1755
山西	19719	42	0	68	42870	27	0	95
内蒙古	1650	1	0	1	1762	1	0	2
辽宁	802	40	0	40	3925	32	0	38
吉林	6799	25	2	23	6940	36	0	36
黑龙江	715	1	0	1	9316	1	0	2
上海								
江苏	2993	6	0	8	3868	19	0	27
浙江	16596	33	0	70	18818	86	3	153
安徽	56437	55	9	249	58288	18	7	258
福建	10504	31	1	34	30337	48	2	80
江西	42144	124	4	275	51040	167	11	431
山东	4139	5	0	5	18620	7	0	12
河南	182261	666	0	1167	229628	254	3	1417
湖北	18000	20	1	40	9164	21	1	61
湖南	252511	395	3	939	210755	206	39	1106
广东								
广西	6231	14	0	30	8761	18	0	44
海南								
四川	1408	1	0	3	1813	14	1	16
贵州	875	2	0	2	881	1	0	3
云南	6364	53	1	52	11523	109	1	160
西藏	38616	74	1	156	38601	115	0	271
陕西					168	3	0	3
甘肃	117	1	0	1	385	3	0	4
青海								
宁夏								
新疆								
新疆兵团								

注:本表不含实行系统统筹单位的数字。

2—78 分地区全国实行个人储蓄性养老保险基本情况

(1995—1996)

单位:万元

地区	1995				1996			
	职工人数(人)	基金收入	基金支出	期末结余	职工人数(人)	基金收入	基金支出	期末结余
全国总计	1195614	4129	580	9584	1241126	3462	2867	9413
北京								
天津	77659	203	5	260				
河北	66550	225	234	1746	60187	226	192	1780
山西	43356	28	14	109	41776	29	10	128
内蒙古	2385	1	0	3	6174	8	0	11
辽宁	189364	669	2	699	402434	194	55	838
吉林	5138	41	3	74	5318	30	0	104
黑龙江	56369	170	167	5	59187	1937	1936	6
上海								
江苏	6255	23	0	50	7145	130	1	179
浙江	18683	151	10	294	17452	122	8	408
安徽	59713	2	3	257	59713	5	4	258
福建	24262	103	4	179	22473	102	3	278
江西	104671	611	29	1013	44858	159	529	643
山东	404	5	1	16	50110	16	0	32
河南	248676	16	39	1393	248089	151	8	1536
湖北	6736	35	1	96	6135	11	75	32
湖南	218763	1432	49	2489	167835	133	22	2600
广东								
广西	9070	26	1	74	19954	36	2	108
海南						0		
四川	2477	5	1	20	1724	2	2	20
贵州	2319	20	0	23	2418	32	0	56
云南	12882	113	9	264	14629	134	19	379
西藏	39331	244	8	507	0	0	0	0
陕西	182	1	0	4	1840	0	1	3
甘肃	361	4	0	8	2225	4	0	12
青海								
宁夏								
新疆	8	1	0	1	806	1	0	2
新疆兵团								

注:本表不含实行系统统筹单位的数字。

3. 工伤保险

3—1 分经济类型全国参加工伤保险的职工人数及因工死亡人数

(1993)

单位:人

项目	职工人数	伤残人数				因工死亡人数
		小计	一至四级	五至六级	七至十级	
总　　计	11034554	37718	5913	9214	22591	1569
一、国有企业	8808538	34076	5243	7959	20874	1219
二、城镇集体企业	2133184	3239	656	972	1611	229
三、其他各种经济类型企业	92832	403	14	283	106	121
# 外商投资企业	44143	235	1	233	1	107

3—2 分经济类型全国工伤保险基金收入及平均缴费比例

(1993)

项目	工资总额(万元)	基金收入(万元)			平均缴费比例(%)
		合计	单位缴纳	其他	
总　　计	2781043	23923	23188	735	0.83
一、国有企业	2176869	18995	18435	560	0.85
二、城镇集体企业	574201	4801	4626	175	0.81
三、各种经济类型其他企业	29973	127	127	0	0.42
# 外商投资企业	15029	66	66	0	0.44

3—3 分经济类型全国工伤保险基金支出及期末结余

(1993)

单位:万元

项　　目	基　金　支　出				期末结余
	合计	工伤费用	管理服务费	其他	
总　　计	4144	2963	847	334	31038
一、国有企业	3345	2377	819	149	24430
二、城镇集体企业	773	561	27	185	6438
三、其他各种经济类型企业	26	25	1	0	170
# 外商投资企业	15	14	1	0	69

3－4　分地区全国参加工伤保险的职工人数及因工死亡人数

（1993）

单位：人

地区	职工人数	伤残人数				因工死亡人数
		小计	一至四级	五至六级	七至十级	
全国总计	11034554	37718	5913	9214	22591	1569
北京						
天津						
河北	113474	1	0	1	0	10
山西	3631	0	0	0	0	0
内蒙古						
辽宁	1164904	8711	1942	2279	4490	483
吉林	454878	11001	1001	1866	8134	16
黑龙江	12756	76	7	12	57	6
上海						
江苏	174567	17	1	3	13	16
浙江	203420	91	5	25	61	12
安徽	6725	12	0	4	8	0
福建	296317	15	4	5	6	31
江西	611323	755	75	159	521	16
山东	68124	1144	503	358	283	12
河南	635559	2395	248	646	1501	26
湖北	854566	8251	575	2032	5644	269
湖南	11689	325	20	72	233	0
广东	4485633	777	0	777	0	348
广西	372141	34	2	1	31	16
海南	329893	54	3	4	47	12
四川	1216808	3951	1524	951	1476	296
贵州						
云南	16390	108	3	19	86	0
西藏						
陕西						
甘肃	1756	0	0	0	0	0
青海						
宁夏						
新疆						
新疆兵团						

3—5 分地区国有企业参加工伤保险的职工人数及因工死亡人数

(1993)

单位:人

地区	职工人	伤残人数				因工死亡人数
		小计	一至四级	五至六级	七至十级	
全国总计	8808538	34076	5243	7959	20874	1219
北京						
天津						
河北	113474	1	0	1	0	10
山西	3631	0	0	0	0	0
内蒙古						
辽宁	995445	7402	1653	1954	3795	405
吉林	431364	10517	961	1757	7799	16
黑龙江	12756	76	7	12	57	6
上海						
江苏	79688	6	0	2	4	7
浙江	126370	48	3	17	28	7
安徽	4042	9	0	4	5	0
福建	253141	15	4	5	6	27
江西	500751	731	74	155	502	13
山东	33245	707	268	190	249	7
河南	570553	2368	240	644	1484	26
湖北	796706	7676	541	1914	5221	245
湖南	11689	325	20	72	233	0
广东	3229656	379	0	379	0	170
广西	365676	33	2	1	30	16
海南	266766	51	3	2	46	10
四川	997458	3652	1464	837	1351	254
贵州						
云南	14371	80	3	13	64	0
西藏						
陕西						
甘肃	1756	0	0	0	0	0
青海						
宁夏						
新疆						
新疆兵团						

3—6 分地区全国工伤保险基金收入及平均缴费比例

(1993)

地区	工资总额(万元)	基金收入(万元)			平均缴费比例(%)
		合计	单位缴纳	其他	
全国总计	2781043	23923	23188	735	0.83
北京					
天津					
河北	24662	97	97	0	0.39
山西	658	4	4	0	0.61
内蒙古					
辽宁	213657	1267	1267	0	0.59
吉林	59359	630	598	32	0.10
黑龙江	1802	8	8	0	0.44
上海					
江苏	22457	259	242	17	1.08
浙江	32751	333	333	0	1.02
安徽	78	6	6	0	7.69
福建	53144	547	528	19	0.99
江西	88443	949	945	4	2.46
山东	10372	77	77	0	0.74
河南	108625	601	595	6	0.55
湖北	120560	585	564	21	0.47
湖南	3814	22	21	1	0.55
广东	1569424	15165	14601	564	0.93
广西	116388	642	640	2	0.55
海南	92081	711	700	11	0.76
四川	258738	2014	1956	58	0.76
贵州					
云南	3918	5	5	0	0.13
西藏					
陕西					
甘肃	112	1	1	0	0.89
青海					
宁夏					
新疆					
新疆兵团					

3—7 分地区全国工伤保险基金支出及期末结余

(1993)

单位:万元

地区	基金支出				期末结余
	合计	工伤费用	管理服务费	其他	
全国总计	4144	2963	847	334	31038
北京					
天津					
河北	11	11	0	0	103
山西	0	0	0	0	4
内蒙古					
辽宁	309	271	38	0	958
吉林	136	87	35	14	645
黑龙江	0	0	0	0	8
上海					
江苏	22	11	10	1	289
浙江	29	13	16	0	347
安徽	1	1	0	0	5
福建	95	40	44	11	747
江西	235	186	35	14	746
山东	13	13	0	0	88
河南	107	87	20	0	574
湖北	139	99	25	15	533
湖南	8	7	1	0	18
广东	2426	1778	468	180	22106
广西	81	49	27	5	619
海南	114	93	21	0	1065
四川	416	215	107	94	2179
贵州					
云南	2	2	0	0	3
西藏					
陕西					
甘肃	0	0	0	0	1
青海					
宁夏					
新疆					
新疆兵团					

3—8 分地区国有企业工伤保险基金收入、支出及期末结余

(1993)

单位:万元

地区	基金收入			基金支出				期末结余
	合计	单位缴纳	其他	合计	工伤费用	管理服务费	其他	
全国总计	18995	18435	560	3345	2377	819	149	24430
北京								
天津								
河北	97	97		11	11	0	0	103
山西	4	4	0	0	0	0	0	4
内蒙古								
辽宁	1128	1128	0	278	245	33	0	850
吉林	630	598	32	136	87	35	14	645
黑龙江	8	8	0	0	0	0	0	8
上海								
江苏	128	118	10	10	4	5	1	144
浙江	223	223	0	20	9	11	0	228
安徽	4	4	0	0	0	0	0	4
福建	504	485	19	87	36	40	11	696
江西	768	764	4	193	155	29	9	606
山东	40	40	0	6	6	0	0	44
河南	566	560	6	103	85	18	0	539
湖北	585	564	21	139	99	25	15	533
湖南	22	21	1	8	7	1	0	18
广东	10975	10579	396	1748	1280	468	0	16213
广西	624	622	2	81	49	27	5	600
海南	669	658	11	107	87	20	0	1012
四川	2014	1956	58	416	215	107	94	2179
贵州								
云南	5	5	0	2	2	0	0	3
西藏								
陕西								
甘肃	1	1	0	0	0	0	0	1
青海								
宁夏								
新疆								
新疆兵团								

3—9 分经济类型全国参加工伤保险的职工人数及因工死亡人数

(1994)

单位:人

项目	职工人数	伤残人数				因工死亡人数
		小计	一至四级	五至六级	七至十级	
总计	18220718	58299	6796	15951	35552	1930
一、国有企业	14167939	52289	6384	13545	32360	1500
二、城镇集体企业	3821437	5113	410	1534	3169	255
三、其他各种经济类型企业	231342	897	2	872	23	175
# 外商投资企业	184395	782	0	767	15	154

3—10 分经济类型全国工伤保险基金收入及平均缴费比例

(1994)

项目	工资总额(万元)	基金收入(万元)			平均缴费比例(%)
		合计	单位缴纳	其他	
总计	5300430	45547	43009	2538	0.81
一、国有企业	4060822	35911	33473	2438	0.82
二、城镇集体企业	1165822	9144	9051	93	0.78
三、其他各种经济类型企业	73786	492	485	7	0.66
# 外商投资企业	59103	370	365	5	0.62

3—11 分经济类型全国工伤保险基金支出及期末结余

(1994)

单位:万元

项目	基金支出				期末结余
	合计	工伤费用	管理服务费	其他	
总计	9424	6709	1777	938	67688
一、国有企业	6834	4518	1395	921	53988
二、城镇集体企业	1353	976	363	14	14260
三、其他各种经济类型企业	1237	1215	19	3	−560
# 外商投资企业	1083	1064	16	3	−660

3—12 分地区全国参加工伤保险的职工人数及因工死亡人数

(1994)

单位:人

地区	职工人数	伤残人数				因工死亡人数
		小计	一至四级	五至六级	七至十级	
全国总计	18220718	58299	6796	15951	35552	1930
北京						
天津						
河北	372414	9	2	0	7	10
山西	508758	320	152	89	79	24
内蒙古	10709	0	0	0	0	0
辽宁	2317582	17608	2422	4157	11029	189
吉林	619155	14009	1175	2369	10465	109
黑龙江	12756	5	5	0	0	0
上海						
江苏	1084141	67	8	20	39	20
浙江	656525	483	72	251	160	40
安徽	23854	37	2	9	26	0
福建	351525	123	9	13	101	26
江西	773305	627	110	190	327	36
山东	251914	1591	331	489	771	37
河南	872891	2912	416	873	1623	61
湖北	1280178	13635	1059	3547	9029	383
湖南	67522	519	55	144	320	82
广东	5836110	2548	0	2548	0	508
广西	856504	160	26	36	98	37
海南	380534	88	4	20	64	17
四川	1726549	2473	753	916	804	329
贵州	5513	170	8	47	115	0
云南	16085	120	7	19	94	2
西藏						
陕西						
甘肃	30737	5	0	1	4	3
青海						
宁夏	115892	122	17	31	74	17
新疆						
新疆兵团	49565	668	163	182	323	0

3—13 分地区国有企业参加工伤保险职工人数及因工死亡人数

（1994）

单位：人

地区	职工人数	伤残人数				因工死亡人数
		小计	一至四级	五至六级	七至十级	
全国总计	14167939	52289	6384	13545	32360	1500
北京						
天津						
河北	372414	9	2	0	7	10
山西	476794	320	152	89	79	24
内蒙古	4496	0	0	0	0	0
辽宁	1716114	14950	2238	3645	9067	159
吉林	619155	14009	1175	2369	10465	109
黑龙江	12756	5	5	0	0	0
上海						
江苏	553134	50	7	15	28	6
浙江	423252	334	50	173	111	24
安徽	22532	34	2	9	23	0
福建	294407	115	7	11	97	23
江西	616024	596	103	185	308	28
山东	149730	978	283	300	395	23
河南	733773	2797	370	865	1562	58
湖北	1190565	12850	1012	3352	8486	356
湖南	63980	519	55	144	320	81
广东	4202014	1242	0	1242	0	248
广西	778273	143	24	35	84	37
海南	298999	73	2	17	54	14
四川	1436383	2227	704	827	696	278
贵州	5387	162	8	42	112	0
云南	14136	89	7	13	69	2
西藏						
陕西						
甘肃	29304	5	0	1	4	3
青海						
宁夏	101752	114	15	29	70	17
新疆						
新疆兵团	49565	668	163	182	323	0

3—14 分地区全国工伤保险基金收入及平均缴费比例

(1994)

地区	工资总额（万元）	基金收入（万元）			平均缴费比例（%）
		合计	单位缴纳	其他	
全国总计	5300430	45547	43009	2538	0.81
北京					
天津					
河北	71025	272	269	3	0.38
山西	52150	214	213	1	0.41
内蒙古	118	2	2	0	1.69
辽宁	516975	4196	3965	231	0.77
吉林	100029	985	972	13	0.97
黑龙江	1714	3	3	0	0.18
上海					
江苏	227108	1106	1087	19	0.48
浙江	270979	1263	1197	66	0.44
安徽	4637	32	32	0	0.69
福建	80932	860	812	48	1.00
江西	76775	1589	1557	32	2.03
山东	51690	382	343	39	0.66
河南	174615	773	756	17	0.44
湖北	240444	1605	1527	78	0.64
湖南	13827	116	111	5	0.80
广东	2597069	25886	24106	1780	0.93
广西	208833	1605	1554	51	0.74
海南	146895	982	950	32	0.65
四川	410569	3327	3205	122	0.78
贵州	1236	10	10	0	0.81
云南	4589	39	39	0	0.85
西藏					
陕西					
甘肃	5452	46	46	0	0.83
青海					
宁夏	30882	210	209	1	0.68
新疆					
新疆兵团	11787	44	44	0	0.37

3—15 分地区全国工伤保险基金支出及期末结余

(1994)

单位:万元

地区	基金支出				期末结余
	合计	工伤费用	管理服务费	其他	
全国总计	9424	6709	1777	938	67688
北京					
天津					
河北	30	15	15	0	345
山西	23	13	10	0	195
内蒙古	0	0	0	0	2
辽宁	1278	943	159	176	4424
吉林	385	252	64	69	1245
黑龙江	1	1	0	0	10
上海					
江苏	108	39	50	19	1287
浙江	245	196	49	0	1365
安徽	1	0	0	1	36
福建	216	128	62	26	1392
江西	338	220	26	92	1997
山东	70	36	10	24	400
河南	226	182	39	5	1124
湖北	391	312	69	10	1736
湖南	26	19	4	3	108
广东	4929	3539	957	433	43063
广西	223	142	65	16	1999
海南	172	133	38	1	1876
四川	704	495	146	63	4803
贵州	9	9	0	0	1
云南	9	7	2	0	33
西藏					
陕西					
甘肃	5	4	1	0	42
青海					
宁夏	13	3	10	0	197
新疆					
新疆兵团	22	21	1	0	22

3—16 分地区国有企业工伤保险基金收入、支出及期末结余

(1994)

单位:万元

地区	基金收入			基金支出				期末结余
	合计	单位缴纳	其他	合计	工伤费用	管理服务费	其他	
全国总计	35911	33473	2438	6834	4518	1395	921	53988
北京								
天津								
河北	272	269	3	30	15	15	0	345
山西	211	210	1	23	13	10	0	192
内蒙古								
辽宁	3095	2916	179	1058	773	112	173	3379
吉林	985	972	13	385	252	64	69	1245
黑龙江	3	3	0	1	1	0	0	10
上海								
江苏	626	614	12	68	27	28	13	702
浙江	813	773	40	153	121	32	0	888
安徽	29	29	0	1	0	0	1	32
福建	781	733	48	198	117	56	25	1279
江西	1365	1334	31	291	184	18	89	1680
山东	270	239	31	46	15	7	24	268
河南	686	669	17	205	164	38	3	1013
湖北	1520	1446	74	368	294	66	8	1670
湖南	115	110	5	26	19	4	3	107
广东	19136	17356	1780	2847	1725	689	433	32502
广西	1512	1463	49	216	137	63	16	1905
海南	847	815	32	159	124	34	1	1701
四川	3327	3205	122	704	495	146	63	4803
贵州	9	9	0	8	8	0	0	1
云南	35	35	0	8	6	2	0	30
西藏								
陕西								
甘肃	45	45	0	5	4	1	0	41
青海								
宁夏	185	184	1	12	3	9	0	173
新疆								
新疆兵团	44	44	0	22	21	1	0	22

3—17 分经济类型全国参加工伤保险的职工人数及因工死亡人数

(1995)

单位:人

项目	职工人数	伤残人数				因工死亡人数
		小计	一至四级	五至六级	七至十级	
总计	26147640	70522	9193	18689	42640	2786
一、国有企业	20533166	63366	8617	15552	39197	2274
二、城镇集体企业	4952483	5579	558	1818	3203	331
三、其他各种经济类型企业	661991	1577	18	1319	240	181
# 外商投资企业	533952	1274	10	1136	128	160

3—18 分经济类型全国工伤保险基金收入及平均缴费比例

(1995)

项目	工资总额(万元)	基金收入(万元)			平均缴费比例(%)
		合计	单位缴纳	其他	
总计	10334022	76000	70724	5276	0.69
一、国有企业	7814445	58642	54616	4026	0.71
二、城镇集体企业	2174524	14913	13830	1083	0.64
三、其他各种经济类型企业	345053	2445	2278	167	0.66
# 外商投资企业	264501	2199	2050	149	0.76

3—19 分经济类型全国工伤保险基金支出及期末结余

(1995)

单位:万元

项目	基金支出				期末结余
	合计	工伤费用	管理服务费	其他	
总计	18128	13753	2965	1410	125574
一、国有企业	12943	9406	2360	1177	99731
二、城镇集体企业	2794	2029	520	245	26366
三、其他各种经济类型企业	2391	2318	85	—12	—523
# 外商投资企业	2104	2041	76	—13	—491

3—20 分地区全国参加工伤保险的职工人数及因工死亡人数

(1995)

单位:人

地区	职工人数	伤残人数				因工死亡人数
		小计	一至四级	五至六级	七至十级	
全国总计	26147640	70522	9193	18689	42640	2786
北京						
天津						
河北	861127	246	34	54	158	89
山西	1022895	341	167	93	81	50
内蒙古	131014	1060	99	209	752	106
辽宁	2647837	19550	3256	4013	12281	464
吉林	659489	14762	1217	2446	11099	77
黑龙江	189467	76	74	1	1	1
上海						
江苏	2058075	179	32	23	124	87
浙江	1444099	1653	220	1002	431	94
安徽	64020	47	5	11	31	0
福建	836387	224	9	40	175	39
江西	1198077	866	166	123	577	40
山东	806290	2080	474	609	997	67
河南	973391	3885	462	1213	2210	102
湖北	1619915	17116	1357	4132	11627	422
湖南	373615	602	49	169	384	30
广东	7219742	3588	0	3588	0	504
广西	1229769	333	32	56	245	103
海南	461214	66	4	7	55	19
四川	1965196	2771	1221	626	924	465
贵州	11382	1	1	0	0	0
云南	18770	96	6	23	67	11
西藏						
陕西						
甘肃	52809	25	5	3	17	1
青海						
宁夏	143645	92	1	1	90	12
新疆	12719	0	0	0	0	0
新疆兵团	146696	863	302	247	314	3

3—21 分地区国有企业参加工伤保险的职工人数及因工死亡人数

（1995）

单位：人

地　区	职工人数	伤残人数				因工死亡人数
		小　计	一至四级	五至六级	七至十级	
全国总计	20533166	63366	8617	15552	39197	2274
北　京						
天　津						
河　北	861127	246	34	54	158	89
山　西	977830	341	167	93	81	49
内蒙古	109265	764	91	195	478	103
辽　宁	1974257	16918	2974	3533	10411	396
吉　林	659489	14762	1217	2446	11099	77
黑龙江	154632	66	64	1	1	1
上　海						
江　苏	1073625	88	21	10	57	43
浙　江	861267	1082	144	656	282	47
安　徽	56151	47	5	11	31	0
福　建	689721	206	8	37	161	31
江　西	984983	756	157	104	495	32
山　东	485275	1344	371	385	588	59
河　南	837138	3706	420	1191	2095	93
湖　北	1491194	16515	1326	3961	11228	376
湖　南	281525	600	49	169	382	27
广　东	5198143	1749	0	1749	0	246
广　西	1132398	283	30	54	199	98
海　南	381609	61	3	5	53	17
四　川	1965196	2771	1221	626	924	465
贵　州	9294	1	1	0	0	0
云　南	16004	92	6	23	63	10
西　藏						
陕　西						
甘　肃	50287	21	5	1	15	1
青　海						
宁　夏	123341	84	1	1	82	11
新　疆	12719	0	0	0	0	0
新疆兵团	146696	863	302	247	314	3

3－22　分地区全国工伤保险基金收入及平均缴费比例

(1995)

地　区	工资总额（万元）	基金收入（万元）			平均缴费比例（%）
		合计	单位缴纳	其他	
全国总计	10334022	76000	70724	5276	0.68
北　京					
天　津					
河　北	106060	804	790	13	0.75
山　西	136346	831	826	5	0.61
内蒙古	35260	159	158	1	0.45
辽　宁	927590	6696	6582	114	0.71
吉　林	101457	1536	1510	26	1.49
黑龙江	19098	117	117	0	0.61
上　海					
江　苏	823819	4680	4563	117	0.55
浙　江	814169	4645	4439	206	0.55
安　徽	15042	89	86	3	0.57
福　建	286340	3100	2985	115	1.04
江　西	256940	2689	2575	114	1.00
山　东	323977	1134	1122	12	0.35
河　南	224846	1069	1026	43	0.46
湖　北	422678	2618	2422	196	0.57
湖　南	135014	1498	1440	58	1.07
广　东	4289972	34459	30825	3634	0.72
广　西	446538	3424	3194	230	0.72
海　南	245870	1387	1319	68	0.54
四　川	599095	4222	3931	291	0.66
贵　州	2862	40	40	0	1.40
云　南	7050	54	53	1	0.75
西　藏					
陕　西					
甘　肃	9087	90	89	1	0.98
青　海					
宁　夏	47108	296	270	26	0.57
新　疆	6038	66	65	1	0.00
新疆兵团	51766	297	296	1	0.00

3－23 分地区全国工伤保险基金支出及期末结余

（1995）

单位：万元

地区	基金支出				期末结余
	合计	工伤费用	管理服务费	其他	
全国总计	18128	13753	2965	1410	125574
北京					
天津					
河北	232	131	42	59	917
山西	252	209	43	0	774
内蒙古	26	25	1	0	135
辽宁	2967	2486	327	154	8253
吉林	776	383	169	224	2005
黑龙江	8	4	4	0	119
上海					
江苏	826	246	146	434	5141
浙江	764	609	155	0	5246
安徽	8	2	6	0	117
福建	633	327	213	93	3859
江西	625	478	95	52	4061
山东	234	149	30	55	1300
河南	361	294	54	13	1832
湖北	635	500	114	21	3719
湖南	109	83	23	3	1497
广东	7590	6262	1175	153	69932
广西	581	411	114	56	4842
海南	314	259	54	1	2949
四川	1017	758	174	85	8008
贵州	16	8	1	7	25
云南	18	15	3	0	69
西藏					
陕西					
甘肃	22	20	2	0	110
青海					
宁夏	39	25	14	0	454
新疆	1	0	1	0	65
新疆兵团	74	69	5	0	245

3—24 分地区全国国有企业工伤保险基金收入、支出及期末结余

(1995)

单位:万元

地区	基金收入			基金支出				期末结余
	合计	单位缴纳	其他	合计	工伤费用	管理服务费	其他	
全国总计	58642	54616	4026	12943	9406	2360	1177	99731
北京								
天津								
河北	804	791	13	232	131	42	59	917
山西	802	797	5	247	205	42	0	747
内蒙古	139	138	1	24	23	1	0	115
辽宁	4868	4761	107	2297	1916	229	152	5977
吉林	1536	1510	26	776	383	169	224	2005
黑龙江	101	101	0	8	4	4	0	103
上海								
江苏	2563	2501	62	457	161	79	217	2808
浙江	3047	2912	135	484	384	100	0	3451
安徽	84	81	3	8	2	6	0	108
福建	2746	2641	105	574	281	205	88	3451
江西	2338	2243	95	545	414	82	49	3473
山东	772	772	0	188	112	22	54	852
河南	980	937	43	349	282	54	13	1666
湖北	2419	2237	182	593	468	106	19	3501
湖南	1167	1122	45	97	74	20	3	1177
广东	24810	22193	2617	4051	3052	846	153	53261
广西	3225	3012	213	546	385	108	53	4574
海南	1222	1169	53	289	241	47	1	2634
四川	4222	3931	291	1017	758	174	85	8008
贵州	40	40	0	16	8	1	7	25
云南	48	47	1	16	13	3	0	62
西藏								
陕西								
甘肃	87	86	1	21	19	2	0	107
青海								
宁夏	259	233	26	33	21	12	0	399
新疆	66	65	1	1	0	1	0	65
新疆兵团	297	296	1	74	69	5	0	245

3—25 分经济类型全国参加工伤保险的职工人数及因工死亡人数

(1996)

单位：人

项目	职工人数	伤残人数				因工死亡人数
		小计	一至四级	五至六级	七至十级	
总计	31026041	101253	11999	30486	58768	3940
一、国有企业	24249872	90246	10473	25758	54015	3235
二、城镇集体企业	5791693	9172	1439	3312	4421	555
三、其他各种经济类型企业	984476	1835	87	1416	332	150
# 外商投资企业	722619	1489	44	1351	94	117

3—26 分经济类型全国工伤保险基金收入及平均缴费比例

(1996)

项目	工资总额(万元)	基金收入(万元)			平均缴费比例(%)
		合计	单位缴纳	其他	
总计	14363197	108917	100655	8262	0.70
一、国有企业	10936045	84052	77889	6163	0.71
二、城镇集体企业	2864924	20638	18817	1821	0.66
三、其他各种经济类型企业	562228	4227	3949	278	0.70
# 外商投资企业	429446	3417	3185	232	0.74

3—27 分经济类型全国工伤保险基金支出及期末结余

(1996)

单位：万元

项目	基金支出				期末结余
	合计	工伤费用	管理服务费	其他	
总计	36997	29322	4375	3300	197492
一、国有企业	29100	22583	3441	3076	154677
二、城镇集体企业	5377	4430	777	170	41626
三、其他各种经济类型企业	2520	2309	157	54	1189
# 外商投资企业	2299	2152	123	24	629

3—28 分地区全国参加工伤保险的职工人数及因工死亡人数

(1996)

单位:人

地区	职工人数	伤残人数				因工死亡人数
		小计	一至四级	五至六级	七至十级	
全国总计	31026041	101253	11999	30486	58768	3940
北京						
天津						
河北	1491329	1309	72	232	1005	338
山西	844310	366	119	83	164	53
内蒙古	188943	1891	228	591	1072	132
辽宁	3464913	34729	5220	8480	21029	593
吉林	742496	16435	1308	2792	12335	122
黑龙江	268692	400	379	11	10	2
上海						
江苏	2317659	1310	131	420	759	359
浙江	1794356	2490	229	1795	466	86
安徽	64859	54	4	14	36	2
福建	1211327	1179	53	41	1085	96
江西	1447511	1260	125	142	993	98
山东	1393491	2597	844	638	1115	221
河南	1089714	3994	463	1298	2233	43
湖北	1776100	20140	1406	4990	13744	403
湖南	506764	820	197	183	440	46
广东	7350758	7589	0	7589	0	594
广西	1264480	359	67	57	235	151
海南	487132	74	4	10	60	28
四川	2657804	3477	1403	877	1557	518
贵州	15043	10	1	4	5	6
云南	249448	347	25	76	246	26
西藏						
陕西						
甘肃	76895	31	4	9	18	0
青海						
宁夏	144200	106	18	29	59	4
新疆	20132	24	17	0	7	0
新疆兵团	157685	262	42	125	95	19

3—29 分地区国有企业参加工伤保险的职工人数及因工死亡人数

(1996)

单位:人

地区	职工人数	伤残人数				因工死亡人数
		小计	一至四级	五至六级	七至十级	
全国总计	24249872	90246	10473	25758	54015	3235
北京						
天津						
河北	1491329	1309	72	232	1005	338
山西	803424	364	119	83	162	53
内蒙古	158764	1750	213	542	995	125
辽宁	2615518	30939	4299	7846	18794	466
吉林	742496	16435	1308	2792	12335	122
黑龙江	206489	400	379	11	10	2
上海						
江苏	1249251	894	65	369	460	270
浙江	1045050	1427	133	1027	267	59
安徽	59099	50	4	11	35	0
福建	903105	980	47	36	897	87
江西	1150065	1164	123	135	906	91
山东	893628	1620	628	370	622	90
河南	968510	3786	423	1260	2103	41
湖北	1492955	18795	1313	4701	12781	344
湖南	404108	730	152	170	408	34
广东	5218000	5002	0	5002	0	376
广西	1171941	343	66	54	223	141
海南	400296	69	2	10	57	24
四川	2657804	3477	1043	877	1557	518
贵州	11970	8	1	3	4	6
云南	235130	347	25	76	246	26
西藏						
陕西						
甘肃	68369	28	4	9	15	0
青海						
宁夏	127673	60	12	17	31	3
新疆	17213	7	0	0	7	0
新疆兵团	157685	262	42	125	95	19

3—30 分地区全国工伤保险基金收入及平均缴费比例

(1996)

地区	工资总额（万元）	基金收入（万元）			平均缴费比例（%）
		合计	单位缴纳	其他	
全国总计	14363197	108917	100655	8262	0.70
北京					
天津					
河北	534732	2435	2398	37	0.45
山西	173514	1204	1195	9	0.69
内蒙古	460483	401	399	2	0.09
辽宁	1309105	11384	10987	361	0.84
吉林	154696	1788	1721	67	0.11
黑龙江	77811	493	492	1	0.63
上海					
江苏	1313705	7411	7070	341	0.54
浙江	1061131	6392	5874	518	0.55
安徽	17136	114	112	2	0.65
福建	536058	5444	5070	374	0.95
江西	398826	3828	3529	299	0.88
山东	660949	4236	4039	197	0.61
河南	273237	1302	1204	98	0.44
湖北	573404	3653	3344	309	0.58
湖南	215156	2304	2173	131	1.01
广东	4620068	42302	37732	4570	0.82
广西	543939	4258	3882	376	0.71
海南	252864	1413	1365	48	0.54
四川	908051	7179	6674	505	0.73
贵州	4095	53	53	0	1.29
云南	122505	473	476	6	0.38
西藏					
陕西					
甘肃	19739	156	153	3	0.78
青海					
宁夏	58099	325	322	3	0.55
新疆	7378	107	102	5	1.38
新疆兵团	66516	298	298	0	0.45

3—31 分地区全国工伤保险基金支出及期末结余

(1996)

单位:万元

地区	基金支出				期末结余
	合计	工伤费用	管理服务费	其他	
全国总计	36997	29322	4375	3300	197492
北京					
天津					
河北	835	640	113	82	2517
山西	389	288	59	42	1589
内蒙古	123	120	3	0	0
辽宁	7500	6436	645	419	12001
吉林	759	529	165	65	3034
黑龙江	108	102	6	0	11160
上海					
江苏	1392	1011	227	154	11160
浙江	1467	1250	217	0	10171
安徽	12	6	6	0	219
福建	1669	1108	301	260	7634
江西	1239	816	173	250	6650
山东	1053	962	90	1	4483
河南	473	390	83	0	2661
湖北	1189	787	169	233	6183
湖南	622	218	90	314	3179
广东	13860	11739	1508	613	98374
广西	1286	936	136	214	7814
海南	418	342	54	22	3945
四川	2279	1372	276	631	12908
贵州	13	13	0	0	65
云南	82	65	17	0	460
西藏					
陕西					
甘肃	31	28	3	0	232
青海					
宁夏	59	38	21	0	720
新疆	10	4	6	0	162
新疆兵团	129	122	7	0	141

3—32 分地区国有企业工伤保险基金收入、支出及期末结余

(1996)

单位:万元

地区	基金收入			基金支出				期末结余
	合计	单位缴纳	其他	合计	工伤费用	管理服务费	其他	
全国总计	84052	77889	6163	29100	22583	3441	3076	154677
北京								
天津								
河北	2435	2398	37	835	640	113	82	2517
山西	1154	1164	8	382	283	57	42	1519
内蒙古	371	369	2	107	104	3	0	379
辽宁	8879	8569	310	5978	5140	464	374	8878
吉林	1788	1721	67	759	529	165	65	3034
黑龙江	473	472	1	107	101	6	0	469
上海								
江苏	4034	3855	179	814	593	120	101	6029
浙江	3987	3628	359	987	853	134	0	6451
安徽	106	104	2	10	5	5	0	204
福建	4226	4021	205	1560	1023	284	253	6117
江西	3458	3165	293	1153	749	159	245	5778
山东	3237	3203	34	768	705	62	1	3321
河南	1200	1113	87	460	378	82	0	2406
湖北	3198	2920	278	1115	742	155	218	5573
湖南	1800	1705	95	488	185	70	233	2489
广东	30074	26784	3290	9420	7737	1070	613	73915
广西	3959	3605	354	1195	873	123	199	7338
海南	1210	1169	41	381	315	47	19	3473
四川	7179	6674	505	2279	1372	276	631	12908
贵州	49	49	0	13	13	0	0	58
云南	421	416	5	74	58	16	0	409
西藏								
陕西								
甘肃	142	139	3	27	24	3	0	219
青海								
宁夏	278	275	3	54	36	18	0	623
新疆	96	91	5	5	3	2	0	156
新疆兵团	298	298	0	129	122	7	0	414

4. 生育保险

4—1 分地区全国参加女职工生育保险职工人数

（1993—1994）

单位：人

地区	1993		1994	
	职工人数	# 本期生育女工	职工人数	# 本期生育女工
全国总计	5571653	112289	9158775	121438
北京				
天津				
河北	113489	1302	269120	1686
山西	35063	7608	471260	1823
内蒙古			38661	94
辽宁	15869	3	33841	284
吉林	194350	56772	441749	41256
黑龙江			1539	
上海				
江苏	167159	1148	1351723	4955
浙江	1468893	15509	1562055	17314
安徽	50098	13	53166	97
福建	206292	486	269046	1855
江西	712985	4875	867863	7865
山东	598437	6199	671143	9725
河南	513162	9337	698005	4613
湖北	325277	526	729736	5953
湖南	41080	386	40304	549
广东	747086	6850	750327	6805
广西	92034	55	233021	1844
海南				
四川	157817	132	600025	5968
贵州				
云南	72562	1088	72562	8690
西藏				
陕西				
甘肃			3629	62
青海				
宁夏				
新疆				
新疆兵团				

4—2 分地区全国参加女职工生育保险职工人数

（1995—1996）

单位：人

地区	1995		1996	
	职工人数	# 本期生育女工	职工人数	# 本期生育女工
全国总计	15002090	1061334	20155547	191349
北京				
天津				
河北	666354	3398	1648420	11240
山西	1099840	6003	1188946	6226
内蒙古	68639	1494	127159	1011
辽宁	830541	635	1128290	8134
吉林	484393	5050	567515	6328
黑龙江	7492	18	201370	2670
上海				
江苏	2997723	954615	2713623	29403
浙江	1658577	18249	1943971	26706
安徽	81502	217	62330	122
福建	362968	2868	613139	3452
江西	1040140	7599	617302	9673
山东	1206371	15911	1988768	2314
河南	690898	8135	689039	5896
湖北	1204658	9381	1377640	10761
湖南	53567	552	101251	337
广东	1577124	10400	1727449	17722
广西	445351	3734	758158	9642
海南				
四川	998160	9069	2201605	12550
贵州	2364	967	11133	147
云南	147079	2208	296663	4661
西藏				
陕西	45197	0	49066	392
甘肃	8281	62	27052	152
青海				
宁夏				
新疆				
新疆兵团	24871	769	115229	1783

4—3 全国女职工生育保险基金收支余情况

(1993—1996)

单位:万元

年份	基金收入			基金支出				期末结余
	合计	单位缴纳	其他	合计	生育补偿费	管理服务费	其他	
1993	8476	8290	186	5036	4507	210	319	7614
1994	14735	14248	487	8081	7365	459	257	14281
1995	28964	27952	1012	15816	14631	926	259	27418
1996	55173	52233	2940	32865	31257	1464	144	49726

4—4 分地区全国女职工生育保险基金收支余情况

(1993)

单位:万元

地区	基金收入			基金支出				期末结余
	合计	单位缴纳	其他	合计	生育补偿费	管理服务费	其他	
全国总计	8476	8290	186	5036	4507	210	319	7614
北京								
天津								
河北	126	126	0	80	80	0	0	104
山西	42	42	0	33	32	1	0	32
内蒙古								
辽宁	6	6	0	0	0	0	0	6
吉林	143	143	0	27	18	9	0	116
黑龙江								
上海								
江苏	286	283	3	143	124	19	0	194
浙江	3272	3121	151	1811	1728	83	0	4076
安徽	9	9	0	1	1	0	0	8
福建	189	188	1	51	44	7	0	244
江西	720	713	7	299	255	26	18	593
山东	1492	1474	18	1122	817	19	286	864
河南	505	499	6	174	146	17	11	406
湖北	142	142	0	37	30	3	4	114
湖南	44	44	0	27	26	1	0	32
广东	1215	1215	0	1031	1012	19	0	327
广西	20	20	0	4	3	1	0	16
海南								
四川	51	51	0	11	9	2	0	40
贵州								
云南	214	214	0	185	182	3	0	422
西藏								
陕西								
甘肃								
青海								
宁夏								
新疆								
新疆兵团								

4－5 分地区全国女职工生育保险基金收支余情况

(1994)

单位:万元

地区	基金收入			基金支出				期末结余
	合计	单位缴纳	其他	合计	生育补偿费	管理服务费	其他	
全国总计	14735	14248	487	8081	7365	459	257	14281
北京								
天津								
河北	327	325	2	175	153	15	7	256
山西	231	231	0	33	26	7	0	230
内蒙古	22	22	0	3	3	0	0	19
辽宁	26	26	0	25	24	1	0	7
吉林	667	672	4	163	137	25	1	630
黑龙江	2	2	0	0	0	0	0	2
上海								
江苏	2643	2622	21	1131	1037	94	0	1706
浙江	3527	3194	333	2093	1988	105	0	5510
安徽	14	14	0	6	6	0	0	16
福建	391	386	5	173	161	12	0	462
江西	962	631	31	534	423	35	76	1021
山东	1128	1093	35	924	764	21	139	1068
河南	632	622	10	513	481	23	9	526
湖北	600	589	11	338	320	17	1	376
湖南	52	50	2	54	53	1	0	30
广东	2145	2125	20	1197	1127	47	23	1275
广西	327	323	4	121	107	14	0	234
海南								
四川	839	832	7	414	374	39	1	465
贵州								
云南	181	179	2	178	175	3	0	445
西藏								
陕西								
甘肃	9	9	0	6	6	0	0	3
青海								
宁夏								
新疆								
新疆兵团								

4—6 分地区全国女职工生育保险基金收支余情况

（1995）

单位：万元

地　区	基金收入			基金支出				期末结余
	合　计	单位缴纳	其　他	合　计	生育补偿费	管理服务费	其　他	
全国总计	28964	27952	1012	15816	14631	926	259	27418
北　京								
天　津								
河　北	911	900	11	425	388	34	0	742
山　西	1433	1420	13	485	433	52	0	1178
内蒙古	82	82	0	47	46	1	0	54
辽　宁	942	942	0	127	108	19	0	821
吉　林	826	813	13	408	303	92	13	1048
黑龙江	10	10	0	2	1	1	0	10
上　海								
江　苏	6309	6206	103	3988	3754	189	45	4027
浙　江	4298	3950	348	2584	2469	115	0	7224
安　徽	50	49	1	14	13	1	0	52
福　建	775	756	19	426	389	34	3	812
江　西	1334	1291	43	724	657	50	17	1631
山　东	1967	1825	142	1275	1158	35	82	1760
河　南	942	924	18	680	638	21	21	788
湖　北	1676	1608	68	1145	1057	62	26	906
湖　南	73	73	0	53	52	1	0	50
广　东	4133	4105	118	1792	1644	99	49	3616
广　西	887	844	43	416	381	35	0	695
海　南								
四　川	1663	1624	39	975	901	71	3	1153
贵　州	1	1	0	0	0	0	0	1
云　南	226	193	33	166	163	3	0	505
西　藏								
陕　西	8	8	0	0	0	0	0	8
甘　肃	13	13	0	12	12	0	0	14
青　海								
宁　夏								
新　疆								
新疆兵团	405	405	0	72	64	8	0	333

注：本表不包括实行系统统筹单位的数字。

4—7 分地区全国女职工生育保险基金收支余情况

(1996)

单位:万元

地区	基金收入			基金支出				期末结余
	合计	单位缴纳	其他	合计	生育补偿费	管理服务费	其他	
全国总计	55173	52233	2940	32865	31257	1464	144	49726
北京								
天津								
河北	2493	2463	30	1502	1428	72	2	1733
山西	1709	1690	19	845	780	60	5	2042
内蒙古	234	234	0	135	117	5	13	153
辽宁	5090	5018	72	2286	2180	106	0	3625
吉林	983	957	26	453	351	100	2	1578
黑龙江	111	111	0	51	51	0	0	70
上海								
江苏	10756	10335	421	6565	6259	306	0	8218
浙江	6560	5034	1526	3251	3139	112	0	10533
安徽	57	55	2	25	24	1	0	84
福建	1204	1161	43	693	638	51	4	1323
江西	2372	2253	119	1287	1188	76	23	2716
山东	6287	6231	56	4380	4230	87	63	3667
河南	1003	949	54	774	730	29	15	1017
湖北	2259	2148	111	1793	1695	96	2	1372
湖南	98	98	0	65	61	4	0	83
广东	8060	7733	327	5408	5247	161	0	6268
广西	2079	2034	45	1027	964	62	1	1747
海南								
四川	2720	2634	86	1662	1539	109	14	2211
贵州	14	14	0	11	11	0	0	4
云南	313	312	1	259	247	12	0	559
西藏								
陕西	132	130	2	37	34	3	0	103
甘肃	47	47	0	23	23	0	0	28
青海								
宁夏								
新疆								
新疆兵团	592	592	0	333	321	12	0	592

5. 医疗保险

5—1 全国实行职工大病医疗费用统筹基本情况

（1993—1996）

单位：万元

地区	职工人数（人）	基金收入			基金支出				期末结余
		合计	征集收入	其他	合计	医疗费用	管理服务费	其他	
1993	2676094	10569	10390	179	9477	9049	292	136	2458
1994	3745924	25799	25594	205	21627	20816	726	85	6443
1995	7026144	83942	82645	1297	61241	58162	2606	473	29041
1996	7911835	177029	174214	2815	147317	137374	3794	6149	64336

5—2 分地区全国实行职工大病医疗费用统筹基本情况

（1993）

单位：万元

地区	职工人数（人）	基金收入			基金支出				期末结余
		合计	征集收入	其他	合计	医疗费用	管理服务费	其他	
全国总计	2676094	10569	10390	179	9477	9049	292	136	2458
北京									
天津									
河北	148714	461	461	0	455	455	0	0	134
山西	0	0	0	0	0	0	0	0	0
内蒙古	15347	190	187	3	158	153	5	0	32
辽宁	36025	191	191	0	170	164	6	0	42
吉林	139022	468	467	1	235	202	26	7	243
黑龙江									
上海									
江苏	15580	115	115	0	66	62	3	1	57
浙江	52183	225	225	0	168	164	4	0	57
安徽	7648	30	30	0	22	21	1	0	11
福建									
江西	139196	87	87	0	103	94	3	6	—2
山东	84816	291	285	6	186	181	3	2	93
河南	258095	1251	1241	10	761	722	36	3	771
湖北	33946	138	135	3	39	0	6	33	105
湖南	93088	512	511	1	431	398	15	0	118
广东	691047	2964	2934	30	3712	3659	53	0	—230
广西	17594	350	350	0	313	298	15	0	62
海南	14199	877	783	94	646	534	39	73	231
四川	922044	2409	2378	31	2024	1936	77	11	730
贵州	3711	6	6	0	5	5	0	0	1
云南									
西藏									
陕西	2104	3	3	0	1	1	0	0	2
甘肃	1735	1	1	0	0	0	0	0	1
青海									
宁夏									
新疆									
新疆兵团									

5—3 分地区全国实行职工大病医疗费用统筹基本情况

(1994)

单位:万元

地区	职工人数(人)	基金收入			基金支出				期末结余
		合计	征集收入	其他	合计	医疗费用	管理服务费	其他	
全国总计	3745924	25799	25594	205	21627	20816	726	85	6443
北京									
天津									
河北	148174	786	785	1	618	598	12	8	302
山西	378102	327	327	0	39	27	12	0	288
内蒙古	13449	173	173	0	180	180	0	0	25
辽宁	56411	591	585	6	575	545	30	0	93
吉林	218345	1332	1321	11	930	850	64	16	646
黑龙江									
上海									
江苏	287735	1449	1483	16	1208	1145	61	2	348
浙江	328901	2411	2387	24	2044	1985	59	0	424
安徽	10415	50	50	0	33	32	1	0	28
福建									
江西	124093	947	941	6	744	730	14	0	201
山东	197214	996	990	6	509	485	18	6	128
河南	302371	2001	1983	18	1748	1727	21	0	820
湖北	46889	197	187	10	70	58	10	2	232
湖南	85782	665	661	4	664	664	19	1	119
广东	231829	7492	7482	10	6739	6579	160	0	523
广西	25133	469	466	3	384	365	18	1	128
海南	13384	718	699	19	740	705	35	0	210
四川	1257399	5049	4978	71	4331	4091	191	49	1447
贵州	2757	7	7	0	7	7	0	0	1
云南									
西藏									
陕西	5418	22	22	0	10	10	0	0	14
甘肃	12123	67	67	0	54	53	1	0	14
青海									
宁夏									
新疆									
新疆兵团									

5—4 分地区全国实行职工大病医疗费用统筹基本情况

(1995)

单位:万元

地区	职工人数(人)	基金收入			基金支出				期末结余
		合计	征集收入	其他	合计	医疗费用	管理服务费	其他	
全国总计	7026144	83942	82645	1297	61241	58162	2606	473	29041
北京	6810	34000	34000	0	22169	21000	1169	0	11831
天津									
河北	2479	990	973	17	819	787	29	3	473
山西	2672	1346	1331	15	752	694	57	1	882
内蒙古	520	384	383	1	340	335	5	0	69
辽宁	836	943	943	0	1016	887	51	78	7
吉林	5042	2678	2660	18	2404	2138	205	61	920
黑龙江	251	94	93	1	37	35	2	0	57
上海									
江苏	949	1434	1237	197	882	836	36	10	900
浙江	8906	5779	5692	87	4420	4111	189	120	1783
安徽	152	45	45	0	33	32	1	0	40
福建	168	21	21	0	2	1	1	0	19
江西	4189	5212	5190	22	4193	3994	58	141	1220
山东	2819	2645	2602	43	1395	1342	43	10	1830
河南	1267	2850	2795	55	2627	2579	48	0	971
湖北	719	283	261	22	164	150	13	1	356
湖南	518	832	805	27	843	825	18	0	108
广东	2389	6244	5824	420	5714	5539	175	0	1053
广西	557	704	699	5	538	486	27	25	271
海南	1550	3792	3774	18	1525	1393	132	0	2577
四川	10613	13553	13205	348	11295	10928	344	23	3705
贵州	65	0	0	0	1	1	0	0	0
云南									
西藏									
陕西	156	25	24	1	12	11	1	0	27
甘肃	310	88	88	0	60	58	2	0	39
青海									
宁夏									
新疆									
新疆兵团									

5—5 分地区全国实行职工大病医疗费用统筹基本情况

(1996)

单位:万元

地区	职工人数(人)	基金收入			基金支出				期末结余
		合计	征集收入	其他	合计	医疗费用	管理服务费	其他	
全国总计	7911835	177029	174214	2815	147317	137374	3794	6149	64336
北京	803023	56346	55987	359	54181	47766	527	5888	19166
天津									
河北	172714	1852	1015	37	865	816	47	2	660
山西	519058	2180	2154	26	1681	1581	98	2	1381
内蒙古	55461	445	320	125	444	435	6	3	70
辽宁	321073	20661	20656	5	18856	188328	528	0	1812
吉林	381592	4056	4002	54	3497	3128	340	29	1479
黑龙江	14122	65	64	1	54	51	3	0	68
上海									
江苏	173481	1715	1651	64	1355	1285	70	0	1260
浙江	1067585	15246	14949	297	13266	12799	467	0	3763
安徽	10657	43	43	0	28	27	1	0	55
福建	15364	232	227	5	144	130	14	0	107
江西	444701	7821	7732	89	6873	6639	167	67	2168
山东	1111424	10684	10240	444	3857	3654	188	15	9082
河南	261733	3235	3235	0	2712	2651	58	3	1494
湖北	155670	913	880	33	630	569	31	30	639
湖南	80478	1046	1043	3	964	923	41	0	190
广东	389853	22147	21387	760	14150	13757	393	0	9050
广西	56443	1102	1076	26	883	804	49	30	493
海南	103665	9499	9455	44	7468	7222	246	0	4507
四川	730596	18179	17740	439	15227	14637	510	80	6657
贵州									
云南									
西藏									
陕西	4427	30	29	1	20	19	1	0	37
甘肃	35172	245	243	2	108	100	8	0	176
青海	3543	87	86	1	54	53	1	0	22
宁夏									
新疆									
新疆兵团									

5－6　全国实行离退休人员医疗费用统筹基本情况

（1993－1996）

单位：万元

地　区	离　退 休人员 人数(人)	基金收入			基金支出				期末 结余
		合　计	征集收入	其　他	合　计	医　疗 费　用	管　理 服务费	其　他	
1993	225182	3786	3748	28	3858	3443	46	369	1885
1994	257408	5762	5734	28	7486	7331	161	14	672
1995	432560	12725	12265	460	11594	11131	348	115	1941
1996	644715	13055	12751	304	15019	14624	313	82	67

5－7　分地区全国实行离退休人员医疗费用统筹基本情况

（1993）

单位：万元

地　区	离　退 休人员 人数(人)	基金收入			基金支出				期末 结余
		合　计	征集收入	其　他	合　计	医　疗 费　用	管　理 服务费	其　他	
全国总计	225182	3786	3748	38	3858	3443	46	369	1885
北　京									
天　津									
河　北	36313	1289	1289	0	1284	1284	0	0	1772
山　西	18183	121	121	0	43	38	5	0	154
内蒙古	2014	104	76	18	103	103	0	0	1
辽　宁	29025	191	191	0	165	160	5	0	26
吉　林									
黑龙江									
上　海									
江　苏	3116	23	23	0	76	75	1	0	－46
浙　江	0	0	0	0	0	0	0	0	0
安　徽	1600	11	11	0	19	19	0	0	－6
福　建	14147	155	148	7	123	115	8	0	58
江　西	21089	18	18	0	19	19	0	0	6
山　东	19656	250	250	0	309	294	5	10	－42
河　南	39112	845	842	3	958	946	0	12	－96
湖　北	11362	400	390	10	361	1	15	345	66
湖　南	12438	303	303	0	288	281	7	0	26
广　东									
广　西	1375	22	22	0	34	32	0	2	－12
海　南									
四　川									
贵　州	899	4	4	0	9	9	0	0	－5
云　南									
西　藏									
陕　西									
甘　肃	1711	1	1	0	0	0	0	0	1
青　海	640	44	44	0	64	64	0	0	－20
宁　夏	137	5	5	0	3	3	0	0	2
新　疆									
新疆兵团									

5—8 分地区全国实行离退休人员医疗费用统筹基本情况

(1994)

单位:万元

地区	离退休人员人数(人)	基金收入			基金支出				期末结余
		合计	征集收入	其他	合计	医疗费用	管理服务费	其他	
全国总计	257408	5762	5734	28	7486	7331	161	14	672
北京									
天津									
河北	77301	1485	1482	3	3123	3077	46	0	134
山西	49395	244	244	0	80	72	8	0	318
内蒙古	2113	30	30	0	31	31	0	0	0
辽宁	10412	240	240	0	239	231	4	4	100
吉林	43594	311	309	2	217	199	14	4	94
黑龙江									
上海									
江苏	18817	146	146	0	192	187	4	1	—92
浙江	231	22	22	0	0	0	0	0	22
安徽	1932	9	9	0	12	12	0	0	—9
福建	5725	173	168	5	189	180	9	0	42
江西	24938	24	24	0	21	17	2	2	9
山东	39635	885	878	7	884	868	14	2	—41
河南	45822	1169	1164	5	1534	1508	26	0	—34
湖北	13989	480	476	4	467	446	20	1	72
湖南	20889	442	440	2	411	400	11	0	57
广东	0	0	0	0	0	0	0	0	0
广西	1073	52	52	0	28	25	3	0	31
海南									
四川									
贵州	893	5	5	0	10	10	0	0	—10
云南	57	3	3	0	0	0	0	0	3
西藏									
陕西									
甘肃									
青海	654	38	38	0	45	45	0	0	—27
宁夏	138	4	4	0	3	3	0	0	3
新疆									
新疆兵团									

5—9 分地区全国实行离退休人员医疗费用统筹基本情况

(1995)

单位:万元

地区	离退休人员人数(人)	基金收入			基金支出				期末结余
		合计	征集收入	其他	合计	医疗费用	管理服务费	其他	
全国总计	432560	12725	12265	460	11594	11131	348	115	1941
北京									
天津									
河北	38967	2367	2360	7	1998	1925	73	0	503
山西	78518	445	442	3	385	370	14	1	378
内蒙古	2509	223	220	3	186	184	2	0	37
辽宁	12184	248	244	4	248	200	3	45	101
吉林	64286	354	349	5	315	250	42	23	133
黑龙江	3640	19	19	0	16	16	0	0	3
上海									
江苏	18269	547	535	12	417	398	17	2	38
浙江	23670	3291	2943	348	2963	2889	74	0	350
安徽	1932	9	9	0	19	19	0	0	—19
福建	7115	234	233	1	204	195	9	0	72
江西	15361	99	98	1	117	113	0	4	—9
山东	53922	1471	1455	16	1411	1384	25	2	19
河南	42448	1878	1865	14	1838	1790	41	7	126
湖北	21356	643	641	2	648	624	23	1	62
湖南	22095	682	658	24	700	666	17	17	39
广东									
广西	11964	110	110	0	70	56	6	8	90
海南									
四川									
贵州	893	10	10	0	0	0	0	0	0
云南	53	19	19	0	8	1	2	5	14
西藏									
陕西									
甘肃	3502	13	13	0	6	6	0	0	10
青海	732	58	38	20	42	42	0	0	—11
宁夏	144	5	5	0	3	3	0	0	5
新疆									
新疆兵团									

5—10 分地区全国实行离退休人员医疗费用统筹基本情况

(1996)

单位:万元

地区	离退休人员人数(人)	基金收入			基金支出				期末结余
		合计	征集收入	其他	合计	医疗费用	管理服务费	其他	
全国总计	644715	13055	12751	304	15019	14624	313	82	67
北京									
天津									
河北	39736	2731	2668	63	2535	2439	91	5	699
山西	74007	489	487	2	874	856	18	0	—7
内蒙古	2534	228	209	19	222	222	0	0	43
辽宁	11038	289	288	1	214	196	5	13	176
吉林	76903	271	269	2	380	363	16	1	24
黑龙江	1413	17	17	0	34	34	0	0	—14
上海									
江苏	22305	684	633	51	1172	1172	0	0	—450
浙江	5247	235	185	50	117	101	16	0	468
安徽	1935	11	11	0	26	26	0	0	—34
福建	9574	404	391	13	318	300	18	0	158
江西	18736	82	67	15	34	30	4	0	39
山东	211115	3452	3441	11	4428	4421	7	0	—878
河南	79301	2276	2253	23	2632	2579	53	0	—230
湖北	42077	815	791	24	896	835	61	0	—19
湖南	35171	811	785	26	856	782	19	55	—6
广东									
广西	4450	135	131	4	158	146	4	8	67
海南									
四川									
贵州									
云南	107	18	18	0	10	10	0	0	22
西藏									
陕西									
甘肃	8922	104	104	0	111	110	1	0	3
青海									
宁夏	144	3	3	0	2	2	0	0	6
新疆									
新疆兵团									

6. 社会保险管理机构

6—1 全国地方各级社会保险管理机构基本情况

(1993)

单位:人

级别	机构数(个)	实有人员数	#财会人员	比重(%)	#统计人员	比重(%)	#计算机人员	比重(%)	计算机台数(台)
总计	3400	35262	9205	26.2	3053	8.7	1482	4.2	2325
一、省级	31	1411	250	17.7	93	6.6	68	4.8	129
二、地、市级	428	9823	2055	20.9	645	6.6	562	5.7	989
三、县(市、区)级	2941	24028	6900	28.7	2315	9.6	852	3.5	1207

6—2 分地区全国地方社会保险管理机构基本情况

(1993)

单位:人

地区	机构数(个)	实有人员数	#财会人员	比重(%)	#统计人员	比重(%)	#计算机人员	比重(%)	计算机台数(台)
全国总计	3400	35262	9205	26.1	3053	8.7	1482	4.2	2325
北京	20	209	50	23.9	91	43.5	24	11.5	25
天津	19	405	133	32.8	31	7.7	35	8.6	31
河北	185	2267	487	21.5	289	12.7	72	3.2	97
山西	128	1492	291	19.5	153	10.3	26	1.7	69
内蒙古	187	1051	339	32.3	140	13.3	18	1.7	27
辽宁	97	2089	403	19.3	79	3.8	65	3.1	131
吉林	51	1709	259	15.2	30	1.8	16	0.9	15
黑龙江	487	2897	1047	36.1	394	13.6	92	3.2	110
上海	22	612	110	18.0	48	7.8	25	4.1	41
江苏	94	1310	280	21.4	72	5.5	32	2.4	70
浙江	99	1116	298	26.7	44	3.9	67	6.0	98
安徽	89	572	193	33.7	67	11.7	13	2.3	12
福建	78	741	176	23.8	77	10.4	16	2.2	25
江西	113	1319	296	22.4	179	13.6	42	3.2	59
山东	158	2228	545	24.5	164	7.4	145	6.5	224
河南	153	1934	597	30.9	168	8.7	61	3.2	73
湖北	94	1691	304	18.0	69	4.1	57	3.4	74
湖南	129	1247	290	23.3	123	9.9	100	8.0	148
广东	164	1730	416	24.0	53	3.1	193	11.2	281
广西	100	775	245	31.6	38	4.9	28	3.6	125
海南	25	422	70	16.6	19	4.5	5	1.2	9
四川	245	2864	616	21.5	210	7.3	166	5.8	278
贵州	101	412	202	49.0	100	24.3	10	2.4	26
云南	150	1118	386	34.5	135	12.1	36	3.2	67
西藏	9	64	21	32.8	4	6.3	0	0.0	3
陕西	125	1407	445	31.6	125	8.9	86	6.1	104
甘肃	102	748	272	36.4	96	12.8	2	0.3	4
青海	55	235	124	52.8	25	10.6	3	1.3	14
宁夏	23	175	53	30.3	41	23.4	16	9.1	18
新疆	104	561	280	49.9	74	13.2	47	8.4	59
新疆兵团	14	71	27	38.0	6	8.5	8	11.3	33

6—3 1993年全国地方各级社会保险管理机构人员构成情况

（以合计数为100）

单位:%

项 目	合 计	省 级	地、市级	县(市、区)级
一、按文化程度分				
合计	100.00	100.00	100.00	100.00
	100.00	4.05	27.91	68.04
大专及以上	36.01	43.99	52.89	28.62
	100.00	4.95	40.99	54.06
高中	53.18	54.35	40.81	58.19
	100.00	4.14	21.42	74.44
初中及以下	10.81	1.66	6.30	13.19
	100.00	0.63	16.29	83.08
二、按技术职称分				
合计	100.00	100.00	100.00	100.00
	100.00	4.05	27.91	68.04
高级职称	0.04	2.39	0.83	0.10
	100.00	24.44	58.52	17.04
中级职称	12.60	21.52	19.86	9.09
	100.00	6.92	44.00	49.08
初级职称	38.15	28.62	43.05	36.70
	100.00	3.04	31.50	65.46
其他	48.85	47.47	36.26	54.11
	100.00	3.94	20.71	75.35

注:本表纵向以下方数合计为100,横向以下方数合计为100。

6—4 1993年分地区全国地方社会保险管理机构人员文化构成情况

（以合计数为100）

单位：%

地　　区	合　　计	大专及以上	高　　中	初中及以下
全国总计	100.00	36.01	53.18	10.81
北　　京	100.00	48.80	47.37	3.83
天　　津	100.00	44.69	49.63	5.68
河　　北	100.00	30.36	58.65	10.99
山　　西	100.00	21.85	58.78	19.37
内 蒙 古	100.00	31.40	54.90	13.70
辽　　宁	100.00	55.77	32.63	11.60
吉　　林	100.00	45.58	47.40	7.02
黑 龙 江	100.00	48.64	37.76	13.60
上　　海	100.00	10.46	89.05	0.49
江　　苏	100.00	37.48	57.94	4.58
浙　　江	100.00	31.90	60.48	7.62
安　　徽	100.00	37.24	52.79	9.97
福　　建	100.00	26.23	61.42	12.35
江　　西	100.00	28.01	56.61	15.38
山　　东	100.00	39.87	53.91	6.22
河　　南	100.00	34.83	57.20	7.97
湖　　北	100.00	36.37	48.67	14.96
湖　　南	100.00	56.13	34.52	9.35
广　　东	100.00	35.34	64.66	0.00
广　　西	100.00	21.94	64.64	13.42
海　　南	100.00	38.19	51.45	10.36
四　　川	100.00	32.24	54.01	13.75
贵　　州	100.00	30.34	57.77	11.89
云　　南	100.00	18.91	60.58	20.51
西　　藏	100.00	23.44	51.56	25.00
陕　　西	100.00	28.78	57.16	14.06
甘　　肃	100.00	21.74	60.46	17.80
青　　海	100.00	21.28	69.36	9.36
宁　　夏	100.00	41.71	49.15	9.14
新　　疆	100.00	48.13	46.70	5.17
新疆兵团	100.00	38.03	46.48	15.49

6—5 1993年分地区全国地方社会保险管理机构人员技术构成情况

(以合计数为100)

单位:%

地区	合计	高级职称	中级职称	初级职称	其他
全国总计	100.00	0.40	12.60	38.15	48.85
北京	100.00	0.48	5.26	39.23	55.03
天津	100.00	0.25	12.35	38.02	49.38
河北	100.00	0.14	12.31	41.07	46.48
山西	100.00	0.34	11.66	36.60	51.40
内蒙古	100.00	0.48	12.94	37.49	40.09
辽宁	100.00	1.51	19.42	53.18	25.89
吉林	100.00	0.41	12.29	39.67	47.63
黑龙江	100.00	0.14	19.50	21.99	58.37
上海	100.00	0.65	13.89	29.08	56.38
江苏	100.00	0.69	13.05	47.33	38.93
浙江	100.00	0.00	15.14	42.83	42.03
安徽	100.00	0.87	13.81	43.71	41.61
福建	100.00	0.15	4.32	54.32	41.21
江西	100.00	0.00	8.88	37.87	53.25
山东	100.00	0.32	17.42	47.14	35.12
河南	100.00	0.11	9.71	40.11	50.07
湖北	100.00	0.95	18.98	37.14	42.93
湖南	100.00	0.16	8.39	49.11	42.34
广东	100.00	0.38	6.03	31.89	61.70
广西	100.00	0.13	18.58	51.48	29.81
海南	100.00	0.65	10.36	29.77	59.22
四川	100.00	0.35	9.38	31.27	59.00
贵州	100.00	0.49	5.58	25.49	68.44
云南	100.00	0.56	4.99	36.50	57.95
西藏	100.00	0.00	20.31	40.63	39.06
陕西	100.00	0.49	8.18	24.69	66.64
甘肃	100.00	0.00	6.79	24.46	68.75
青海	100.00	0.43	9.36	48.09	42.12
宁夏	100.00	0.00	12.57	34.29	53.14
新疆	100.00	0.18	14.44	46.35	39.03
新疆兵团	100.00	0.00	28.17	53.52	18.31

6—6 1993年分地区地方省级社会保险管理机构人员文化构成情况

（以合计数为100）　　单位：%

地　区	合　计	大专及以上	高　中	初中及以下
全国总计	100.00	43.99	54.35	1.66
北　京	100.00	64.71	32.35	2.94
天　津	100.00	70.69	27.59	1.72
河　北	100.00	95.24	4.76	0.00
山　西	100.00	53.57	46.43	0.00
内蒙古	100.00	80.00	20.00	0.00
辽　宁	100.00	78.26	21.74	0.00
吉　林	100.00	84.71	14.11	1.18
黑龙江	100.00	88.24	11.76	0.00
上　海	100.00	10.46	89.05	0.49
江　苏	100.00	54.05	40.54	5.41
浙　江	100.00	100.00	0.00	0.00
安　徽	100.00	81.82	18.18	0.00
福　建	100.00	68.00	32.00	0.00
江　西	100.00	100.00	0.00	0.00
山　东	100.00	90.48	9.52	0.00
河　南	100.00	82.35	17.65	0.00
湖　北	100.00	82.35	17.65	0.00
湖　南	100.00	84.21	15.79	0.00
广　东	100.00	60.00	40.00	0.00
广　西	100.00	60.87	39.13	0.00
海　南	100.00	57.81	39.06	3.13
四　川	100.00	53.33	37.78	8.89
贵　州	100.00	60.00	40.00	0.00
云　南	100.00	88.89	11.11	0.00
西　藏	100.00	34.78	34.79	30.43
陕　西	100.00	63.16	36.84	0.00
甘　肃	100.00	84.62	15.38	0.00
青　海	100.00	55.56	33.33	11.11
宁　夏	100.00	78.57	14.29	7.14
新　疆	100.00	50.00	50.00	0.00
新疆兵团	100.00	60.00	40.00	0.00

6—7 1993年分地区地方省级社会保险管理机构人员技术构成情况

（以合计数为100）　　单位:%

地区	合计	高级职称	中级职称	初级职称	其他
全国总计	100.00	2.39	21.52	28.62	47.47
北京	100.00	2.94	23.53	26.47	47.06
天津	100.00	1.72	29.31	32.76	36.21
河北	100.00	4.76	66.67	19.05	9.52
山西	100.00	0.00	17.86	39.29	42.85
内蒙古	100.00	6.67	40.00	53.33	0.00
辽宁	100.00	13.04	4.35	65.22	17.39
吉林	100.00	4.71	25.88	32.94	36.47
黑龙江	100.00	5.88	58.82	11.76	23.54
上海	100.00	0.65	13.89	29.08	56.38
江苏	100.00	10.81	18.92	40.54	29.73
浙江	100.00	0.00	33.33	25.00	41.67
安徽	100.00	18.18	27.27	45.45	9.10
福建	100.00	0.00	16.00	52.00	32.00
江西	100.00	0.00	29.17	37.50	33.33
山东	100.00	14.29	38.10	38.10	9.51
河南	100.00	0.00	0.00	0.00	100.00
湖北	100.00	0.00	41.18	41.18	17.64
湖南	100.00	5.26	26.32	21.05	47.37
广东	100.00	1.82	10.91	12.73	74.54
广西	100.00	4.35	47.83	26.09	21.73
海南	100.00	3.13	23.44	31.25	42.18
四川	100.00	0.00	53.33	0.00	46.67
贵州	100.00	0.00	20.00	0.00	80.00
云南	100.00	5.56	16.67	22.22	55.55
西藏	100.00	0.00	4.35	30.43	65.22
陕西	100.00	0.00	36.84	31.58	31.58
甘肃	100.00	0.00	0.00	0.00	100.00
青海	100.00	11.11	11.11	11.11	66.67
宁夏	100.00	0.00	50.00	21.43	28.57
新疆	100.00	16.67	66.67	16.66	0.00
新疆兵团	100.00	0.00	60.00	40.00	0.00

6—8 1993年分地区地方省级社会保险管理机构人员文化构成情况

（以合计数为100） 单位：%

地 区	合 计	大专及以上	高 中	初中及以下
全国总计	100.00	52.89	40.81	6.30
北 京	100.00	45.71	50.29	4.00
天 津	100.00	40.35	53.31	6.34
河 北	100.00	50.85	42.16	6.99
山 西	100.00	25.00	65.11	9.89
内 蒙 古	100.00	39.27	53.14	7.59
辽 宁	100.00	75.10	15.59	9.31
吉 林	100.00	52.03	43.75	4.22
黑 龙 江	100.00	86.12	11.68	2.20
上 海				
江 苏	100.00	42.89	54.99	2.12
浙 江	100.00	45.97	44.35	9.68
安 徽	100.00	51.30	42.86	5.84
福 建	100.00	45.21	45.75	9.04
江 西	100.00	40.00	48.33	11.67
山 东	100.00	59.86	36.53	3.61
河 南	100.00	46.30	49.05	4.65
湖 北	100.00	50.35	42.03	7.62
湖 南	100.00	69.96	20.88	9.16
广 东	100.00	41.49	58.51	0.00
广 西	100.00	34.22	59.36	6.42
海 南	100.00	41.82	47.27	10.91
四 川	100.00	46.82	45.61	7.57
贵 州	100.00	43.12	43.12	13.76
云 南	100.00	33.94	48.48	17.58
西 藏	100.00	17.07	60.98	21.95
陕 西	100.00	55.91	39.54	4.55
甘 肃	100.00	36.07	55.73	8.20
青 海	100.00	34.72	50.00	15.28
宁 夏	100.00	48.33	43.34	8.33
新 疆	100.00	87.25	11.77	0.98
新疆兵团	100.00	36.36	46.97	16.67

6—9 1993年分地区地方地市级社会保险管理机构人员技术构成情况

（以合计数为100） 单位：%

地区	合计	高级职称	中级职称	初级职称	其他
全国总计	100.00	0.83	19.86	43.05	36.26
北京	100.00	0.00	1.71	41.71	56.58
天津	100.00	0.00	9.51	38.90	51.59
河北	100.00	0.40	23.09	39.83	36.66
山西	100.00	1.37	16.21	38.19	44.23
内蒙古	100.00	1.32	16.17	45.87	36.64
辽宁	100.00	2.62	24.16	57.11	16.11
吉林	100.00	0.51	16.72	45.61	37.16
黑龙江	100.00	0.33	37.67	41.74	20.26
上海					
江苏	100.00	1.06	11.46	44.16	43.32
浙江	100.00	0.00	28.23	50.40	21.37
安徽	100.00	0.00	12.34	50.65	37.01
福建	100.00	0.00	7.45	55.85	36.70
江西	100.00	0.00	17.78	42.78	39.44
山东	100.00	0.72	28.61	40.87	29.80
河南	100.00	0.21	17.12	46.72	35.95
湖北	100.00	2.31	24.25	41.80	31.64
湖南	100.00	0.00	20.15	57.51	22.34
广东	100.00	0.56	7.88	29.82	61.74
广西	100.00	0.00	24.60	56.68	18.72
海南	100.00	0.00	7.27	32.73	60.00
四川	100.00	0.69	14.46	28.74	56.11
贵州	100.00	1.83	16.51	40.37	41.29
云南	100.00	3.03	13.94	41.21	41.82
西藏	100.00	0.00	29.27	46.34	24.39
陕西	100.00	1.36	22.73	33.64	42.27
甘肃	100.00	0.00	15.85	34.43	49.72
青海	100.00	0.00	16.67	58.33	25.00
宁夏	100.00	0.00	13.33	43.33	43.34
新疆	100.00	0.00	53.92	25.49	20.59
新疆兵团	100.00	0.00	25.76	54.55	19.69

6—10 全国地方各级社会保险管理机构基本情况

(1994)

单位：人

级别	机构数(个)	实有人员数	#财会人员	比重(%)	#统计人员	比重(%)	#计算机人员	比重(%)	计算机台数(台)
总计	3305	38988	9479	24.3	3055	7.8	1895	4.9	3490
省级	30	910	145	15.9	48	5.3	49	5.4	119
地、市级	540	10915	2276	20.9	713	6.5	582	5.3	1486
县(市、区)级	2735	27163	7058	26.0	2294	8.4	1264	4.7	1885

6—11 分地区全国地方社会保险管理机构基本情况

(1994)

单位：人

地区	机构数(个)	实有人员数	#财会人员	比重(%)	#统计人员	比重(%)	#计算机人员	比重(%)	计算机台数(台)
全国总计	3305	38988	9479	24.3	3055	7.8	1895	4.9	3490
北京	19	209	50	23.9	91	43.5	24	11.5	25
天津	19	495	133	26.9	31	6.3	35	7.1	150
河北	185	2569	553	21.5	298	11.6	108	4.2	132
山西	128	1621	280	17.3	163	10.1	36	2.2	73
内蒙古	113	993	313	31.5	154	15.5	23	2.3	30
辽宁	101	2888	582	20.2	75	2.6	89	3.1	205
吉林	52	1893	281	14.8	53	2.8	5	0.3	14
黑龙江	426	2780	785	28.2	215	7.7	107	3.8	165
上海	22	794	114	14.4	25	3.1	50	6.3	66
江苏	106	1533	313	20.4	71	4.6	58	3.8	101
浙江	95	1286	294	22.9	45	3.5	79	6.1	127
安徽	89	691	213	30.8	73	10.6	28	4.1	81
福建	78	763	183	24.0	76	10.0	19	2.5	29
江西	114	1407	311	22.1	169	12.0	49	3.5	80
山东	160	2459	660	26.8	162	6.6	173	7.0	317
河南	161	2138	634	29.7	205	9.6	93	4.3	108
湖北	98	1757	274	15.6	86	4.9	63	3.6	103
湖南	136	1307	314	24.0	124	9.5	120	9.2	169
广东	149	2132	386	18.1	67	3.1	179	8.4	432
广西	103	848	248	29.2	48	5.7	99	11.7	186
海南	24	476	72	15.1	20	4.2	9	1.9	27
四川	247	2995	635	21.2	210	7.0	202	6.7	324
贵州	98	423	210	49.6	98	23.2	12	2.8	31
云南	149	1188	415	34.9	135	11.4	58	4.9	97
西藏	9	66	20	30.3	5	7.6	0	0.0	3
陕西	119	1362	450	33.0	120	8.8	82	6.0	102
甘肃	102	771	268	34.8	90	11.7	9	1.2	8
青海	55	247	120	48.6	33	13.4	14	5.7	19
宁夏	23	185	53	28.6	17	9.2	26	14.1	66
新疆	111	634	287	45.3	73	11.5	47	7.4	184
新疆兵团	14	78	28	35.9	8	10.3	8	10.3	76

6—12　1994年全国地方社会保险管理机构人员构成情况

（以合计数为100）　　　　　　　　　　　　单位：%

项　目	合　计	省　级	地、市级	县(市、区)级
一、按文化程度分				
合　计	100.00	100.00	100.00	100.00
	100.00	2.35	29.54	68.11
大专以上	37.78	73.41	49.58	31.42
	100.00	4.57	38.78	56.65
高　中	51.55	21.45	43.56	56.06
	100.00	0.98	24.96	74.06
初中及以下	10.67	5.14	6.86	12.52
	100.00	1.13	18.99	79.88
二、按技术职称分				
合　计	100.00	100.00	100.00	100.00
	100.00	2.35	29.54	68.11
高级职称	0.71	3.46	1.09	0.46
	100.00	11.44	45.02	43.54
中级职称	14.42	31.40	20.84	11.05
	100.00	5.12	42.70	52.18
初级职称	37.81	25.25	37.44	38.41
	100.00	1.57	29.26	69.17
其　他	47.06	39.89	40.63	50.08
	100.00	1.99	25.51	72.50

注：本表纵向以上方数合计为100，横向以下方数合计为100。

6—13 1994年分地区全国地方社会保险管理机构人员文化构成情况

(以合计数为100)　　单位:%

地区	合计	大专及以上	高中	初中及以下
全国总计	100.00	37.78	51.55	10.67
北京	100.00	48.80	47.37	3.83
天津	100.00	46.67	48.69	4.64
河北	100.00	31.14	57.88	10.98
山西	100.00	25.72	58.02	16.26
内蒙古	100.00	33.40	57.87	8.73
辽宁	100.00	50.25	37.83	11.92
吉林	100.00	45.59	46.59	7.82
黑龙江	100.00	42.91	36.94	20.15
上海	100.00	40.81	53.78	5.41
江苏	100.00	37.44	54.34	8.22
浙江	100.00	33.13	60.26	6.61
安徽	100.00	43.85	47.61	8.54
福建	100.00	26.49	61.76	11.75
江西	100.00	30.03	55.71	14.26
山东	100.00	42.27	51.79	5.94
河南	100.00	42.03	50.87	7.10
湖北	100.00	38.36	52.36	9.28
湖南	100.00	58.78	31.43	9.79
广东	100.00	38.04	61.96	0.00
广西	100.00	22.41	65.57	12.02
海南	100.00	35.95	49.02	15.03
四川	100.00	33.38	53.68	12.94
贵州	100.00	26.48	64.54	8.98
云南	100.00	20.36	60.57	19.07
西藏	100.00	22.73	50.00	27.27
陕西	100.00	31.28	50.95	17.77
甘肃	100.00	28.92	55.64	15.44
青海	100.00	20.65	70.45	8.90
宁夏	100.00	42.70	47.03	10.27
新疆	100.00	47.79	47.63	4.58
新疆兵团	100.00	42.31	46.15	11.54

6—14 1994年分地区全国地方社会保险管理机构人员技术构成情况

（以合计数为100） 单位：%

地区	合计	高级职称	中级职称	初级职称	其他
全国总计	100.00	0.71	14.42	37.81	47.06
北京	100.00	0.48	5.26	39.23	55.03
天津	100.00	0.20	10.10	31.11	58.59
河北	100.00	0.27	17.17	39.51	43.05
山西	100.00	0.28	11.42	32.31	55.99
内蒙古	100.00	0.77	13.05	32.44	53.74
辽宁	100.00	0.78	19.73	39.46	40.03
吉林	100.00	1.16	18.07	42.05	38.72
黑龙江	100.00	1.15	16.33	37.48	45.04
上海	100.00	0.25	10.71	34.76	54.28
江苏	100.00	0.65	19.57	46.64	33.14
浙江	100.00	0.08	15.47	47.12	37.33
安徽	100.00	1.16	15.05	40.81	42.98
福建	100.00	0.15	5.21	53.13	41.51
江西	100.00	0.00	9.48	37.56	52.96
山东	100.00	1.03	20.82	43.22	34.93
河南	100.00	0.28	10.97	36.74	52.01
湖北	100.00	0.68	26.58	36.82	35.92
湖南	100.00	0.31	10.74	46.94	42.01
广东	100.00	0.52	7.55	29.36	62.57
广西	100.00	0.12	22.17	48.11	29.60
海南	100.00	0.44	8.50	23.97	67.09
四川	100.00	0.43	11.99	30.96	56.62
贵州	100.00	0.71	4.96	22.46	71.87
云南	100.00	0.43	5.46	34.40	59.71
西藏	100.00	0.00	22.73	36.36	40.91
陕西	100.00	0.29	7.93	34.14	57.64
甘肃	100.00	8.17	7.39	19.46	64.98
青海	100.00	0.40	12.96	37.25	49.39
宁夏	100.00	1.62	18.92	36.76	42.70
新疆	100.00	0.00	14.20	50.32	35.48
新疆兵团	100.00	0.00	25.64	52.56	21.80

6—15 1994年分地区地方省级社会保险管理机构人员文化构成情况

（以合计数为100）

单位：%

地 区	合 计	大专及以上	高 中	初中及以下
全国总计	100.00	73.41	21.45	5.14
北 京	100.00	64.71	32.35	2.94
天 津	100.00	70.69	27.59	1.72
河 北	100.00	92.86	7.14	0.00
山 西	100.00	55.17	44.83	0.00
内 蒙 古	100.00	80.00	20.00	0.00
辽 宁	100.00	92.59	3.71	3.70
吉 林	100.00	82.95	15.91	1.14
黑 龙 江	100.00	93.75	6.25	0.00
上 海	100.00	83.33	16.67	0.00
江 苏	100.00	56.52	34.78	8.70
浙 江	100.00	100.00	0.00	0.00
安 徽	100.00	85.71	14.29	0.00
福 建	100.00	69.23	30.77	0.00
江 西	100.00	100.00	0.00	0.00
山 东	100.00	90.48	9.52	0.00
河 南	100.00	83.33	16.67	0.00
湖 北	100.00	78.26	21.74	0.00
湖 南	100.00	94.44	5.56	0.00
广 东	100.00	63.24	36.76	0.00
广 西	100.00	53.57	39.29	7.14
海 南	100.00	60.76	10.13	29.11
四 川	100.00	53.06	40.82	6.12
贵 州	100.00	75.00	25.00	0.00
云 南	100.00	86.96	13.04	0.00
西 藏	100.00	33.33	33.34	33.33
陕 西	100.00	70.00	25.00	5.00
甘 肃	100.00	100.00	0.00	0.00
青 海	100.00	66.67	22.22	11.11
宁 夏	100.00	75.00	12.50	12.50
新 疆	100.00	50.00	50.00	0.00
新疆兵团	100.00	60.00	40.00	0.00

6—16 1994年分地区地方省级社会保险管理机构人员技术构成情况

（以合计数为100）

单位：%

地区	合计	高级职称	中级职称	初级职称	其他
全国总计	100.00	3.46	31.40	25.25	39.89
北京	100.00	2.94	23.53	26.47	47.06
天津	100.00	1.72	29.31	32.76	36.21
河北	100.00	3.57	46.43	32.14	17.86
山西	100.00	0.00	17.24	41.38	41.38
内蒙古	100.00	6.67	40.00	53.33	0.00
辽宁	100.00	7.41	37.04	22.22	33.33
吉林	100.00	10.23	36.36	37.50	15.91
黑龙江	100.00	6.25	50.00	31.25	12.50
上海	100.00	3.33	48.33	28.33	20.01
江苏	100.00	0.00	52.17	21.74	26.09
浙江	100.00	0.00	33.33	25.00	41.67
安徽	100.00	14.29	28.57	42.86	14.28
福建	100.00	0.00	15.38	53.85	30.77
江西	100.00	0.00	33.33	16.67	50.00
山东	100.00	14.29	38.10	38.10	9.51
河南	100.00	0.00	0.00	0.00	100.00
湖北	100.00	0.00	34.78	30.43	34.79
湖南	100.00	5.56	27.78	22.22	44.44
广东	100.00	1.47	16.18	5.88	76.47
广西	100.00	3.57	53.57	21.43	21.43
海南	100.00	2.53	22.78	20.25	54.44
四川	100.00	0.00	51.02	14.29	34.69
贵州	100.00	0.00	0.00	0.00	100.00
云南	100.00	4.35	17.39	17.39	60.87
西藏	100.00	0.00	12.50	20.83	66.67
陕西	100.00	5.00	30.00	30.00	35.00
甘肃	100.00	0.00	0.00	0.00	100.00
青海	100.00	11.11	11.11	11.11	66.67
宁夏	100.00	0.00	50.00	25.00	25.00
新疆	100.00	0.00	66.67	16.67	16.66
新疆兵团	100.00	0.00	60.00	40.00	0.00

6—17 1994年分地区地方地市级社会保险管理机构人员文化构成情况

（以合计数为100）　　单位：%

地　　区	合　　计	大专及以上	高　　中	初中及以下
全国总计	100.00	49.58	43.56	6.86
北　　京	100.00	45.71	50.29	4.00
天　　津	100.00	43.48	51.49	5.03
河　　北	100.00	51.48	45.00	3.52
山　　西	100.00	34.07	57.14	8.79
内 蒙 古	100.00	40.89	53.94	5.17
辽　　宁	100.00	56.65	34.58	8.77
吉　　林	100.00	52.03	43.75	4.22
黑 龙 江	100.00	44.94	42.67	12.39
上　　海				
江　　苏	100.00	53.90	37.08	9.02
浙　　江	100.00	50.00	41.67	8.33
安　　徽	100.00	58.14	36.74	5.12
福　　建	100.00	45.78	48.20	6.02
江　　西	100.00	46.11	47.67	6.22
山　　东	100.00	62.69	35.32	1.99
河　　南	100.00	54.85	40.20	4.95
湖　　北	100.00	52.58	38.88	8.54
湖　　南	100.00	71.90	21.53	6.57
广　　东	100.00	45.26	54.74	0.00
广　　西	100.00	31.11	60.89	8.00
海　　南	100.00	29.05	60.81	10.14
四　　川	100.00	46.07	48.69	5.24
贵　　州	100.00	41.84	53.06	5.10
云　　南	100.00	36.78	47.13	16.09
西　　藏	100.00	16.67	59.52	23.81
陕　　西	100.00	58.95	33.63	7.42
甘　　肃	100.00	35.06	57.47	7.47
青　　海	100.00	23.08	61.54	15.38
宁　　夏	100.00	45.31	48.44	6.25
新　　疆	100.00	89.92	9.30	0.78
新疆兵团	100.00	41.10	46.57	12.33

6—18 1994年分地区地方地市级社会保险管理机构人员技术构成情况

（以合计数为100） 单位:%

地区	合计	高级职称	中级职称	初级职称	其他
全国总计	100.00	1.09	20.84	37.44	40.63
北京	100.00	0.00	1.71	41.71	56.58
天津	100.00	0.00	7.55	30.89	61.56
河北	100.00	0.93	32.59	36.30	30.18
山西	100.00	0.55	16.76	33.52	49.17
内蒙古	100.00	1.48	19.95	35.22	43.35
辽宁	100.00	1.15	23.22	38.19	37.44
吉林	100.00	0.51	16.72	45.61	37.16
黑龙江	100.00	2.09	22.34	32.90	42.67
上海					
江苏	100.00	0.98	23.66	48.78	26.58
浙江	100.00	0.00	27.78	53.13	19.09
安徽	100.00	1.40	17.21	42.79	38.60
福建	100.00	0.00	9.64	54.82	35.54
江西	100.00	0.00	19.17	47.15	33.68
山东	100.00	2.87	35.32	32.23	29.58
河南	100.00	0.40	19.21	41.98	38.41
湖北	100.00	2.02	33.03	37.53	27.42
湖南	100.00	0.00	25.18	50.36	24.46
广东	100.00	0.50	10.35	27.56	61.59
广西	100.00	0.00	25.78	48.89	25.33
海南	100.00	0.00	4.05	16.22	79.73
四川	100.00	1.39	16.33	27.43	54.85
贵州	100.00	2.04	13.27	36.73	47.96
云南	100.00	2.30	10.92	44.83	41.95
西藏	100.00	0.00	28.57	45.24	26.19
陕西	100.00	1.31	22.27	41.48	34.94
甘肃	100.00	4.02	18.39	21.84	55.75
青海	100.00	0.00	21.79	43.59	34.62
宁夏	100.00	3.13	15.63	39.06	42.18
新疆	100.00	0.00	49.61	30.23	20.16
新疆兵团	100.00	0.00	23.29	53.42	23.29

6—19　全国地方各级社会保险管理机构基本情况

（1994）

单位：人

级　别	机构数（个）	实　有人员数	#财会人员	比重（%）	#统计人员	比重（%）	#计算机人　员	比重（%）	计算机台数（台）
总　计	3298	43155	9453	21.9	3049	7.1	2583	6.0	5170
省　级	31	1089	165	15.2	53	4.9	67	6.2	166
地、市级	460	12423	2115	17.7	597	4.8	812	6.5	2411
县（市、区）级	2807	29643	7093	23.9	2399	8.1	1704	5.7	2593

6—20　分地区全国地方社会保险管理机构基本情况

（1995）

单位：人

地　区	机构数（个）	实　有人员数	#财会人员	比重（%）	#统计人员	比重（%）	#计算机人　员	比重（%）	计算机台数（台）
全国总计	3298	43155	9453	21.9	3049	7.1	2583	6.0	5170
北　京	19	231	51	22.1	76	32.9	26	11.3	28
天　津	19	559	116	20.8	22	3.9	44	7.9	150
河　北	186	2756	563	20.4	294	10.7	164	6.0	202
山　西	128	1694	298	17.6	171	10.1	105	6.2	191
内蒙古	151	1258	329	26.2	122	9.7	49	3.9	56
辽　宁	103	3187	390	12.2	83	2.6	86	2.7	351
吉　林	52	2033	301	14.8	61	3.0	29	1.4	14
黑龙江	377	2970	806	27.1	161	5.4	1147	38.6	233
上　海	24	921	128	13.9	28	3.0	121	13.1	159
江　苏	107	1702	335	19.7	76	4.5	80	4.7	238
浙　江	96	1435	299	20.8	42	2.9	96	6.7	185
安　徽	85	843	222	26.3	73	8.7	58	6.9	93
福　建	78	795	186	23.4	77	9.7	37	4.7	56
江　西	115	1730	316	18.3	197	11.4	107	6.2	214
山　东	165	2651	588	22.2	153	5.8	196	7.4	360
河　南	162	2276	655	28.8	207	9.1	132	5.8	228
湖　北	95	1897	288	15.2	85	4.5	119	6.3	276
湖　南	137	1443	318	22.0	188	13.0	123	8.5	231
广　东	148	2800	457	16.3	82	2.9	206	7.4	596
广　西	99	860	229	26.6	41	4.8	114	13.3	219
海　南	24	544	79	14.5	21	3.9	17	3.1	47
四　川	257	3149	665	21.1	255	8.1	222	7.0	419
贵　州	101	460	214	46.5	44	9.6	20	4.3	35
云　南	149	1271	367	28.9	130	10.2	82	6.5	143
西　藏	9	71	26	36.6	6	8.5	0	0.0	3
陕　西	120	1406	434	30.9	118	8.4	74	5.3	118
甘　肃	99	1033	290	28.1	101	9.8	21	2.0	20
青　海	55	256	123	48.0	37	14.5	17	6.6	19
宁　夏	23	194	63	32.5	26	13.4	21	10.8	40
新　疆	101	637	290	45.5	64	10.0	60	9.4	162
新疆兵团	14	93	27	29.0	8	8.6	10	10.8	84

6—21 1995年全国地方社会保险管理机构人员构成情况

(以合计数为100)　　　　单位:%

项目	合计	省级	地、市级	县(市、区)级
一、按文化程度分				
合计	100.00	100.00	100.00	100.00
	100.00	2..69	30.34	66.97
大专以上	39.90	68.71	51.94	33.29
	100.00	4.63	39.50	55.87
高中	50.50	26.86	41.25	55.64
	100.00	1.43	24.78	73.79
初中及以下	9.60	4.43	6.81	11.07
	100.00	1.24	21.51	77.25
二、按技术职称分				
合计	100.00	100.00	100.00	100.00
	100.00	2.69	30.34	66.97
高级职称	0.82	3.90	1.38	0.45
	100.00	12.72	50.58	36.70
中级职称	16.33	31.47	21.89	13.21
	100.00	5.18	40.66	54.16
初级职称	36.46	25.09	37.41	36.49
	100.00	1.85	31.13	67.02
其他	46.39	39.54	39.32	49.85
	100.00	2.29	25.73	71.98

注:本表纵向以上方数合计为100,横向以下方数合计为100。

6—22 1995年分地区全国地方社会保险管理机构人员文化构成情况

（以合计数为100） 单位：%

地区	合计	大专及以上	高中	初中及以下
全国总计	100.00	39.90	50.50	9.60
北京	100.00	51.52	43.72	4.76
天津	100.00	47.23	48.83	32.94
河北	100.00	29.97	56.90	13.13
山西	100.00	27.42	57.57	15.01
内蒙古	100.00	36.56	54.14	9.30
辽宁	100.00	53.30	37.03	9.67
吉林	100.00	46.73	32.46	20.81
黑龙江	100.00	50.03	42.53	7.44
上海	100.00	41.37	53.31	5.32
江苏	100.00	55.17	37.19	7.64
浙江	100.00	33.13	60.34	6.53
安徽	100.00	44.13	48.16	7.71
福建	100.00	28.55	61.88	9.57
江西	100.00	29.26	57.99	12.75
山东	100.00	47.11	49.41	3.48
河南	100.00	46.35	48.02	5.63
湖北	100.00	39.38	51.29	9.33
湖南	100.00	58.16	34.74	7.10
广东	100.00	34.07	65.93	0.00
广西	100.00	24.53	65.94	9.53
海南	100.00	38.96	50.40	10.64
四川	100.00	32.40	54.51	13.09
贵州	100.00	32.17	59.79	8.04
云南	100.00	22.91	58.12	18.97
西藏	100.00	22.54	45.07	32.39
陕西	100.00	34.50	52.64	12.86
甘肃	100.00	22.19	60.37	17.44
青海	100.00	23.83	65.62	10.55
宁夏	100.00	46.39	45.36	8.25
新疆	100.00	46.47	46.15	7.38
新疆兵团	100.00	54.84	36.56	8.60

6—23　1995年分地区全国地方社会保险管理机构人员技术构成情况

(以合计数为100)　　　　单位:%

地区	合计	高级职称	中级职称	初级职称	其他
全国总计	100.00	0.82	16.33	36.46	46.39
北京	100.00	0.00	8.66	40.26	51.08
天津	100.00	1.43	12.34	31.31	54.92
河北	100.00	0.47	17.20	39.95	42.38
山西	100.00	0.39	12.79	32.11	54.71
内蒙古	100.00	0.55	14.42	29.87	55.16
辽宁	100.00	0.82	20.83	38.14	40.21
吉林	100.00	1.97	21.84	40.14	36.05
黑龙江	100.00	2.02	22.73	37.95	37.30
上海	100.00	0.65	22.48	47.88	28.99
江苏	100.00	0.94	22.15	42.36	34.55
浙江	100.00	0.16	15.40	47.12	37.32
安徽	100.00	1.90	17.79	39.86	40.45
福建	100.00	0.30	7.77	50.67	41.26
江西	100.00	0.08	12.90	33.31	53.71
山东	100.00	1.37	24.49	39.61	34.53
河南	100.00	0.40	12.32	35.78	51.50
湖北	100.00	0.84	28.15	37.48	33.53
湖南	100.00	0.42	13.57	40.86	45.15
广东	100.00	0.68	8.61	25.89	64.82
广西	100.00	0.47	21.63	48.60	29.30
海南	100.00	0.40	9.04	23.49	67.07
四川	100.00	0.66	11.64	30.50	57.20
贵州	100.00	1.52	6.74	23.70	68.04
云南	100.00	0.48	4.74	33.76	61.02
西藏	100.00	0.00	18.31	28.17	53.52
陕西	100.00	0.71	11.36	32.50	55.43
甘肃	100.00	0.00	10.63	26.01	63.36
青海	100.00	0.78	14.84	33.98	50.40
宁夏	100.00	2.06	23.71	30.93	43.30
新疆	100.00	0.47	6.28	41.76	51.49
新疆兵团	100.00	0.00	27.96	45.16	26.88

6—24　1995年分地区地方省级社会保险管理机构人员文化构成情况

（以合计数为100）　　单位：%

地　区	合　计	大专及以上	高　中	初中及以下
全国总计	100.00	68.71	26.86	4.43
北　京	100.00	66.67	30.55	2.78
天　津	100.00	70.10	29.90	0.00
河　北	100.00	87.50	12.50	0.00
山　西	100.00	58.06	35.49	6.45
内蒙古	100.00	84.21	15.79	0.00
辽　宁	100.00	86.67	10.00	3.33
吉　林	100.00	78.50	14.02	7.48
黑龙江	100.00	85.71	14.29	0.00
上　海	100.00	68.57	31.43	0.00
江　苏	100.00	56.52	34.78	8.70
浙　江	100.00	92.86	7.14	0.00
安　徽	100.00	66.67	33.33	0.00
福　建	100.00	66.67	33.33	0.00
江　西	100.00	100.00	0.00	0.00
山　东	100.00	91.30	8.70	0.00
河　南	100.00	80.00	20.00	0.00
湖　北	100.00	70.83	29.17	0.00
湖　南	100.00	95.65	4.35	0.00
广　东	100.00	62.67	37.33	0.00
广　西	100.00	62.96	29.63	7.41
海　南	100.00	56.10	34.96	8.94
四　川	100.00	55.56	38.88	5.56
贵　州	100.00	76.92	23.08	0.00
云　南	100.00	83.33	16.67	0.00
西　藏	100.00	36.00	32.00	32.00
陕　西	100.00	63.64	31.81	4.55
甘　肃	100.00	75.00	25.00	0.00
青　海	100.00	61.54	30.77	7.69
宁　夏	100.00	75.00	12.50	12.50
新　疆	100.00	60.00	40.00	0.00
新疆兵团	100.00	54.84	36.56	8.60

6—25 1995年分地区地方省级社会保险管理机构人员技术构成情况

（以合计数为100） 单位:%

地区	合计	高级职称	中级职称	初级职称	其他
全国总计	100.00	3.90	31.47	25.09	39.54
北京	100.00	0.00	30.56	25.00	44.44
天津	100.00	6.19	25.77	21.65	46.39
河北	100.00	9.38	34.38	31.25	24.99
山西	100.00	0.00	22.58	16.13	61.29
内蒙古	100.00	5.26	63.16	10.53	21.05
辽宁	100.00	6.67	36.67	30.00	26.66
吉林	100.00	11.21	40.19	45.79	2.81
黑龙江	100.00	7.14	50.00	21.43	21.43
上海	100.00	7.14	48.57	15.71	28.58
江苏	100.00	0.00	52.17	21.74	26.09
浙江	100.00	0.00	28.57	28.57	42.86
安徽	100.00	20.00	40.00	26.67	13.33
福建	100.00	0.00	14.81	51.85	33.34
江西	100.00	0.00	43.33	16.67	40.00
山东	100.00	17.39	43.48	30.43	8.70
河南	100.00	0.00	0.00	0.00	100.00
湖北	100.00	0.00	33.33	29.17	37.50
湖南	100.00	4.35	30.43	26.09	39.13
广东	100.00	1.33	16.00	4.00	78.67
广西	100.00	0.00	55.56	22.22	22.22
海南	100.00	1.63	20.33	32.52	45.52
四川	100.00	0.00	44.44	12.96	42.60
贵州	100.00	0.00	0.00	0.00	100.00
云南	100.00	4.17	20.83	16.67	58.33
西藏	100.00	0.00	12.00	20.00	68.00
陕西	100.00	4.55	36.36	9.09	50.00
甘肃	100.00	0.00	8.34	20.83	70.83
青海	100.00	7.69	30.77	0.00	61.54
宁夏	100.00	0.00	50.00	18.75	31.25
新疆	100.00	0.00	0.00	0.00	100.00
新疆兵团	100.00	0.00	27.96	45.16	26.88

6—26 1995年分地区地方地市级社会保险管理机构人员文化构成情况

（以合计数为100）

单位：%

地区	合计	大专及以上	高中	初中及以下
全国总计	100.00	51.94	41.25	6.81
北京	100.00	48.72	46.15	5.13
天津	100.00	42.42	52.82	4.76
河北	100.00	47.24	44.55	8.21
山西	100.00	35.44	54.43	10.13
内蒙古	100.00	50.39	46.09	3.52
辽宁	100.00	58.24	34.50	7.26
吉林	100.00	53.47	30.22	16.31
黑龙江	100.00	61.08	32.81	6.11
上海	100.00	39.13	55.11	5.76
江苏	100.00	71.59	21.14	7.27
浙江	100.00	45.28	47.17	7.55
安徽	100.00	60.49	36.71	2.80
福建	100.00	48.45	44.33	7.22
江西	100.00	45.06	49.79	5.15
山东	100.00	71.67	25.00	3.33
河南	100.00	67.69	28.08	4.23
湖北	100.00	52.80	39.13	8.07
湖南	100.00	67.18	26.94	5.88
广东	100.00	44.93	55.07	0.00
广西	100.00	35.06	59.31	5.63
海南	100.00	34.15	54.87	10.98
四川	100.00	43.03	50.34	6.63
贵州	100.00	43.00	47.00	10.00
云南	100.00	35.68	50.70	13.62
西藏	100.00	15.22	52.17	32.61
陕西	100.00	60.61	32.03	7.36
甘肃	100.00	37.80	49.28	12.92
青海	100.00	28.75	56.25	15.00
宁夏	100.00	62.50	34.37	3.13
新疆	100.00	78.29	19.08	2.63
新疆兵团				

6—27 1995年分地区地方地市级社会保险管理机构人员技术构成情况

（以合计数为100） 单位：%

地区	合计	高级职称	中级职称	初级职称	其他
全国总计	100.00	4.55	26.52	17.93	51.00
北京	100.00	0.00	33.33	28.57	38.10
天津	100.00	0.93	12.96	13.89	72.22
河北	100.00	8.82	35.29	23.53	32.36
山西	100.00	0.00	16.22	5.41	78.37
内蒙古	100.00	5.88	58.82	5.88	29.42
辽宁	100.00	10.00	40.00	23.33	26.67
吉林	100.00	13.67	28.06	24.46	33.81
黑龙江	100.00	16.67	50.00	0.00	33.33
上海	100.00	3.39	28.81	27.12	40.68
江苏	100.00	0.00	16.67	25.00	58.33
浙江	100.00	0.00	46.67	6.67	46.66
安徽	100.00	18.75	37.50	31.25	12.50
福建	100.00	0.00	14.81	44.44	40.75
江西	100.00	0.00	36.11	13.89	50.00
山东	100.00	11.54	38.46	19.23	30.77
河南	100.00	0.00	7.69	0.00	92.31
湖北	100.00	8.57	31.43	22.86	37.14
湖南	100.00	6.25	18.75	18.75	56.25
广东	100.00	2.06	15.46	11.34	71.14
广西	100.00	0.00	63.33	20.00	16.67
海南	100.00	3.30	20.88	16.48	59.34
四川	100.00	1.85	40.74	12.96	44.45
贵州	100.00	5.56	5.56	5.56	83.32
云南	100.00	3.57	17.86	7.14	71.43
西藏	100.00	0.00	8.00	20.00	72.00
陕西	100.00	3.85	46.15	7.69	42.31
甘肃	100.00	0.00	12.73	21.82	65.45
青海	100.00	7.14	35.71	0.00	57.15
宁夏	100.00	5.26	47.37	21.05	26.32
新疆	100.00	1.32	17.10	48.03	33.55
新疆兵团					

6—28 1995年分地区地方县(市、区)级社会保险管理机构人员文化构成情况

(以合计数为100)　　单位:%

地　区	合　计	大专及以上	高　中	初中及以下
全国总计	100.00	33.29	55.64	11.07
北　京				
天　津				
河　北	100.00	24.26	61.02	14.72
山　西	100.00	23.69	59.31	17.00
内蒙古	100.00	32.09	56.94	10.97
辽　宁	100.00	43.26	42.44	14.30
吉　林	100.00	40.51	35.21	24.28
黑龙江	100.00	45.45	46.53	8.02
上　海				
江　苏	100.00	49.06	43.18	7.76
浙　江	100.00	28.20	65.51	6.29
安　徽	100.00	34.87	54.61	10.52
福　建	100.00	17.63	71.21	11.16
江　西	100.00	23.83	61.40	14.77
山　东	100.00	41.76	54.70	3.54
河　南	100.00	39.78	54.13	6.09
湖　北	100.00	34.17	55.90	9.93
湖　南	100.00	54.65	37.73	7.62
广　东	100.00	26.68	73.32	0.00
广　西	100.00	18.77	70.10	11.13
海　南	100.00	32.70	55.92	11.38
四　川	100.00	28.37	56.25	15.38
贵　州	100.00	27.38	64.84	7.78
云　南	100.00	18.77	60.68	20.55
西　藏				
陕　西	100.00	28.68	57.19	14.13
甘　肃	100.00	17.29	63.83	18.88
青　海	100.00	18.40	73.01	8.59
宁　夏	100.00	33.33	56.14	10.53
新　疆	100.00	36.00	54.95	9.05
新疆兵团				

6—29 1995年分地区地方县(市、区)级社会保险管理机构人员技术构成情况

(以合计数为100) 单位:%

地区	合计	高级职称	中级职称	初级职称	其他
全国总计	100.00	0.45	13.21	36.49	49.85
北京					
天津					
河北	100.00	0.24	13.49	41.94	44.33
山西	100.00	0.27	11.57	31.74	56.42
内蒙古	100.00	0.40	11.27	29.48	58.85
辽宁	100.00	0.00	12.48	38.43	49.09
吉林	100.00	0.71	19.38	40.98	38.93
黑龙江	100.00	1.98	22.02	38.33	37.67
上海					
江苏	100.00	0.49	18.86	41.14	39.51
浙江	100.00	0.10	12.05	47.17	40.68
安徽	100.00	1.85	17.34	38.01	42.80
福建	100.00	0.22	5.36	50.89	43.53
江西	100.00	0.00	9.91	32.80	57.29
山东	100.00	0.76	20.78	41.43	37.03
河南	100.00	0.23	9.47	33.93	56.37
湖北	100.00	0.36	25.11	38.42	36.11
湖南	100.00	0.00	8.64	40.80	50.56
广东	100.00	0.06	7.42	27.54	64.98
广西	100.00	0.17	17.61	49.83	32.39
海南	100.00	0.00	5.21	23.70	71.09
四川	100.00	0.44	9.62	32.23	57.71
贵州	100.00	1.15	3.75	19.31	75.79
云南	100.00	0.00	3.48	30.29	66.23
西藏					
陕西	100.00	0.17	8.54	34.18	57.11
甘肃	100.00	0.00	7.45	25.66	66.89
青海	100.00	0.61	8.59	29.45	61.35
宁夏	100.00	0.88	21.05	22.81	55.26
新疆	100.00	0.21	2.95	40.63	56.21
新疆兵团					

6—30　全国地方各级社会保险管理机构基本情况

（1996）

单位：人

	机构数（个）	实有人员数	#财会人员	比重（%）	统计人员	比重（%）	#计算机人员	比重（%）	计算机台数（台）
总　计	3422	48035	10116	21.1	3266	6.8	3370	7.0	8739
省　级	31	1188	183	15.4	60	5.1	97	8.2	369
地、市级	465	13182	2355	17.9	724	5.5	932	7.1	3765
县（市、区）级	2926	33665	7578	22.5	2482	7.4	2341	7.0	4605

6—31　分地区全国地方社会保险管理机构基本情况

（1996）

单位：人

	机构数（个）	实有人员数	#财会人员	比重（%）	统计人员	比重（%）	#计算机人员	比重（%）	计算机台数（台）
全国总计	3423	48035	10116	21.1	3266	6.8	3370	7.0	8739
北　京	19	505	165	32.7	161	31.9	119	23.6	159
天　津	119	641	112	17.5	22	3.4	50	7.8	140
河　北	187	2945	568	19.3	302	10.3	205	7.0	396
山　西	127	1778	297	16.7	170	9.6	147	8.3	239
内蒙古	151	1459	338	23.2	128	8.8	70		
	4.8	123							
辽　宁	106	3275	611	18.7	109	3.3	126	3.8	552
吉　林	51	1871	308	16.5	58	3.1	32	1.7	15
黑龙江	379	3006	763	25.4	165	5.5	164	5.5	354
上　海	21	951	151	15.9	16	1.7	84	8.8	371
江　苏	112	2018	353	17.5	85	4.2	111	5.5	525
浙　江	96	1545	307	19.9	42	2.7	111	7.2	273
安　徽	88	929	230	24.8	69	7.4	81	8.7	136
福　建	84	878	204	23.2	83	9.5	50	5.7	99
江　西	113	1850	342	18.5	154	8.3	159	8.6	248
山　东	168	2963	634	21.4	170	5.7	207	7.0	755
河　南	162	2551	661	25.9	211	8.3	202	7.9	412
湖　北	107	2301	340	14.8	88	3.8	217	9.4	603
湖　南	141	1622	328	20.2	126	7.8	139	8.6	341
广　东	149	3847	471	12.2	96	2.5	243	6.3	1113
广　西	101	1017	263	25.9	45	4.4	143	14.1	296
海　南	24	566	75	13.3	25	4.4	22	3.9	107
四　川	251	3338	661	19.8	288	8.6	254	7.6	622
贵　州	104	496	218	44.0	63	12.7	28	5.6	67
云　南	240	1724	425	24.7	180	10.4	148	8.6	233
西　藏	10	77	31	40.3	5	6.5	2	2.6	2
陕　西	120	1486	419	28.2	120	8.1	91	6.1	131
甘　肃	99	1087	334	30.7	124	11.4	32	2.9	25
青　海	55	306	121	39.5	47	15.4	31	10.1	41
宁　夏	23	203	55	27.1	31	15.3	22	10.8	51
新　疆	101	687	303	44.1	77	11.2	69	10.0	194
新疆兵团	15	113	28	24.8	6	5.3	11	9.7	116

6—32 1996年全国地方社会保险管理机构人员构成情况

（以合计数为100） 单位：%

项目	合计	省级	地、市级	县（市、区）级
一、按文化程度分				
合计	100.00	100.00	100.00	100.00
	100.00	2.47	27.44	70.09
大专及以上	43.05	73.65	55.41	37.12
	100.00	4.23	35.32	60.45
高中	46.86	21.04	37.16	51.57
	100.00	1.11	21.76	77.13
初中及以下	10.09	5.31	7.43	11.31
	100.00	0.78	18.80	80.42
二、按技术职称分				
合计	100.00	100.00	100.00	100.00
	100.00	2.47	27.44	70.09
高级职称	0.93	4.55	1.73	0.49
	100.00	12.05	50.89	37.06
中级职称	16.55	26.52	21.54	14.24
	100.00	3.96	35.73	60.31
初级职称	33.88	17.93	32.49	34.99
	100.00	1.31	26.32	72.37
其他	48.64	51.00	44.24	50.28
	100.00	2.59	24.96	72.45

注：本表纵向以上方数合计为100，横向以下方数合计为100。

6—33 1996年分地区全国地方社会保险管理机构人员文化构成情况

（以合计数为100） 单位：%

地区	合计	大专及以上	高中	初中及以下
全国总计	100.00	43.05	46.86	10.09
北京	100.00	64.16	33.86	1.98
天津	100.00	49.92	46.65	3.43
河北	100.00	36.94	54.91	8.15
山西	100.00	26.32	51.18	22.50
内蒙古	100.00	39.82	52.30	7.88
辽宁	100.00	59.15	30.71	10.14
吉林	100.00	59.43	30.84	9.73
黑龙江	100.00	51.93	42.78	5.29
上海	100.00	43.01	49.73	7.26
江苏	100.00	60.90	31.87	7.23
浙江	100.00	29.51	54.89	15.60
安徽	100.00	47.26	45.74	7.00
福建	100.00	28.59	59.45	11.96
江西	100.00	31.30	47.40	21.30
山东	100.00	53.05	37.03	9.92
河南	100.00	53.63	40.80	5.57
湖北	100.00	42.07	48.76	9.17
湖南	100.00	59.56	27.86	12.58
广东	100.00	32.44	67.56	0.00
广西	100.00	29.99	59.39	10.62
海南	100.00	37.10	48.06	14.84
四川	100.00	35.65	51.50	12.85
贵州	100.00	40.93	51.01	8.06
云南	100.00	25.99	57.07	16.94
西藏	100.00	22.08	48.05	29.87
陕西	100.00	36.00	47.38	16.62
甘肃	100.00	26.13	54.92	18.95
青海	100.00	33.01	54.24	12.75
宁夏	100.00	51.23	44.34	4.43
新疆	100.00	49.78	46.44	3.78
新疆兵团	100.00	54.87	32.74	12.39

6—34 1996年分地区全国地方社会保险管理机构人员技术构成情况

（以合计数为100） 单位:%

地区	合计	高级职称	中级职称	初级职称	其他
全国总计	100.00	0.93	16.55	33.88	48.64
北京	100.00	0.00	6.73	35.05	58.22
天津	100.00	0.31	6.40	22.31	70.98
河北	100.00	0.75	19.86	36.47	42.92
山西	100.00	0.28	11.36	29.19	59.17
内蒙古	100.00	0.69	16.38	26.80	56.13
辽宁	100.00	1.50	26.26	37.74	34.50
吉林	100.00	3.53	24.43	40.94	31.10
黑龙江	100.00	1.73	23.45	36.03	38.79
上海	100.00	0.42	20.72	45.22	33.64
江苏	100.00	0.94	22.70	39.89	36.47
浙江	100.00	0.06	13.01	45.70	41.23
安徽	100.00	2.05	17.01	37.24	43.70
福建	100.00	0.46	7.29	44.65	47.60
江西	100.00	0.32	11.14	26.70	61.84
山东	100.00	1.55	23.35	38.98	36.12
河南	100.00	0.74	13.72	33.09	52.45
湖北	100.00	1.35	27.08	33.85	37.72
湖南	100.00	0.55	14.18	36.62	48.65
广东	100.00	0.57	7.54	19.86	72.03
广西	100.00	0.69	23.89	45.53	29.89
海南	100.00	1.06	8.13	18.73	72.08
四川	100.00	0.39	12.70	27.86	59.05
贵州	100.00	1.21	6.65	22.78	69.36
云南	100.00	0.52	8.00	35.73	55.75
西藏	100.00	0.00	12.99	29.87	57.14
陕西	100.00	0.27	12.65	32.77	54.31
甘肃	100.00	0.37	8.10	27.14	64.39
青海	100.00	0.65	15.69	36.27	47.39
宁夏	100.00	2.96	24.63	35.47	36.94
新疆	100.00	0.44	9.02	43.96	46.58
新疆兵团	100.00	1.77	23.89	51.33	23.01

6—35 1996年分地区地方省级社会保险管理机构人员文化构成情况

（以合计数为100） 单位：%

地区	合计	大专及以上	高中	初中及以下
全国总计	100.00	73.65	21.05	5.30
北京	100.00	73.81	23.81	2.38
天津	100.00	70.37	28.70	0.93
河北	100.00	91.18	8.82	0.00
山西	100.00	62.16	37.84	0.00
内蒙古	100.00	88.24	11.76	0.00
辽宁	100.00	86.67	10.00	3.33
吉林	100.00	74.10	10.07	15.83
黑龙江	100.00	94.44	5.56	0.00
上海	100.00	57.63	30.51	11.86
江苏	100.00	79.17	12.50	8.33
浙江	100.00	86.67	13.33	0.00
安徽	100.00	87.50	12.50	0.00
福建	100.00	66.67	33.33	0.00
江西	100.00	83.33	0.00	16.67
山东	100.00	69.23	26.92	3.85
河南	100.00	92.31	7.69	0.00
湖北	100.00	85.71	14.29	0.00
湖南	100.00	71.88	3.12	25.00
广东	100.00	89.69	10.31	0.00
广西	100.00	73.33	23.34	3.33
海南	100.00	75.82	21.98	2.20
四川	100.00	51.85	42.59	5.56
贵州	100.00	88.89	11.11	0.00
云南	100.00	78.57	14.29	7.14
西藏	100.00	28.00	40.00	32.00
陕西	100.00	76.92	23.08	0.00
甘肃	100.00	50.91	49.09	0.00
青海	100.00	64.29	28.57	7.14
宁夏	100.00	78.95	21.05	0.00
新疆	100.00	60.00	40.00	0.00
新疆兵团	100.00	61.54	23.08	15.38

6—36 1996年分地区地方省级社会保险管理机构人员技术构成情况

(以合计数为100) 单位:%

地区	合计	高级职称	中级职称	初级职称	其他
全国总计	100.00	4.55	26.52	17.93	51.00
北京	100.00	0.00	33.33	28.57	38.10
天津	100.00	0.93	12.96	13.89	72.22
河北	100.00	8.82	35.29	23.53	32.36
山西	100.00	0.00	16.22	5.41	78.37
内蒙古	100.00	5.88	58.82	5.88	29.42
辽宁	100.00	10.00	40.00	23.33	26.67
吉林	100.00	13.67	28.06	24.46	33.81
黑龙江	100.00	16.67	50.00	0.00	33.33
上海	100.00	3.39	28.81	27.12	40.68
江苏	100.00	0.00	16.67	25.00	58.33
浙江	100.00	0.00	46.67	6.67	46.66
安徽	100.00	18.75	37.50	31.25	12.50
福建	100.00	0.00	14.81	44.44	40.75
江西	100.00	0.00	36.11	13.89	50.00
山东	100.00	11.54	38.46	19.23	30.77
河南	100.00	0.00	7.69	0.00	92.31
湖南	100.00	8.57	31.43	22.86	37.14
湖北	100.00	6.25	18.75	18.75	56.25
广东	100.00	2.06	15.46	11.34	71.14
广西	100.00	0.00	63.33	20.00	16.67
海南	100.00	3.30	20.88	16.48	59.34
四川	100.00	1.85	40.74	12.96	44.45
贵州	100.00	5.56	5.56	5.56	83.32
云南	100.00	3.57	17.86	7.14	71.43
西藏	100.00	0.00	8.00	20.00	72.00
陕西	100.00	3.85	46.15	7.69	42.31
甘肃	100.00	0.00	12.73	21.82	65.45
青海	100.00	7.14	35.71	0.00	57.15
宁夏	100.00	5.26	47.37	21.05	26.32
新疆	100.00	0.00	0.00	0.00	100.00
新疆兵团	100.00	0.00	30.77	38.46	30.77

6—37 1996年分地区地方地市级社会保险管理机构人员文化构成情况

（以合计数为100） 单位：%

地区	合计	大专及以上	高中	初中及以下
全国总计	100.00	55.41	37.16	7.43
北京	100.00	63.28	34.78	1.94
天津	100.00	45.78	50.28	3.94
河北	100.00	54.21	40.67	5.12
山西	100.00	31.94	49.08	18.98
内蒙古	100.00	52.59	39.08	8.33
辽宁	100.00	63.70	25.11	11.19
吉林	100.00	66.10	29.26	4.64
黑龙江	100.00	63.62	33.96	2.42
上海	100.00	42.04	51.01	6.95
江苏	100.00	75.89	19.32	4.79
浙江	100.00	44.13	44.98	10.89
安徽	100.00	65.53	31.67	2.80
福建	100.00	43.51	49.38	7.11
江西	100.00	36.51	37.88	25.61
山东	100.00	66.48	17.51	16.01
河南	100.00	74.16	22.17	3.67
湖北	100.00	55.40	38.29	6.31
湖南	100.00	69.54	21.57	8.89
广东	100.00	47.62	52.38	0.00
广西	100.00	39.60	51.82	8.58
海南	100.00	33.15	49.17	17.68
四川	100.00	45.18	46.51	8.31
贵州	100.00	49.56	40.71	9.73
云南	100.00	42.53	44.44	13.03
西藏	100.00	19.23	51.92	28.85
陕西	100.00	61.25	27.50	11.25
甘肃	100.00	34.86	65.14	0.00
青海	100.00	36.26	53.85	9.89
宁夏	100.00	66.67	31.81	1.52
新疆	100.00	64.49	31.77	3.74
新疆兵团	100.00	54.00	34.00	12.00

6—38 1996年分地区地方地市级社会保险管理机构人员技术构成情况

（以合计数为100） 单位：%

地区	合计	高级职称	中级职称	初级职称	其他
全国总计	100.00	1.73	21.54	32.49	44.24
北京	100.00	0.00	4.32	35.64	60.64
天津	100.00	0.19	5.07	24.02	70.72
河北	100.00	0.83	34.71	29.09	35.37
山西	100.00	0.69	15.74	30.79	52.78
内蒙古	100.00	1.72	22.13	25.29	50.86
辽宁	100.00	2.87	27.98	35.13	34.02
吉林	100.00	3.72	37.15	33.59	25.54
黑龙江	100.00	2.10	25.76	38.59	33.55
上海	100.00	0.22	20.18	46.42	33.18
江苏	100.00	1.95	28.55	40.78	28.72
浙江	100.00	0.28	22.07	50.00	27.65
安徽	100.00	3.42	20.50	44.10	31.98
福建	100.00	1.26	11.72	42.68	44.34
江西	100.00	1.09	16.35	28.07	54.49
山东	100.00	3.77	30.32	26.18	39.73
河南	100.00	1.28	19.62	35.89	43.21
湖北	100.00	2.24	36.25	25.25	36.26
湖南	100.00	1.35	28.03	38.27	32.35
广东	100.00	1.53	11.76	22.08	64.63
广西	100.00	1.65	29.04	44.55	24.76
海南	100.00	1.10	6.63	13.81	78.46
四川	100.00	1.08	14.70	21.33	62.89
贵州	100.00	3.54	19.47	42.48	34.51
云南	100.00	1.15	7.66	43.30	47.89
西藏	100.00	0.00	15.38	34.62	50.00
陕西	100.00	0.83	29.17	30.83	39.17
甘肃	100.00	1.41	8.45	24.30	65.84
青海	100.00	0.00	25.27	38.46	36.27
宁夏	100.00	4.55	24.24	36.36	34.85
新疆	100.00	1.40	18.22	47.20	33.18
新疆兵团	100.00	2.00	23.00	53.00	22.00

6—39　1996年分地区地方县(市、区)级社会保险管理机构人员文化构成情况

(以合计数为100)　　单位:%

地　　区	合　　计	大专及以上	高　　中	初中及以下
全国总计	100.00	37.12	51.57	11.31
北　京				
天　津				
河　北	100.00	31.61	59.33	9.06
山　西	100.00	23.45	52.26	24.29
内蒙古	100.00	35.01	57.13	7.86
辽　宁	100.00	55.43	35.08	9.49
吉　林	100.00	53.59	34.44	11.97
黑龙江	100.00	46.10	47.22	6.68
上　海	100.00	42.04	51.01	6.95
江　苏	100.00	54.69	37.13	8.18
浙　江	100.00	24.32	58.44	17.24
安　徽	100.00	36.21	54.31	9.48
福　建	100.00	21.08	64.54	14.38
江　西	100.00	28.68	51.00	20.32
山　东	100.00	49.92	41.43	8.65
河　南	100.00	46.62	47.15	6.23
湖　北	100.00	37.52	52.34	10.14
湖　南	100.00	56.19	30.44	13.37
广　东	100.00	22.72	77.28	0.00
广　西	100.00	23.83	64.33	11.84
海　南	100.00	27.55	55.44	17.01
四　川	100.00	31.87	53.38	14.75
贵　州	100.00	35.89	56.16	7.95
云　南	100.00	21.95	60.21	17.84
西　藏				
陕　西	100.00	30.16	51.81	18.03
甘　肃	100.00	20.99	51.47	27.54
青　海	100.00	29.35	56.22	14.43
宁　夏	100.00	38.14	55.08	6.78
新　疆	100.00	42.76	53.35	3.89
新疆兵团				

6—40 1996年分地区地方县(市、区)级社会保险管理机构人员技术构成情况

(以合计数为100)　　单位:%

地　区	合　计	高级职称	中级职称	初级职称	其　他
全国总计	100.00	0.49	14.24	34.99	50.28
北　京					
天　津					
河　北	100.00	0.61	15.74	38.59	45.06
山　西	100.00	0.15	9.78	29.34	60.73
内蒙古	100.00	0.27	13.89	27.61	58.23
辽　宁	100.00	0.37	24.80	39.85	34.98
吉　林	100.00	2.12	16.39	47.42	34.07
黑龙江	100.00	1.42	22.14	35.15	41.29
上　海	100.00	0.22	20.18	46.41	33.19
江　苏	100.00	0.56	20.49	39.79	39.16
浙　江	100.00	0.00	9.81	44.88	45.31
安　徽	100.00	0.85	14.55	33.67	50.93
福　建	100.00	0.16	5.23	45.42	49.19
江　西	100.00	0.14	9.19	26.68	63.99
山　东	100.00	0.96	21.65	42.02	35.37
河　南	100.00	0.58	11.83	32.39	55.20
湖　北	100.00	0.96	24.45	36.45	38.14
湖　南	100.00	0.16	9.84	36.59	53.41
广　东	100.00	0.04	5.14	19.09	75.73
广　西	100.00	0.29	19.88	47.08	32.75
海　南	100.00	0.34	5.10	22.45	72.11
四　川	100.00	0.12	11.41	30.40	58.07
贵　州	100.00	0.27	2.74	17.53	79.46
云　南	100.00	0.35	7.87	34.91	56.87
西　藏					
陕　西	100.00	0.08	8.69	33.69	57.54
甘　肃	100.00	0.00	7.62	28.61	63.77
青　海	100.00	0.50	9.95	37.81	51.74
宁　夏	100.00	1.69	21.19	37.29	39.83
新　疆	100.00	0.00	4.97	43.41	51.62
新疆兵团					

（二）全部离退休人员及全部职工、离退休人员的保险福利费用情况

7—1 历年全国保险福利费用总额

年 份	合 计	国有经济单位	单位支付	民政部门支付	城镇集体经济单位	其他各种经济单位	保险福利费用总额相当于工资总额的％
一、绝对数(亿元)							
1978	78.1	69.1	66.9	2.2	9.0		13.7
1979	107.3	94.9	92.1	2.8	12.4		16.6
1980	136.4	119.3	116.0	3.3	17.1		17.7
1981	154.9	135.7	132.4	3.3	19.2		18.9
1982	180.5	157.0	153.8	3.2	23.5		20.5
1983	212.5	182.7	179.5	3.2	29.8		22.7
1984	257.7	213.4	210.4	3.0	43.4	0.9	22.7
1985	327.4	270.5	266.8	3.7	55.7	1.2	23.7
1986	413.5	338.8	335.5	3.3	72.6	2.1	24.9
1987	501.7	410.7	406.7	4.0	88.0	3.0	26.7
1988	655.5	540.0	533.4	6.6	110.8	4.7	28.3
1989	768.0	635.6	628.1	7.5	126.4	6.0	29.3
1990	937.9	777.3	770.1	7.2	152.8	7.8	31.8
1991	1094.7	912.5	904.9	7.6	171.8	10.4	32.9
1992	1309.5	1095.8	1086.6	9.2	198.8	14.9	33.2
1993	1670.2	1386.5	1374.5	12.0	238.6	45.1	34.0
1994	1958.1	1646.2	1628.7	17.5	248.1	63.8	29.4
1995	2361.3	1980.4	1961.0	19.4	294.5	86.4	29.9
1996	2725.3	2296.6	2276.5	20.1	317.8	110.9	30.0
二、比上年增长(％)							
1979	37.4	37.3	37.7	27.3	37.8		
1980	27.1	25.7	26.3	17.9	37.9		
1981	13.6	13.7	13.8		12.3		
1982	16.5	15.7	16.2	−3.0	22.4		
1983	17.7	16.4	16.7		26.8		
1984	21.3	16.8	17.2	−6.3	45.6		
1985	27.0	26.8	26.8	23.3	28.3	33.3	
1986	26.3	25.2	25.7	−10.8	30.3	75.0	
1987	21.3	21.2	21.2		21.2	42.9	
1988	30.7	31.5	31.2	65.0	25.9	56.7	
1989	17.2	17.7	17.8	13.6	14.1	27.7	
1990	22.1	22.3	22.6	−4.0	20.9	30.0	
1991	16.7	17.4	17.5	5.6	12.4	42.5	
1992	19.6	20.1	20.1	21.1	15.7	43.3	
1993	27.5	26.5	26.5	30.4	20.0	202.7	
1994	17.2	18.9	18.5	45.8	4.0	41.5	
1995	20.6	20.3	20.4	10.9	18.7	35.4	
1996	15.4	16.0	16.1	3.6	7.9	28.4	

7—2 历年全国离休、退休、退职费

年 份	离休、退休、退职费用总额(亿元)						人均离休、退休、退职费(元)	
	合 计	国有经济单位			城镇集体经济单 位	其他各种经济单 位	合 计	#国有经济单位
			单位支付	民政部门支付				
一、绝对数								
1978	17.3	16.3	14.1	2.2	1.0		551.0	574.0
1979	32.5	28.9	26.1	2.8	3.6		714.0	764.0
1980	50.4	43.4	40.1	3.3	7.0		714.0	781.0
1981	62.3	53.3	50.0	3.3	9.0		706.0	774.0
1982	73.1	62.1	58.9	3.2	11.0		709.0	774.0
1983	87.3	74.0	70.8	3.2	13.3		726.0	787.0
1984	106.1	84.6	81.6	3.0	21.2	0.3	766.0	815.0
1985	145.6	116.1	112.4	3.7	29.1	0.4	935.0	1043.0
1986	169.1	137.5	134.2	3.3	31.0	0.6	983.0	1114.0
1987	204.3	168.2	164.2	4.0	36.3	0.8	1083.0	1233.0
1988	270.2	215.6	209.0	6.6	53.1	1.5	1322.0	1453.0
1989	313.2	252.7	245.2	7.5	59.1	1.4	1450.0	1593.0
1990	388.6	313.3	306.1	7.2	73.6	1.7	1726.0	1868.0
1991	458.5	372.9	365.3	7.6	83.3	2.3	1936.0	2096.0
1992	568.6	465.7	456.5	9.2	99.5	3.4	2260.0	2448.0
1993	747.3	612.9	600.9	12.0	122.4	12.0	2779.0	2979.0
1994	1026.9	861.5	844.0	17.5	144.3	21.1	3597.0	3923.0
1995	1283.8	1074.2	1054.8	19.4	180.0	29.6	4263.0	4620.0
1996	1525.6	1285.4	1265.3	20.1	200.8	39.4	4839.0	5229.0
二、比上年增长(%)								
1979	87.9	77.3	85.1	27.3	260.		29.6	33.1
1980	55.1	50.2	53.6	17.9	94.4			2.2
1981	23.6	22.8	24.7		28.6		−1.1	−0.9
1982	17.3	16.5	17.8	−3.0	22.2		0.4	
1983	19.4	19.2	20.2		20.9		2.4	1.7
1984	21.5	14.3	15.3	−6.3	59.4		2.5	3.6
1985	37.2	37.2	37.7	23.3	37.3	33.3	22.1	28.0
1986	16.1	18.4	19.4	−10.8	6.5	50.0	5.1	6.8
1987	20.8	22.3	22.4	21.2	17.1	33.3	10.2	10.7
1988	32.3	28.2	27.3	65.0	46.3	87.5	22.1	17.8
1989	16.0	17.3	17.3	13.6	11.3	−6.7	9.7	9.6
1990	22.4	23.9	24.8	−4.0	24.5	21.4	19.0	17.3
1991	18.0	19.0	19.3	5.6	13.2	35.3	12.2	12.8
1992	24.0	24.9	25.0	21.1	19.4	47.8	16.7	16.8
1993	31.4	31.6	31.6	30.4	23.0	252.9	23.0	21.7
1994	37.4	40.6	40.4	45.8	17.9	75.8	29.4	31.7
1995	25.0	24.7	25.0	10.9	24.7	40.3	18.5	17.8
1996	18.8	19.7	20.0	3.6	11.6	33.1	13.5	13.2

注:1.本表数字不包括离休、退休、退职职工的丧葬抚恤救济费和医疗卫生费。

2.本表 1985—1988 年的数字不包括根据 1985 年有关规定发给离休、退休、退职职工的肉类等价格补贴。

7－3　历年国有经济单位保险福利费用构成情况

年　份	保险福利费用总额	离休、退休、退职费	丧葬抚恤救济费	医疗卫生　费	生活困难补贴	农副业生产补贴
一、绝对数(亿元)						
1978	66.9	14.1	2.6	28.3	6.0	1.2
1979	92.1	26.1	3.7	31.7	6.3	1.2
1980	116.0	40.1	3.8	36.4	6.3	1.0
1981	132.4	50.0	3.9	39.0	6.0	0.8
1982	153.8	58.9	4.0	44.4	6.0	0.8
1983	179.5	70.8	4.4	50.0	6.3	0.8
1984	210.4	81.6	4.8	55.4	6.6	0.9
1985	266.8	112.4	5.3	64.6	6.6	1.0
1986	335.5	134.2	6.4	84.9	6.1	
1987	406.7	164.2	7.3	107.5	6.4	
1988	533.4	209.0	9.2	151.2	8.2	
1989	628.1	245.2	11.5	186.0	8.6	
1990	770.1	306.1	12.9	226.4	8.6	
1991	904.9	365.3	15.0	267.5	8.8	
1992	1086.7	456.5	16.7	318.2	9.5	
1993	1374.5	600.9	20.6	387.9	10.4	
1994	1628.7	844.0	26.6	472.8	11.7	
1995	1961.0	1054.9	33.3	554.7	13.1	
1996	2276.5	1265.3	40.0	615.7	14.6	
二、构成(以保险福利费用总额为100)						
1978	100.0	21.1	3.9	40.8	9.0	1.8
1979	100.0	28.3	4.0	34.4	7.4	1.3
1980	100.0	34.6	3.3	31.4	5.4	0.9
1981	100.0	37.8	2.9	29.5	4.5	0.6
1982	100.0	38.3	2.6	28.9	3.9	0.5
1983	100.0	39.4	2.5	27.9	3.5	0.4
1984	100.0	38.8	2.3	26.4	3.1	0.4
1985	100.0	42.1	2.0	24.3	2.5	0.4
1986	100.0	40.4	1.9	25.3	1.8	
1987	100.0	40.0	1.8	26.4	1.6	
1988	100.0	39.2	1.7	28.3	1.5	
1989	100.0	39.1	1.8	29.6	1.4	
1990	100.0	39.7	1.7	29.4	1.1	
1991	100.0	40.4	1.6	29.5	1.0	
1992	100.0	42.0	1.5	29.3	0.9	
1993	100.0	43.7	1.5	28.2	0.8	
1994	100.0	51.8	1.6	29.1	0.7	
1995	100.0	53.8	1.7	28.3	0.7	
1996	100.0	55.6	1.8	27.1	0.6	

注:离休、退休、退职费不包括离休、退休、退职人员的医疗费和丧葬抚恤救济费;

1994 年集体福利事业补贴费包括集体福利设施费的数字在内。

7—3 续表

年　份	文体宣传　费	集体福利事业补贴费	集体福利设施费	其　他	＃上下班交通费补贴	＃计划生育补贴
一、绝对数(亿元)						
1978	2.6	4.4	4.3	4.4		
1979	3.0	5.7	6.1	7.8		
1980	3.2	6.6	7.8	10.8	4.9	2.1
1981	2.9	7.4	9.0	13.4	5.3	2.7
1982	8.2	8.3	10.5	17.7	5.9	4.0
1983	3.3	10.2	11.3	22.4	6.3	5.5
1984	4.5	14.5	14.8	27.3	7.0	5.5
1985	4.0	16.4	16.5	39.1	8.4	6.1
1986	5.5	16.3	19.8	62.3	9.7	7.0
1987	5.9	19.7	22.9	72.8	10.9	8.0
1988	7.3	25.0	27.6	96.0	13.6	9.4
1989	8.7	27.7	30.3	110.1	16.7	10.7
1990	10.0	34.4	35.3	135.5	21.7	12.4
1991	12.3	35.9	38.4	161.7	25.4	13.5
1992	14.1	41.7	45.9	184.1	30.7	14.2
1993	16.6	49.4	58.9	229.8	41.6	15.2
1994	21.4	120.2		132.0		16.8
1995	26.2	133.6		145.2		17.5
1996	29.9	153.3		157.7		17.2
二、构成(以保险福利费用总额为100)						
1978	3.9	6.6	6.4	6.6		
1979	3.3	6.2	6.6	8.5		
1980	2.8	5.7	6.7	9.3	4.2	1.8
1981	2.2	5.6	6.8	10.1	4.0	2.0
1982	2.1	5.4	6.8	11.5	3.8	2.6
1983	1.8	5.7	6.3	12.5	3.5	3.1
1984	2.1	6.9	7.0	13.0	3.3	21.6
1985	1.8	6.1	6.2	14.6	3.1	3.3
1986	1.6	4.9	5.9	18.6	2.9	2.1
1987	1.5	4.8	5.6	17.9	2.7	2.0
1988	1.4	4.7	5.2	18.0	2.5	1.8
1989	1.4	4.4	4.8	17.5	2.7	1.7
1990	1.4	4.5	4.6	17.6	2.8	1.6
1991	1.4	4.0	4.2	17.9	2.8	1.5
1992	1.3	3.8	4.2	16.9	2.8	1.3
1993	1.2	3.6	4.3	16.7	3.0	1.1
1994	1.3	7.4		8.1		1.0
1995	1.3	6.8		7.4		0.9
1996	1.3	6.7		6.9		0.8

7－4 全部职工保险福利费用构成情况

(1996) 单位:万元

项目	合计	集体保险福利费		
		小计	集体福利设施及集体福利事业补贴费	文体宣传费
总计	9075290.9	7394489.7	1865024.0	345462.3
#企业	6543094.8	5388857.8	1355160.9	227158.0
一、国有经济单位合计	7586802.1	6185815.1	1532557.7	298983.5
(一)按隶属关系分组				
1.中央	2338451.1	1987185.9	537303.5	99017.8
2.省、自治区、直辖市	1728805.2	1419494.6	319996.6	62301.4
3.地区	1971717.4	1629704.8	397311.4	72704.3
4.县及县以下	1536973.2	1140124.5	275921.9	64448.0
5.其他	10855.2	9305.3	2044.3	512.0
(二)按企业、事业、机关分组				
1.企业	5171565.4	4272225.9	1054324.0	186982.7
#地方	3152895.3	2567701.2	581709.0	105766.3
2.事业	1667308.1	1324380.8	353008.7	73063.0
#地方	1330612.2	1034651.7	279116.9	56520.7
3.机关	747928.6	589208.4	125245.0	38987.8
#地方	664355.3	519900.3	111309.3	34136.3
(三)按国民经济行业分组				
1.农、林、牧、渔业	28443.8	213155.7	54273.1	12048.4
2.采掘业	579444.0	470520.2	137327.9	24072.2
3.制造业	2011758.7	1688535.3	468342.5	65418.0
4.电力、煤气及水的生产和供应业	298922.2	249751.2	59197.2	11699.6
5.建筑业	373282.0	304506.7	74421.2	12526.7
6.地质勘查业、水利管理业	113245.0	90224.2	21299.0	4993.4
7.交通运输、仓储及邮电通信业	673077.2	554955.3	123475.3	25733.5
8.批发和零售贸易、餐饮业	596853.1	482466.0	84148.1	17665.2
9.金融、保险业	282369.3	233562.9	50606.5	16469.3
10.房地产业	75919.4	62154.5	15750.6	2717.0
11.社会服务业	224507.2	186874.1	44391.1	7787.2
12.卫生、体育和社会福利业	355235.0	288957.4	70494.7	17105.1
13.教育、文化艺术和广播电影电视业	682753.4	524441.6	133818.2	30015.4
14.科学研究和综合技术服务业	190275.3	164183.4	45787.9	7299.6
15.国家机关、政党机关和社会团体	749476.4	594390.7	129985.8	39894.2
16.其他行业	95240.1	77135.9	19258.6	3538.7
二、城镇集体经济单位合计	869753.7	682559.0	164899.0	29955.9
#企业	780932.3	613935.5	140516.4	24867.2
三、其他各种经济单位合计	618735.1	526115.6	167547.3	16522.9
#企业	590597.1	502696.4	160320.5	15308.1
#外商投资企业	212267.4	184100.8	60560.2	4651.5
#港、澳、台投资企业	102300.8	84505.8	28559.7	2895.3

7—4 续表1 单位:万元

项 目	医疗卫生费	其他	个人保险福利费	
			小计	丧葬抚恤救济费
总 计	4561664.1	622339.3	1680801.2	195667.9
#企业	3332687.3	473851.6	1154237.0	135148.5
一、国有经济单位合计	3860456.5	493797.4	1400987.0	171970.9
(一)按隶属关系分组				
1.中央	1201406.2	149458.4	351265.2	48585.6
2.省、自治区、直辖市	924292.4	112904.2	309310.6	34370.4
3.地区	1026982.9	132706.2	342012.6	37383.4
4.县及县以下	702017.0	97737.6	396848.7	51418.2
5.其他	5758.0	991.0	1549.9	213.3
(二)按企业、事业、机关分组				
1.企业	2677121.6	353797.6	899339.5	114170.2
#地方	1658442.8	221783.1	585194.1	69331.5
2.事业	793580.8	104728.3	342927.3	36837.7
#地方	613500.6	85513.5	295960.5	31397.4
3.机关	389754.1	35271.5	158720.2	20963.0
#地方	343538.1	30916.6	144455.0	18946.9
(三)按国民经济行业分组				
1.农、林、牧、渔业	130061.3	16772.9	71288.1	7910.6
2.采掘业	262247.9	46872.2	108923.8	30977.1
3.制造业	1032556.7	122218.1	323223.4	41132.5
4.电力、煤气及水的生产和供应业	159414.1	19440.3	49171.0	3661.2
5.建筑业	188107.6	29451.2	68775.3	8780.4
6.地质勘查业、水利管理业	55713.6	8218.2	23020.8	3618.2
7.交通运输、仓储及邮电通信业	348819.6	56926.9	118121.9	11336.5
8.批发和零售贸易、餐饮业	338769.8	41882.9	114387.1	9735.2
9.金融、保险业	154376.1	12111.0	48806.4	3065.8
10.房地产业	36228.7	7458.2	13764.9	848.1
11.社会服务业	117352.5	17343.3	37633.1	2635.3
12.卫生、体育和社会福利业	178461.8	22895.8	66277.6	6287.3
13.教育、文化艺术和广播电影电视业	325101.4	35506.6	158311.8	17394.4
14.科学研究和综合技术服务业	97659.1	13436.8	26091.9	2752.7
15.国家机关、政党机关和社会团体	388271.2	36239.5	155085.7	20199.7
16.其他行业	47315.1	7023.5	18104.2	1635.9
二、城镇集体经济单位合计	424009.8	63694.3	187194.7	18001.3
#企业	391243.4	57308.5	166996.8	16057.1
三、其他各种经济单位合计	277197.8	64847.6	92619.5	5695.7
#企业	264322.3	62745.5	87900.7	4921.2
#外商投资企业	91871.6	27017.5	28166.6	984.4
#港、澳、台投资企业	44954.6	8096.2	17795.0	943.7

项目	生活困难补助	计划生育补贴	冬季取暖补贴	其他
总计	175383.5	217821.5	382485.8	709442.5
#企业	126407.6	156426.9	256015.7	480238.3
一、国有经济单位合计	145631.6	172301.5	325830.3	585252.7
(一)按隶属关系分组				
1.中央	40433.8	41172.5	68911.6	152161.7
2.省、自治区、直辖市	31205.3	35558.2	69415.1	138761.6
3.地区	32320.7	48854.5	80711.6	142742.4
4.县及县以下	41505.9	46475.8	106544.1	150904.7
5.其他	165.9	240.5	247.9	682.3
(二)按企业、事业、机关分组				
1.企业	99160.5	114154.2	205201.1	366653.5
#地方	63847.4	77802.5	141634.1	232578.6
2.事业	31549.7	38731.7	79540.8	156267.4
#地方	25492.0	32343.8	70852.6	135874.7
3.机关	14921.4	19415.6	41088.4	62331.8
#地方	13115.7	17928.5	37599.9	56864.0
(三)按国民经济行业分组				
1.农、林、牧、渔业	8203.2	10582.6	24532.1	20059.6
2.采掘业	12747.8	8053.1	22288.3	34857.5
3.制造业	37365.5	45114.3	70817.3	128793.8
4.电力、煤气及水的生产和供应业	4046.2	4700.7	9895.6	26867.3
5.建筑业	8304.0	7169.3	15199.5	29322.1
6.地质勘查业、水利管理业	2713.4	2786.1	4860.1	9043.0
7.交通运输、仓储及邮电通信业	12393.7	14687.6	25608.9	54095.2
8.批发和零售贸易、餐饮业	11847.7	16843.0	29389.6	46571.6
9.金融、保险业	4370.9	6842.2	10617.8	23909.7
10.房地产业	1117.9	1510.1	2688.0	7600.8
11.社会服务业	3049.1	5301.9	8650.4	17996.4
12.卫生、体育和社会福利业	4766.4	7981.9	14351.7	32890.3
13.教育、文化艺术和广播电影电视业	15192.1	16351.3	36051.3	73322.7
14.科学研究和综合技术服务业	3236.5	3301.7	5057.0	11744.0
15.国家机关、政党机关和社会团体	14796.8	18910.4	40525.2	60653.6
16.其他行业	1480.4	2165.3	5297.5	7525.1
二、城镇集体经济单位合计	21743.6	30435.1	45000.3	72014.4
#企业	19827.6	27669.3	40438.6	63004.2
三、其他各种经济单位合计	8008.3	15084.9	11655.2	52175.4
#企业	7419.5	14603.4	10376.0	50580.6
#外商投资企业	1839.8	3412.3	3914.6	18015.5
#港、澳、台投资企业	1424.3	5849.6	1407.8	8169.6

7—5 分地区全部职工保险福利费用构成情况

(1996)

单位:万元

地区	合计	集体保险福利费				
		小计	集体福利设施及集体福利事业补贴费	文体宣传费	医疗卫生费	其他
全国总计	9075290.9	7394489.7	1865024.0	345462.3	4561664.1	622339.3
北京	372760.1	329781.6	29768.7	13551.5	254011.5	32449.9
天津	223400.0	175525.3	24396.8	9155.5	136303.5	5669.5
河北	356856.4	293478.1	72902.6	11923.7	188549.8	20102.0
山西	229054.1	174580.4	53269.2	11399.5	99722.0	10189.7
内蒙古	129656.6	88678.2	27043.7	4853.9	51603.9	5176.7
辽宁	483399.7	392100.9	100659.3	17646.0	251893.0	21902.6
吉林	235107.4	183938.1	36828.9	17183.5	117304.1	12621.6
黑龙江	292846.1	219558.4	49504.1	9680.7	146118.0	14255.6
上海	836709.6	670634.5	151254.9	12643.1	429063.7	77672.8
江苏	734033.4	624662.3	157774.5	21554.2	393230.6	52103.0
浙江	430579.9	365917.9	79480.2	15237.0	227813.6	43387.1
安徽	258485.0	214202.2	56934.9	10205.5	131700.9	15360.6
福建	185940.5	149845.6	56187.7	8466.6	69678.7	15512.6
江西	159798.9	122175.4	31839.7	5109.9	71327.0	13898.8
山东	504256.6	422288.5	123354.6	23115.8	242125.3	33692.8
河南	333662.7	272605.0	64379.7	19063.2	171544.6	17617.5
湖北	387027.3	312291.7	82235.9	14778.6	187488.1	27789.1
湖南	316603.3	249587.1	62238.9	12940.2	152097.8	22310.2
广东	898853.2	773867.3	251122.5	39159.2	398729.0	81856.6
广西	182346.9	149985.6	40363.3	8806.7	82787.9	18027.7
海南	59743.0	51213.7	14462.2	3500.9	28476.7	4773.9
四川	510806.1	422362.5	107809.0	19494.4	264590.9	30468.2
贵州	111362.3	86455.1	16967.4	4073.1	56603.5	8811.1
云南	230203.2	187505.3	49237.5	8568.0	119891.6	9808.2
西藏	15931.3	11397.6	3391.2	769.8	6408.3	828.3
陕西	180817.9	134013.6	34738.6	6601.2	88354.2	4319.6
甘肃	146023.1	113816.8	36376.8	5864.6	65108.5	6466.9
青海	39795.5	31678.3	7513.4	877.7	20541.5	2745.7
宁夏	40202.8	30214.6	7054.2	1464.2	19690.0	2006.2
新疆	189028.0	140128.1	35933.6	7774.1	88905.9	7514.5
附:大连	86170.9	67774.2	15582.2	2966.9	45935.6	3289.5
宁波	60290.4	53585.2	9176.3	1747.5	36721.1	5940.3
厦门	34947.3	23650.6	8728.9	1366.0	11104.6	2451.1
青岛	53575.3	42769.2	7416.5	2510.0	30767.6	2075.1
深圳	65225.8	53117.0	24046.9	3584.8	18775.7	6709.6
重庆	128653.3	110561.0	30077.9	4616.1	68004.2	7862.8

7－5　续表　　单位:万元

地区	个人保险福利费					
	小计	丧葬抚恤救济费	生活困难补助	计划生育补贴	冬季取暖补贴	其他
全国总计	1680801.2	195667.9	175383.5	217821.5	382485.8	709442.5
北京	42978.5	3301.1	4738.0	5703.6	15731.6	13504.2
天津	47874.7	3250.0	4103.1	4343.3	28387.7	7790.6
河北	63378.3	8494.1	5006.3	10386.4	23451.7	16039.8
山西	54473.7	10550.0	4506.6	4875.6	14480.4	20061.1
内蒙古	40978.4	4148.3	2576.8	3532.2	18462.4	12258.7
辽宁	91298.8	12835.6	8173.6	11193.3	30678.0	28418.3
吉林	51169.3	6613.5	5274.5	8552.3	18410.3	12318.7
黑龙江	73287.7	9094.8	5509.5	7058.4	31208.5	20416.5
上海	166075.1	7629.4	17744.1	20692.6		120009.0
江苏	109371.1	12372.7	19681.5	17360.9	8063.1	51892.9
浙江	64662.0	5111.2	5464.1	10148.4		43938.3
安徽	44282.8	7542.6	7361.4	7734.9	7279.5	14364.4
福建	36094.9	3524.9	5546.2	2876.6		24147.2
江西	37623.5	4702.6	5157.6	4721.5	10463.2	12578.6
山东	81968.1	13199.1	7588.0	12334.4	29471.9	19374.7
河南	61057.7	9745.3	6251.2	7984.9	20564.1	16512.2
湖北	74735.6	12378.7	8094.2	9743.3	16602.9	27916.5
湖南	67016.2	8318.6	6670.5	8528.4	15759.8	27738.9
广东	124985.9	11499.0	17647.5	23375.2	3320.4	69143.8
广西	32361.3	3729.4	4241.7	3394.0	2549.5	18446.7
海南	8529.3	1399.6	1830.3	2143.0		3156.4
四川	88443.6	12050.9	7959.3	12160.4	8943.6	47329.4
贵州	24907.2	4132.4	2208.2	2053.2	4044.7	12468.7
云南	42697.9	5834.3	1940.7	4015.5	1171.3	29736.1
西藏	4533.7	646.6	308.3	259.4	2237.2	1082.2
陕西	46804.3	3823.6	2740.8	3087.5	19015.9	18136.5
甘肃	32206.3	3973.5	2561.4	2156.6	14582.6	8932.2
青海	8117.2	992.1	475.4	1059.7	3194.0	2396.0
宁夏	9988.2	1224.5	750.0	856.3	5310.8	1846.6
新疆	48899.9	3549.5	3272.7	5489.7	29100.7	7487.3
附:大连	18396.7	1984.6	1090.5	1605.8	5798.7	7917.1
宁波	6705.2	669.8	629.6	1253.6		4152.2
厦门	11296.7	356.3	806.7	690.6		9443.1
青岛	10806.1	1084.6	922.2	1575.3	5515.3	1708.7
深圳	12108.8	758.9	1024.5	1997.6	335.2	7992.6
重庆	18092.3	2176.9	1549.5	2565.5		11000.4

7－6 分地区企业单位职工保险福利费用构成情况

(1996)

单位:万元

地 区	合 计	集体保险福利费				
		小 计	集体福利设施及集体福利事业补贴费	文体宣传费	医疗卫生费	其 他
全国总计	6543094.8	5388857.8	1355160.9	227158.0	3332687.3	473851.6
北 京	256920.3	227028.1	19553.5	8954.5	174067.0	24453.1
天 津	164921.2	128675.8	17464.0	7481.0	99058.1	4672.7
河 北	266291.0	224793.8	56042.5	8689.4	144174.8	15887.1
山 西	188513.5	144400.5	43280.1	8966.3	83510.6	8643.5
内蒙古	93758.3	65437.5	19923.0	3480.2	38278.7	3755.6
辽 宁	360622.4	297647.1	70807.1	11110.4	198339.7	17389.9
吉 林	168581.7	133374.8	31844.8	12136.3	80815.9	8577.8
黑龙江	240155.1	184150.8	42147.0	7563.9	123605.6	10834.3
上 海	662208.4	530987.8	118983.6	8317.5	344411.8	59274.9
江 苏	511509.1	435252.9	105573.7	13832.4	277582.5	38264.3
浙 江	288383.7	246544.5	50108.7	7777.6	158005.7	30652.5
安 徽	194729.2	163370.8	42208.2	7380.8	101159.7	12622.1
福 建	121596.2	100372.1	37842.5	5254.7	45978.6	11296.3
江 西	105846.8	81548.7	23531.2	2859.9	44548.4	10609.2
山 东	374186.6	318534.0	98093.6	16280.2	178492.5	25667.7
河 南	241307.0	200288.0	45677.5	12674.4	127470.5	14465.6
湖 北	290873.9	234323.7	59699.9	9982.1	141622.8	23018.9
湖 南	213443.0	171341.9	44820.6	7809.6	103233.0	15478.7
广 东	628177.7	543121.3	178556.9	24521.7	271225.5	68817.2
广 西	125042.9	105074.8	25739.6	5141.9	61436.2	12757.1
海 南	42429.7	36893.4	10555.3	2410.5	21852.6	2075.0
四 川	358139.4	298745.2	74723.6	11218.9	190073.6	22729.1
贵 州	76643.3	61896.8	12513.7	2629.1	40057.8	6696.2
云 南	143608.5	122688.2	33255.0	5140.9	77780.8	6511.5
西 藏	7090.4	5611.6	2158.3	363.0	2730.9	359.4
陕 西	117146.1	90517.1	24164.5	3839.4	59661.1	2852.1
甘 肃	106992.3	86258.1	26882.7	4204.6	49694.7	5476.1
青 海	27780.2	23762.7	6116.0	554.4	14681.3	2411.0
宁 夏	28603.3	22524.8	5636.3	936.8	14262.2	1689.5
新 疆	137197.6	103691.0	27257.5	5645.6	64874.7	5913.2
附:大连	63564.6	52649.5	12421.6	1431.2	36384.4	2412.3
宁波	41586.7	36979.8	6182.9	1011.4	24999.8	4785.7
厦门	24680.8	17957.9	6765.7	1123.4	8184.0	1884.8
青岛	42553.2	34470.5	5770.9	1785.2	25142.2	1772.2
深圳	58131.6	47770.5	21845.2	3182.4	16893.7	5849.2
重庆	96174.0	82573.6	21904.3	2297.0	52112.7	6259.6

7—6 续表

地 区	个人保险福利费					
	小 计	丧葬抚恤救济费	生活困难补助	计划生育补贴	冬季取暖补贴	其 他
全国总计	1154237.0	135140.5	126407.6	156426.9	256015.7	480238.3
北 京	29892.2	2280.1	2539.8	4062.5	11533.6	9476.2
天 津	36245.4	2295.1	3237.4	3508.5	21516.3	5688.1
河 北	41497.2	5241.1	3274.8	7229.0	15161.6	10590.7
山 西	44113.0	9393.7	3782.5	3706.7	10399.6	16830.5
内 蒙 古	28320.8	2763.6	1919.3	2535.2	12984.8	8117.9
辽 宁	62975.3	9341.6	6265.1	8346.9	20240.7	18781.0
吉 林	35206.9	4519.7	4015.6	5853.8	12494.7	8323.1
黑 龙 江	56004.3	7207.8	4468.1	5304.0	23768.6	15255.8
上 海	131220.6	6173.1	14736.9	17831.7		92478.9
江 苏	76652.2	8211.9	15073.8	12558.2	5794.9	35013.4
浙 江	41839.2	3012.0	3816.8	6858.1		28152.3
安 徽	31358.4	5368.7	5548.0	5629.5	4903.0	9909.2
福 建	21224.1	2039.2	3907.8	1847.6		13429.5
江 西	24298.1	3126.4	3268.3	3022.3	6652.8	8228.3
山 东	55652.6	9459.1	5351.4	8946.6	20656.8	11238.7
河 南	41019.0	6500.7	4366.3	5481.6	12998.7	11671.7
湖 北	56550.2	9385.6	5896.1	7436.1	11510.1	22322.3
湖 南	42101.1	5120.6	4505.1	5585.3	8916.0	17974.1
广 东	85056.4	7582.3	12116.7	15704.4	2543.7	47109.3
广 西	19968.1	1943.0	2609.2	2171.7	1537.5	11706.7
海 南	5536.3	774.9	1495.7	1575.8		1689.9
四 川	59394.2	7986.5	5160.8	8524.4	5486.7	32235.8
贵 州	14746.5	2536.4	1353.7	1303.1	2185.1	7368.2
云 南	20920.3	4061.8	1254.4	2429.0	766.7	12408.4
西 藏	1478.8	236.5	73.0	56.6	750.6	362.1
陕 西	26629.0	2327.5	1548.0	2119.9	11108.7	9524.9
甘 肃	20734.2	2718.7	1574.6	1530.0	8714.1	6196.8
青 海	4017.5	486.5	225.5	610.6	1730.4	964.5
宁 夏	6078.5	876.2	531.0	611.8	3077.5	982.0
新 疆	33506.6	2178.2	2491.9	4046.0	18582.5	6208.0
附:大连	10915.1	1092.4	854.1	1165.0	4116.5	3687.1
宁波	4606.9	454.0	460.3	884.6		2808.0
厦门	6722.9	284.4	647.2	600.7		5190.6
青岛	8082.7	807.0	717.2	1302.8	4183.3	1072.4
深圳	10361.1	670.9	952.3	1631.9	318.4	6787.6
重庆	13600.4	1754.2	1212.2	2004.4		8629.6

7—7 分地区职工保险福利费用构成情况(国有经济单位)

(1996)

单位:万元

地区	合计	集体保险福利费				
		小计	集体福利设施及集体福利事业补贴费	文体宣传费	医疗卫生费	其他
全国总计	7586802.1	6185815.1	1532577.7	298983.5	3860456.5	493797.4
北京	316870.1	280975.4	24717.4	11884.6	220317.7	24055.7
天津	180295.8	143083.0	19361.5	8408.9	110660.6	4652.0
河北	321265.6	265971.5	67227.8	10929.9	169834.6	17979.2
山西	213157.1	162995.0	49641.3	10615.6	93402.4	9335.7
内蒙古	112859.5	76811.4	21872.3	3948.8	46420.2	4570.1
辽宁	393428.2	318935.1	75147.9	15325.7	211375.5	17086.0
吉林	211761.8	167338.4	33913.7	14173.6	108488.8	10762.3
黑龙江	272455.3	204939.0	45215.5	9136.9	138711.6	11875.0
上海	592887.7	477672.3	111580.3	10281.9	304669.9	51140.2
江苏	544280.7	464635.0	116402.7	16332.5	295561.0	36338.8
浙江	328095.0	279495.6	61449.1	12509.2	176229.4	29307.9
安徽	223096.9	185694.0	50815.9	8989.1	112455.6	13433.4
福建	149787.8	119796.3	41766.3	6626.4	58620.1	12783.5
江西	147447.2	113145.9	29791.7	4752.1	65478.1	13124.0
山东	398007.2	335740.9	98044.7	18726.1	191973.1	26997.0
河南	302273.3	247760.7	57633.0	17632.0	156809.7	15686.0
湖北	334986.7	271180.4	71455.3	13192.6	161970.2	24562.3
湖南	282074.7	223611.9	56791.9	11795.8	135569.0	19455.2
广东	712326.0	611617.4	185981.8	31198.5	331241.5	63195.6
广西	163024.1	134470.7	35745.1	8117.0	74782.8	15825.8
海南	56061.4	48302.4	13867.0	3182.1	26628.7	4624.6
四川	435707.3	358994.1	86857.5	17095.6	228122.0	26919.0
贵州	107194.3	83581.2	16300.2	3926.9	54997.9	8356.2
云南	214267.4	174663.1	45989.3	7990.0	111820.2	8863.6
西藏	15567.7	11057.5	3323.1	769.8	6146.4	818.2
陕西	163607.6	121740.9	29165.7	6184.0	82279.7	4111.5
甘肃	135495.8	106595.6	33726.0	5477.0	61355.2	6037.4
青海	38397.3	30660.0	7329.2	827.6	19840.4	2662.8
宁夏	37908.0	28493.3	6559.5	1402.0	18601.5	1930.3
新疆	182214.6	135857.1	34905.0	7551.3	86092.7	7308.1
附:大连	66366.2	51208.2	11903.8	2528.1	34764.7	2011.6
宁波	38488.9	34258.1	5665.9	1285.0	24612.0	2695.2
厦门	24014.6	14887.5	5217.3	846.8	7572.6	1250.8
青岛	35706.7	28388.4	4668.6	1665.8	21101.1	952.9
深圳	39856.1	31779.9	13453.8	2087.9	12565.9	3672.3
重庆	114872.5	99165.9	29660.5	4301.9	29884.2	7319.3

7—7 续表

地区	个人保险福利费					
	小计	丧葬抚恤救济费	生活困难补助	计划生育补贴	冬季取暖补贴	其他
全国总计	1400987.0	171970.9	145631.6	172301.5	325830.3	585252.7
北京	35894.7	3006.1	4298.0	4699.6	12491.8	11399.2
天津	37212.8	2614.3	3298.6	3229.6	22138.9	5931.4
河北	55294.1	7765.3	4587.1	8912.7	19852.5	14176.5
山西	50162.1	10142.8	4172.8	4283.0	12535.6	19027.9
内蒙古	36048.1	3781.0	2078.2	3014.3	16063.6	11111.0
辽宁	74493.1	11135.7	6700.4	8764.7	25267.8	22624.5
吉林	44423.4	5941.3	4810.3	6842.7	15444.2	11384.9
黑龙江	67516.3	8509.6	5149.6	6449.0	28788.1	18620.0
上海	115215.4	6443.9	12777.1	10640.7		85353.7
江苏	79645.7	9180.1	13959.2	12106.9	6523.9	37875.6
浙江	48599.4	4068.0	4003.8	7433.3		33094.3
安徽	37402.9	6559.4	6230.5	6276.8	6033.5	12302.7
福建	29991.5	2940.4	4381.0	2186.4		20483.7
江西	34301.3	4356.4	4800.6	4279.3	9311.6	11553.4
山东	62266.3	10326.5	5896.0	8965.9	21845.1	15232.8
河南	54512.6	8852.7	5618.8	6933.2	17875.8	15232.1
湖北	63806.3	10891.3	6960.3	7947.3	13559.4	24448.0
湖南	58462.8	7445.4	5878.5	7233.6	13267.9	24637.4
广东	100708.6	9759.9	14206.7	19436.2	2962.6	54343.2
广西	28553.4	3437.0	3805.7	2956.5	2273.3	16080.9
海南	7759.0	1256.4	1648.3	2020.0		2834.3
四川	76713.2	10604.4	7024.1	10017.8	7867.6	41199.3
贵州	23613.1	3933.0	2118.7	1952.5	3749.5	11859.4
云南	39604.3	5545.4	1775.1	3677.1	1153.6	27453.1
西藏	4510.2	636.3	307.2	257.9	2228.2	1080.6
陕西	41866.7	3504.0	2525.0	2741.7	16386.6	16709.4
甘肃	28900.2	3771.3	2321.5	1970.3	12960.7	7876.4
青海	7737.3	969.7	450.2	1014.8	2970.1	2332.5
宁夏	9414.7	1179.5	708.0	809.4	4939.5	1778.3
新疆	46357.5	3413.8	3140.3	5248.3	27338.9	7216.2
附:大连	15158.0	1745.3	858.1	1212.7	4649.9	6695.0
宁波	4230.8	465.5	365.9	786.7		2612.7
厦门	9127.1	252.2	532.4	363.5		7979.0
青岛	7318.3	731.5	653.8	1037.3	3576.8	1318.9
深圳	8076.2	592.1	767.4	1469.3	281.9	4965.5
重庆	15706.6	1941.7	1378.8	2040.0		10346.1

7—8 分地区职工保险福利费用构成情况(城镇集体经济单位)

(1996) 单位:万元

地区	合计	集体保险福利费				
		小计	集体福利设施及集体福利事业补贴费	文体宣传费	医疗卫生费	其他
全国总计	869753.7	682559.0	164899.0	29955.9	424009.8	63694.3
北京	27992.3	23675.6	2765.0	635.7	18372.0	1902.9
天津	20887.0	14823.8	1582.5	324.5	12410.3	506.5
河北	25533.6	19208.3	3841.9	670.1	13221.5	1474.8
山西	14705.4	10688.2	3353.8	744.7	5771.5	818.2
内蒙古	15480.7	10889.0	4802.1	842.6	4744.2	500.1
辽宁	64615.8	51693.2	19085.1	1528.3	27718.4	3361.4
吉林	19120.8	12964.7	1724.6	2936.0	6693.1	1611.0
黑龙江	14524.9	9892.1	3471.4	312.8	5024.7	1083.2
上海	72094.8	54506.6	5064.1	735.6	42867.4	5839.5
江苏	128259.4	105309.0	24745.0	3423.8	67880.5	9259.7
浙江	68490.5	56880.5	11983.0	1964.1	34303.3	8630.1
安徽	26514.3	20592.3	4951.8	966.8	13210.5	1463.2
福建	18307.4	14459.7	5884.9	861.3	6618.9	1094.6
江西	11129.1	8069.8	1656.8	309.5	5412.8	690.7
山东	62213.2	49079.6	13164.5	2619.9	29075.1	4220.1
河南	25842.2	20183.3	5170.3	1149.4	12119.0	1744.6
湖北	35501.5	26931.0	6109.4	1221.7	17831.7	1768.2
湖南	30302.1	22429.8	4718.2	995.8	14203.7	2512.1
广东	86146.0	73812.1	23078.1	4162.6	36976.9	9594.5
广西	11558.0	9353.5	2608.2	487.9	5217.8	1039.6
海南	1889.0	1496.4	232.3	127.3	1064.6	72.2
四川	44592.9	35451.3	7335.5	1484.4	24036.3	2595.1
贵州	3772.6	2544.7	524.5	143.7	1462.8	413.7
云南	12145.3	9403.4	1900.0	380.1	6436.1	687.2
西藏	29.4	18.5	3.0		5.4	10.1
陕西	9333.2	5558.2	1006.1	289.2	4089.7	173.2
甘肃	9697.8	6778.1	2555.6	344.2	3538.6	339.7
青海	1321.5	957.0	183.1	49.1	647.7	77.1
宁夏	1869.1	1384.6	418.7	56.6	851.5	57.8
新疆	5883.9	3524.7	979.5	188.2	2203.8	153.2
附:大连	10686.2	8825.6	1342.3	194.0	6968.0	321.3
宁波	11762.0	10356.4	1911.8	288.7	6731.1	1424.8
厦门	4459.6	3181.8	991.9	153.4	1679.5	357.0
青岛	10056.8	7828.9	1274.0	359.7	5333.9	861.3
深圳	5282.4	4750.9	3074.4	279.9	1092.3	304.3
重庆	10411.6	8408.6	1264.5	224.5	6118.0	441.6

7－8 续表

地区	个人保险福利费					
	小计	丧葬抚恤救济费	生活困难补助	计划生育补贴	冬季取暖补贴	其他
全国总计	187194.7	18001.3	21743.6	30435.1	45000.3	72014.4
北京	4316.7	171.9	314.7	624.0	1978.3	1227.8
天津	6063.2	280.2	384.7	611.2	3919.7	867.4
河北	6325.3	628.3	367.0	1085.6	2919.7	1324.7
山西	4017.2	396.1	322.3	560.1	1857.6	881.1
内蒙古	4591.7	347.6	473.1	482.1	2230.6	1058.3
辽宁	12922.6	1312.1	1188.8	2045.0	4358.0	4018.7
吉林	6156.1	612.9	414.6	1541.4	2696.6	890.6
黑龙江	4632.8	530.8	327.7	479.1	2207.0	1088.2
上海	17588.2	578.8	2695.1	3345.2		10969.1
江苏	22950.4	2582.1	4565.5	3958.3	1351.4	10493.1
浙江	11610.0	813.5	1191.4	2085.7		7519.4
安徽	5922.0	841.4	938.6	1279.7	1130.0	1732.3
福建	3847.7	352.6	638.4	378.6		2478.1
江西	3059.3	327.3	343.2	409.8	1031.1	947.9
山东	13133.6	1806.8	1044.1	2366.5	5389.1	2527.1
河南	5658.9	803.1	573.4	904.5	2293.6	1084.3
湖北	8570.5	1211.2	922.6	1404.7	2392.0	2640.0
湖南	7872.3	809.0	724.3	1188.0	2273.9	2877.1
广东	12333.9	1118.3	2292.9	2412.7	220.0	6290.0
广西	2204.5	235.7	305.0	296.7	208.3	1158.8
海南	392.6	42.7	112.9	86.9		150.1
四川	9141.6	1063.5	742.4	1759.6	799.3	4776.8
贵州	1227.9	194.9	87.0	95.3	279.5	571.2
云南	2741.9	251.4	150.3	285.1	15.4	2039.7
西藏	10.9	5.1	0.4	1.5	3.2	0.7
陕西	3775.0	294.0	201.9	285.3	1680.9	1312.9
甘肃	2919.7	196.9	237.0	176.3	1563.2	746.3
青海	364.5	21.4	23.6	42.9	216.0	60.6
宁夏	484.5	38.9	29.5	36.8	311.7	67.6
新疆	2359.2	132.8	131.2	206.5	1674.2	214.5
附:大连	1860.6	165.0	166.6	254.5	785.1	489.4
宁波	1405.6	132.7	194.8	308.4		769.7
厦门	1277.8	44.2	117.9	101.3		1014.4
青岛	2227.9	266.9	165.4	372.5	1194.7	228.4
深圳	531.5	65.1	54.8	145.3	0.5	265.8
重庆	2003.0	212.9	151.9	460.0		1178.2

7—9 历年全国离休、退休、退职人员年末人数

年份	合计	国有经济单位	城镇集体经济单位	其他各种经济单位	离退休、退职人数与职工人数的比例(以离退休、退职人数为1)
绝对数(万人)					
1978	314.0	248.0	30.0		1∶30.3
1979	596.0	473.0	123.0		1∶16.7
1980	816.0	638.0	178.0		1∶12.8
1981	950.0	740.0	210.0		1∶11.5
1982	1113.0	865.0	248.0		1∶10.1
1983	1292.0	1015.0	277.0		1∶8.9
1984	1478.0	1062.0	412.0	4.0	1∶8.0
1985	1637.0	1165.0	467.0	5.0	1∶7.5
1986	1805.0	1303.0	496.0	6.0	1∶7.1
1987	1968.0	1424.0	538.0	6.0	1∶6.7
1988	2120.0	1544.0	568.0	8.0	1∶6.4
1989	2201.0	1629.0	562.0	10.0	1∶6.2
1990	2301.0	1724.0	566.0	11.0	1∶6.1
1991	2433.0	1833.0	588.0	12.0	1∶6.0
1992	2598.0	1972.0	609.0	17.0	1∶5.7
1993	2780.0	2143.0	596.0	41.0	1∶5.4
1994	2929.0	2249.0	620.0	60.0	1∶5.1
1995	3094.1	2401.4	620.6	72.1	1∶4.8
1996	3211.6	2515.3	615.5	80.8	1∶4.6
二、比上年增长(%)					
1979	89.8	76.2	310.0		
1980	36.9	46.0	44.7		
1981	16.4	16.0	18.0		
1982	17.2	16.9	18.1		
1983	16.1	17.3	11.7		
1984	14.4	4.6	48.7		
1985	10.8	9.7	13.3	25.0	
1986	10.3	11.8	6.2	20.0	
1987	9.0	9.3	8.5		
1988	7.7	8.4	5.6	33.3	
1989	3.8	5.5	−1.1	25.0	
1990	4.5	5.8	0.7	10.0	
1991	5.7	6.3	3.9	9.1	
1992	6.8	7.6	3.6	41.7	
1993	7.0	8.7	−2.1	141.2	
1994	5.4	4.9	4.0	46.3	
1995	5.6	6.8	0.1	20.2	
1996	3.8	4.7	−0.8	12.1	

注:本表包括民政部门和总后勤部支付离休、退休、退职费的人数。

7—10 分地区离休、退休、退职人员年末人数

(1996)

单位:千人

地　区	合　计				#企　业			
	合　计	离休人员	退休人员	领取定期生活费的退职人员	合　计	离休人员	退休人员	领取定期生活费的退职人员
全国总计	32116	1921	29357	838	24739	972	23121	647
北　京	1366	100	1232	34	1068	46	996	26
天　津	830	33	779	18	688	18	654	16
河　北	1285	127	1137	21	970	58	895	17
山　西	793	83	695	15	614	39	563	12
内蒙古	587	43	535	8	432	20	407	6
辽　宁	2437	162	2187	90	2057	93	1886	79
吉　林	912	75	815	22	723	36	669	18
黑龙江	1571	117	1414	39	1355	80	1241	34
上　海	1973	44	1907	22	1685	25	1641	19
江　苏	2070	108	1881	81	1621	50	1506	65
浙　江	1108	45	1031	33	842	19	800	24
安　徽	1020	74	919	27	763	37	704	23
福　建	629	28	584	18	432	12	409	12
江　西	784	32	737	16	574	15	547	13
山　东	1564	171	1318	75	1168	79	1042	46
河　南	1047	124	1261	22	1051	53	981	18
湖　北	1397	66	1298	33	1071	33	1013	25
湖　南	1470	45	1394	32	1079	22	1034	23
广　东	1705	77	1598	29	1295	38	1234	23
广　西	700	32	653	14	453	15	429	10
海　南	271	9	242	19	228	5	204	19
四　川	2573	66	2452	55	1907	35	1829	43
贵　州	512	25	479	7	343	11	326	5
云　南	771	44	713	15	535	19	505	11
西　藏	28	1	27		13	1	12	
陕　西	796	62	702	32	582	29	536	17
甘　肃	472	31	419	22	349	16	319	14
青　海	181	12	164	5	112	5	104	3
宁　夏	138	9	123	5	101	4	94	3
新　疆	764	75	662	23	627	61	542	24

注:本表包括民政部门和总后勤部支付离休、退休、退职费的人数。

7—11　全部离休、退休、退职人员人数及保险福利费用构成情况

(1996)

	截至年末离休、退休、退职人员人数(人)			
	合　计	离休人员	退休人员	领取定期生活费的退职人员
总　　计	31832364	1885410	29108987	837967
#企业	24739390	971568	23120959	646863
一、国有经济单位合计	24870228	1738716	22571810	559702
(一)按隶属关系分组				
1.中央	5663785	392339	5180739	90707
2.省、自治区、直辖市	5692475	330508	5246424	115543
3.地区	7079290	437293	6509204	132793
4.县及县以下	6404675	576983	5608260	219432
5.其他	30003	1593	27183	1227
(二)按企业、事业、机关分组				
1. 企业	18169400	842910	16944639	381851
#地方	12931121	531699	12101670	297752
2.事业	4649260	451345	4098303	99612
#地方	3918115	365069	3466533	86513
3.机关	2051568	444461	1528868	78239
#地方	1907304	410044	1424756	72504
二、城镇集体经济单位合计	6154498	123242	5771077	260179
#企业	5824122	110694	5464451	248977
三、其他各种经济单位合计	807638	23452	766100	18086
#企业	745868	17964	711869	16035
#外商投资企业	87053	1971	82637	2445
#港、澳、台投资企业	80904	1542	77285	2077

项　　目	保险福利费用构成(万元)			
	合　计	离休金	退休金	退职生活费
总　　计	17976858.2	1377612.7	11992694.9	170963.0
#企业	12780405.5	655926.1	8787404.3	130256.3
一、国有经济单位合计	15177826.1	1284685.0	9924782.9	119616.5
(一)按隶属关系分组				
1 中央	4080216.9	302169.3	2552313.2	20174.8
2.省、自治区、直辖市	3796602.4	292049.7	2368990.8	28154.1
3.地区	4089519.3	337477.6	2748159.1	29194.5
4.县及县以下	3194209.7	351859.2	2244413.2	41897.2
5.其他	17277.8	1129.2	10906.6	195.9
(二)按企业、事业、机关分组				
1 企业	10168861.1	573542.7	6852609.8	82292.1
#地方	6656853.8	353437.6	4614237.2	63714.5
2.事业	3453714.1	371139.1	2254863.3	22108.3
#地方	2788737.6	288382.3	1850733.1	19534.3
3.机关	1555250.9	340003.2	817309.8	15216.1
#地方	1418671.6	310698.7	756607.8	13767.7
二、城镇集体经济单位合计	2308036.8	73112.1	1732017.7	47329.8
#企业	2162755.1	65347.3	1626230.0	44436.6
三、其他各种经济单位合计	490993.3	19815.6	335894.3	4016.7
#企业	448789.3	17036.1	308564.5	3527.6
#外商投资企业	49734.1	1418.2	33604.1	506.9
#港、澳、台投资企业	48519.1	1225.0	35406.8	370.8

项目	保险福利费用构成(万元)				
	医疗卫生费	丧葬抚恤救济费	交通费补贴	冬季取暖补贴	其他
总计	2656135.2	265725.5	141662.6	103843.7	1268220.6
#企业	1850939.6	196122.8	88944.7	76034.9	994776.8
一、国有经济单位合计	2297360.6	228020.4	125265.6	88044.6	1110050.5
(一)按隶属关系分组					
1.中央	582252.9	68723.8	36825.2	21617.2	496140.5
2.省、自治区、直辖市	713641.0	49885.0	26186.2	23693.3	294001.6
3.地区	660725.6	59937.1	33907.5	20877.8	199240.1
4.县及县以下	337685.2	49238.3	28279.7	21815.2	119021.7
5.其他	3055.9	235.5	67.0	41.1	1646.6
(二)按企业、事业、机关分组					
1.企业	1516766.2	161054.5	73675.9	61253.4	847666.5
#地方	1052577.0	97425.1	43682.3	40454.6	391325.5
2.事业	523444.8	45921.9	33515.5	17551.0	185170.2
#地方	409201.8	38013.6	26089.2	15115.9	141667.4
3.机关	257149.6	21044.0	18074.2	9240.2	77213.8
#地方	227373.4	19023.6	16258.9	8499.5	66442.0
二、城镇集体经济单位合计	268460.6	30581.9	13258.7	14196.9	129081.1
#企业	250941.4	28859.3	12328.4	13261.7	121350.4
三、其他各种经济单位合计	90314.0	7123.2	3138.3	1602.2	29089.0
#企业	83232.0	6209.0	2940.4	1519.8	25759.9
#外商投资企业	9800.2	466.1	276.2	215.6	3446.8
#港、澳、台投资企业	8994.2	537.1	227.5	132.5	1625.2

7—12 分地区全部离休、退休、退职人员保险福利费用构成情况

(1996)

单位:万元

地 区	合 计	离休金	退休金	退职生活费
全国总计	17976858.2	1377612.7	11992694.9	170963.0
北 京	885430.7	82132.8	538802.1	7325.0
天 津	519498.6	25606.8	285601.1	3202.0
河 北	764415.2	88031.1	504977.9	4864.7
山 西	402020.0	48841.6	252640.4	2559.8
内 蒙 古	284848.4	29089.0	201784.3	1459.6
辽 宁	1170214.2	113809.7	779397.3	14585.4
吉 林	399149.2	45321.8	273745.5	5296.1
黑 龙 江	715319.3	69035.9	496573.5	7053.5
上 海	1618287.5	70125.3	990522.3	9378.6
江 苏	1278459.7	99043.3	867471.0	18676.9
浙 江	752515.1	38257.9	507699.1	9898.7
安 徽	511809.1	47792.6	349270.4	5236.5
福 建	326806.0	22423.3	229165.0	4273.5
江 西	293527.0	16280.5	212829.3	2561.3
山 东	975988.3	122500.1	615063.1	10457.6
河 南	661602.1	71033.3	442936.7	4699.9
湖 北	689103.4	43821.3	489512.4	8483.3
湖 南	706296.7	31270.2	530066.7	5629.0
广 东	1181468.6	65927.5	721417.5	6800.5
广 西	353823.4	19568.6	257305.4	4891.2
海 南	111667.2	9431.6	85121.8	3024.3
四 川	1235274.2	45518.1	910101.6	10649.9
贵 州	275122.6	17971.7	195376.7	2153.6
云 南	521833.9	34035.8	329647.3	3272.4
西 藏	31378.0	948.5	26451.2	27.9
陕 西	369966.5	37669.2	242890.9	4536.6
甘 肃	284522.9	23435.6	195025.7	2511.0
青 海	129353.1	10341.0	89225.9	1171.8
宁 夏	76812.1	6200.1	51906.4	815.4
新 疆	450345.2	42148.4	330166.4	5466.7
附:大连	173675.6	18581.2	110997.6	2593.0
宁波	98482.7	3743.9	68235.9	1465.9
厦门	38688.6	2547.4	27615.3	427.9
青岛	158213.6	11487.0	110219.6	905.8
深圳	23006.2	1573.8	14612.2	265.5
重庆	370696.9	9635.2	289756.0	1724.8

7—12 续表 单位:万元

地区	医疗卫生费	丧葬抚恤救济费	交通费补贴	冬季取暖补贴	其他
全国总计	2656135.2	265725.5	141662.6	103843.7	1268220.6
北京	182658.3	6094.6	3967.9	5710.7	58739.3
天津	78434.5	4850.3	2521.3	10351.4	108931.2
河北	89237.5	10213.3	6061.6	5166.0	55863.1
山西	40899.0	6677.4	3493.4	3357.9	43550.5
内蒙古	24410.2	4370.6	2995.5	4218.6	16520.6
辽宁	138136.5	23650.4	15394.0	10055.0	75185.9
吉林	44406.2	3708.7	5688.2	3982.6	17000.1
黑龙江	59914.6	11716.8	3996.3	10718.9	66309.5
上海	403906.7	19733.8	11133.3		113487.5
江苏	198807.2	22536.1	5009.6	1988.1	64927.5
浙江	146660.0	10653.5	3733.2		35612.7
安徽	69619.5	11862.2	4586.2	1777.9	21663.8
福建	42524.7	4438.3	1179.8		22801.4
江西	30523.3	5653.0	1948.1	1908.8	21822.7
山东	121878.0	18354.2	15593.3	6561.3	65580.7
河南	79929.8	11067.2	4947.0	4985.7	42002.5
湖北	93035.5	12131.0	5978.7	3235.3	32905.8
湖南	78818.8	9546.2	3214.6	3303.9	44447.3
广东	266942.3	11453.9	9986.7	945.0	97995.2
广西	39692.7	4473.9	1185.8	518.5	26187.3
海南	10359.2	1047.2	425.5		2257.6
四川	156883.5	19785.1	4958.2	2425.7	84952.1
贵州	29771.7	5812.9	6715.9	1016.4	16303.7
云南	81555.6	8391.9	5850.1	317.7	58763.1
西藏	2161.0	377.1	447.5	416.6	548.2
陕西	51431.9	4769.7	5250.6	4924.0	18493.6
甘肃	25825.4	3484.4	1799.5	3430.5	29010.9
青海	12874.5	1464.9	517.5	1348.1	12409.4
宁夏	8794.6	1652.7	379.3	1174.8	5888.8
新疆	46042.5	5754.2	2704.1	10004.3	8058.6
附:大连	26628.8	3070.6	2033.6	2023.6	7747.2
宁波	20398.4	1679.6	217.0		2742.0
厦门	4543.9	456.3	99.8		2998.0
青岛	17195.5	3282.2	2976.5	1957.6	10189.4
深圳	2950.6	205.6	556.8	28.5	2813.2
重庆	46177.8	5180.9	772.1		17450.1

7—13 分地区企业单位离休、退休、退职人员保险福利费用构成情况

(1996)

单位:万元

地 区	合 计	离休金	退休金	退职生活费
全国总计	12780405.5	655926.1	8787404.3	130256.3
北 京	655828.1	36700.3	427185.6	5510.8
天 津	386398.9	12339.4	214759.3	2519.4
河 北	538795.2	36801.8	373470.4	3653.3
山 西	290197.0	20605.3	188185.3	2000.7
内 蒙 古	193264.0	12458.0	141687.9	929.9
辽 宁	921955.5	63986.0	636780.4	12826.9
吉 林	290031.2	23455.3	206472.0	4136.4
黑 龙 江	604796.1	46395.6	416731.0	6039.8
上 海	1187351.2	25219.2	784182.4	8291.1
江 苏	921090.6	44425.2	646064.7	14715.4
浙 江	530713.6	16012.3	366043.9	7003.4
安 徽	364017.6	23888.4	255414.5	4157.3
福 建	190574.0	9163.7	135281.0	2500.8
江 西	205111.1	6566.4	150896.0	2025.0
山 东	695152.1	55720.5	465606.3	6840.8
河 南	462544.7	30934.4	320509.9	3526.4
湖 北	492995.5	20188.8	354899.3	6318.7
湖 南	482347.0	14674.3	361973.3	4077.6
广 东	781067.4	31632.7	502580.0	4808.1
广 西	222772.8	8565.3	158062.8	3778.6
海 南	81799.4	4919.7	63116.1	2761.6
四 川	867338.3	22614.8	645554.3	7768.8
贵 州	169771.1	7722.5	121128.2	1686.1
云 南	318670.7	13728.7	192886.2	2100.2
西 藏	10957.9	354.7	8833.0	17.7
陕 西	253399.9	18486.1	174702.8	2968.2
甘 肃	204143.4	11694.8	142521.4	1504.7
青 海	69091.4	3516.3	49037.0	491.2
宁 夏	54518.3	2707.4	38193.5	523.3
新 疆	333711.5	30447.5	244645.8	4774.5
附:大连	134889.8	10858.9	91453.0	2345.9
宁波	72085.1	1673.5	51335.4	1179.7
厦门	24842.3	971.9	17598.7	355.4
青岛	128302.4	5376.3	92769.8	694.5
深圳	15005.3	968.3	8205.3	260.6
重庆	288161.2	4954.1	230983.9	1543.6

地区	医疗卫生费	丧葬抚恤救济费	交通费补贴	冬季取暖补贴	其他
全国总计	1850939.6	196122.8	88944.7	76034.9	994776.8
北京	140917.5	4692.4	1834.4	4816.0	34171.1
天津	52734.3	3754.0	1082.1	8244.9	90965.5
河北	62895.9	7645.5	3122.8	3640.2	47565.3
山西	30640.5	5451.8	2401.1	2373.6	38538.7
内蒙古	15723.2	2922.7	2473.8	3265.0	13803.5
辽宁	105221.9	20533.9	10231.0	7372.8	65002.6
吉林	32835.4	2171.6	4396.8	3159.1	13404.6
黑龙江	51026.6	10285.1	3106.8	8901.3	62309.9
上海	262095.9	12804.0	7043.3		87714.6
江苏	141767.3	17968.8	3099.5	1498.0	51551.7
浙江	108199.6	8254.7	2326.9		22873.2
安徽	49903.4	8646.1	3105.3	1117.9	17784.7
福建	27347.3	2735.7	492.7		13052.8
江西	21360.0	4186.7	1053.2	1045.3	17978.5
山东	85420.2	14711.7	11949.8	4959.7	49943.1
河南	55764.6	8127.2	3266.9	3458.6	36956.7
湖北	67900.9	8810.5	4182.1	2160.6	28534.6
湖南	53575.9	6465.0	1994.3	1867.9	37718.7
广东	169152.7	7962.9	5438.3	571.6	58921.1
广西	28381.1	2588.5	687.1	308.3	20401.1
海南	8536.2	659.9	252.4		1553.5
四川	107033.8	14703.1	3052.4	1523.6	65087.5
贵州	19249.9	3565.7	3033.3	440.1	12945.3
云南	52051.8	6230.6	3513.8	196.8	47962.6
西藏	930.8	114.3	187.6	180.6	339.2
陕西	34889.4	2932.7	2128.2	3265.2	14027.3
甘肃	17808.7	2206.0	1051.0	2205.2	25151.6
青海	7338.3	612.9	326.4	913.0	6856.3
宁夏	5964.2	1310.4	205.4	750.1	4864.0
新疆	34272.3	3068.4	1906.0	7799.5	6797.5
附:大连	20745.7	2616.5	976.9	1440.8	4452.1
宁波	14579.7	1379.4	91.5		1845.9
厦门	3374.6	331.8	31.0		2178.9
青岛	14092.1	2941.2	2556.2	1661.1	8211.2
深圳	2474.8	158.8	414.6	27.0	2495.9
重庆	32423.0	4347.7	336.7		13572.2

7－14 分地区离休、退休、退职人员保险福利费用构成情况(国有经济单位)

(1996)

单位:万元

地　区	合　计	离休金	退休金	退职生活费
全国总计	15177826.1	1284685.0	9924782.9	119616.5
北　京	740516.4	78358.4	436065.8	4369.8
天　津	429773.5	23485.7	233476.4	1909.8
河　北	669671.0	80280.1	432635.8	3710.7
山　西	372462.0	46362.3	231043.6	1731.2
内蒙古	261790.9	27819.9	183969.9	1010.6
辽　宁	966604.9	105547.6	621664.2	7591.9
吉　林	347113.3	40218.8	235850.1	3092.0
黑龙江	672460.6	66830.7	452635.8	5939.0
上　海	1280997.1	66835.9	755262.5	4684.6
江　苏	891397.6	88037.5	586709.4	10085.7
浙　江	557530.4	35393.2	358281.0	6522.8
安　徽	435330.4	44505.9	289719.6	3062.8
福　建	278065.2	21307.9	190656.5	3564.1
江　西	258172.7	15891.8	183822.1	1919.2
山　东	742015.8	106736.9	450451.3	6386.9
河　南	596983.4	66894.1	393809.2	3671.6
湖　北	591050.2	41300.3	412478.8	6161.2
湖　南	607182.4	29602.4	447552.6	4446.7
广　东	962498.0	61401.5	564469.3	5647.2
广　西	309347.6	18315.5	221239.8	4401.5
海　南	104401.7	8939.1	79182.4	2947.5
四　川	1077430.3	42992.2	786805.2	8522.2
贵　州	263705.1	17597.6	186296.8	2040.6
云　南	493922.3	32992.3	310585.8	2954.5
西　藏	31366.2	948.5	26440.2	27.9
陕　西	335613.2	36228.0	217958.6	3957.6
甘　肃	269327.0	22399.9	183772.0	2194.0
青　海	125828.4	10227.6	86413.2	1088.0
宁　夏	72638.0	6004.0	48781.2	740.7
新　疆	432630.5	41229.4	316753.8	5234.2
附:大连	142136.0	17053.5	88929.9	1398.5
宁波	59735.7	3258.2	38651.4	699.1
厦门	28231.5	2310.9	19762.4	261.9
青岛	108331.9	9804.4	73547.4	443.5
深圳	19099.2	1491.5	12481.3	235.8
重庆	329853.7	9225.8	256919.0	1214.9

地区	医疗卫生费	丧葬抚恤救济费	交通费补贴	冬季取暖补贴	其他
全国总计	2297360.6	228020.4	125265.6	88044.6	1110050.5
北京	154411.9	5413.6	3696.7	4145.0	54055.2
天津	69481.0	3978.8	2367.6	8001.5	87072.7
河北	81190.3	9108.1	5669.4	4467.1	52609.5
山西	38646.2	6331.6	3315.6	2239.9	42091.6
内蒙古	22801.6	4139.0	2600.4	3729.4	15720.1
辽宁	121214.3	20510.7	13042.1	7964.0	69070.1
吉林	40659.0	3455.7	5052.3	3505.2	15280.2
黑龙江	57127.5	11293.9	3858.6	10065.9	64709.2
上海	341929.5	17052.3	9971.9		85260.4
江苏	151956.9	15733.3	4114.5	1550.4	33209.9
浙江	116579.5	7509.6	3507.9		29736.4
安徽	62450.1	10153.9	4086.1	1494.2	19857.8
福建	37487.6	3803.6	1110.1		20135.4
江西	27546.8	5220.2	1780.4	1683.2	20309.0
山东	97723.8	14183.9	11463.2	4659.8	50410.0
河南	72979.4	10202.9	4471.2	4288.0	40667.0
湖北	81847.5	10156.7	5322.2	2723.4	31050.1
湖南	70060.1	8296.7	2823.5	2785.2	41615.2
广东	224926.0	9315.6	8491.4	803.8	87443.2
广西	35270.8	3996.2	1042.1	472.3	24069.4
海南	9820.2	955.9	376.9		2179.7
四川	136681.8	17244.1	4602.5	2261.1	78321.2
贵州	28716.2	5631.7	6437.4	977.1	16007.7
云南	76988.1	7871.1	5552.4	312.8	56665.3
西藏	2160.4	377.1	447.5	416.5	548.1
陕西	46751.1	4345.5	5027.2	4011.9	17333.3
甘肃	24692.8	3331.1	1683.2	3115.4	28138.6
青海	12596.2	1436.6	508.3	1281.5	12277.0
宁夏	8398.6	1566.5	370.4	1077.2	5699.4
新疆	44265.4	5404.5	2462.6	9312.8	7967.8
附:大连	22249.1	2447.9	1848.3	1701.9	6506.9
宁波	13993.9	958.0	190.5		1984.6
厦门	3277.4	344.7	92.3		2181.9
青岛	12477.8	2238.4	1955.7	1246.4	6618.3
深圳	2405.0	164.1	510.3	20.9	1790.3
重庆	41408.7	4502.7	744.4		15838.2

7—15 分地区离休、退休、退职人员保险福利费用构成情况（城镇集体经济单位）

(1996)

单位：万元

地　区	合　计	离休金	退休金	退职生活费
全国总计	2308038.8	73112.1	1732017.7	47329.8
北　京	132532.2	3180.6	94382.0	2763.8
天　津	68839.9	1418.2	41316.2	1217.2
河　北	85173.9	6885.8	65422.5	1092.6
山　西	28311.7	2394.3	20650.4	823.7
内蒙古	21323.6	1180.7	16543.2	424.5
辽　宁	171347.7	6079.5	135241.5	6722.8
吉　林	43989.0	1990.9	34290.1	2165.7
黑龙江	37299.2	1928.4	29932.4	1087.2
上　海	234701.1	1370.4	166684.6	4300.6
江　苏	324078.1	9162.2	234964.6	7610.9
浙　江	166799.4	2269.3	129976.8	3108.9
安　徽	62725.7	2764.6	48124.8	1941.7
福　建	41270.9	853.7	32873.7	661.8
江　西	34491.1	378.3	28391.7	637.0
山　东	174671.7	12483.3	125478.3	3594.6
河　南	59667.1	3882.2	45545.7	968.3
湖　北	79941.9	1923.3	64095.4	2138.6
湖　南	93671.0	1526.8	78190.4	1145.7
广　东	174389.4	3680.0	128315.8	985.1
广　西	36622.6	963.2	30379.9	411.2
海　南	7107.9	476.0	5823.4	76.8
四　川	125163.3	1615.8	99310.0	1838.9
贵　州	11134.1	360.4	8883.3	112.8
云　南	26491.4	992.8	18047.6	302.7
西　藏	5.5		5.4	
陕　西	28455.7	1196.7	20539.0	524.8
甘　肃	14298.2	1016.5	10612.7	309.0
青　海	3403.1	93.3	2740.4	82.8
宁　夏	3562.2	170.7	2705.5	73.3
新　疆	16570.2	874.2	12550.4	206.8
附：大连	27575.1	1338.1	19706.0	1135.6
宁波	30419.3	378.3	23780.9	680.9
厦门	9213.8	191.1	7081.4	151.0
青岛	39181.4	1348.3	29412.7	426.1
深圳	766.8	2.2	385.4	
重庆	36144.3	315.8	29619.4	469.9

7—15 续表 单位:万元

地　　区	医　疗 卫生费	丧葬抚恤 救济费	交通费 补　贴	冬季取 暖补贴	其他
全国总计	268460.6	30581.9	13258.7	14196.9	129081.1
北　　京	25718.5	606.8	247.4	1474.6	4158.5
天　　津	4931.7	700.8	111.9	1903.3	17240.6
河　　北	6830.2	987.4	340.0	637.6	2977.8
山　　西	2110.3	334.9	169.2	402.2	1426.7
内 蒙 古	1421.0	215.4	346.9	440.1	751.8
辽　　宁	11541.3	2455.6	1991.1	1970.7	5345.2
吉　　林	2863.5	226.4	443.0	433.1	1576.3
黑 龙 江	1788.9	350.1	120.8	616.6	1474.8
上　　海	38353.6	1666.6	443.1		21882.2
江　　苏	37198.9	5660.3	567.1	422.6	28491.5
浙　　江	23207.8	2817.7	198.1		5220.8
安　　徽	6567.6	1351.6	473.1	272.6	1229.7
福　　建	3938.0	546.8	56.7		2340.2
江　　西	2806.9	423.5	163.2	222.2	1468.3
山　　东	14438.6	2982.9	3348.2	1565.9	10780.0
河　　南	6297.7	814.8	443.4	651.7	1063.3
湖　　北	8254.9	1375.2	536.5	450.6	1167.4
湖　　南	8425.8	1177.8	355.4	510.5	2338.6
广　　东	30659.6	1785.9	1329.2	58.2	7575.6
广　　西	3291.0	404.8	119.3	40.5	1012.7
海　　南	524.5	88.4	47.6		71.2
四　　川	14927.2	2057.3	294.2	148.9	4971.0
贵　　州	1012.8	179.8	274.3	36.8	273.9
云　　南	4319.2	490.6	284.4	4.7	2049.4
西　　藏					0.1
陕　　西	3727.6	369.8	194.9	833.8	1069.1
甘　　肃	1054.7	144.9	115.1	309.6	735.7
青　　海	259.5	27.0	8.4	66.0	125.7
宁　　夏	267.4	76.4	7.4	89.3	172.2
新　　疆	1721.9	262.5	228.8	634.8	90.8
附:大连	3302.4	577.8	156.9	298.8	1059.5
宁波	4451.9	574.7	19.6		533.0
厦门	972.6	97.1	5.9		714.7
青岛	2983.1	841.6	823.7	584.6	2761.3
深圳	229.3	11.5	17.7		120.7
重庆	3884.3	619.6	21.0		1214.3

7—16 分地区离休、退休、退职人员保险福利费用构成情况(其他经济单位)

(1996)

单位:万元

地区	合计	离休金	退休金	退职生活费
全国总计	490993.3	19815.6	335894.3	4016.7
北京	12382.1	593.8	8354.3	191.4
天津	20885.2	702.9	10808.5	75.0
河北	9570.3	865.2	6919.6	61.4
山西	1246.3	85.0	946.4	4.9
内蒙古	1733.9	88.4	1271.2	24.5
辽宁	32271.6	2182.6	22491.6	270.7
吉林	8046.9	3112.1	3605.3	38.4
黑龙江	5559.5	276.8	4005.3	27.6
上海	102589.3	1919.0	68575.2	393.4
江苏	62984.0	1843.6	45797.0	980.3
浙江	28185.3	595.4	19441.3	267.0
安徽	13753.0	522.1	11426.0	232.0
福建	7469.9	261.7	5634.8	47.6
江西	863.2	10.4	615.5	5.1
山东	59300.8	3279.9	39133.5	476.1
河南	4951.6	257.0	3581.8	60.0
湖北	18111.3	597.8	12938.2	183.5
湖南	5443.3	141.0	4323.7	36.6
广东	44581.2	846.0	28632.4	168.2
广西	7853.2	289.9	5685.7	78.5
海南	157.6	16.5	116.0	
四川	32680.6	910.1	23986.4	288.8
贵州	283.4	13.7	196.6	0.2
云南	1420.2	50.7	1013.9	15.2
西藏	6.3		5.6	
陕西	5897.6	244.5	4393.3	54.2
甘肃	897.7	19.2	641.0	8.0
青海	121.6	20.1	72.3	1.0
宁夏	611.9	25.4	419.7	1.4
新疆	1144.5	44.8	862.2	25.7
附:大连	3964.5	189.6	2361.7	58.9
宁波	8327.7	107.4	5803.6	85.9
厦门	1243.3	45.4	771.5	15.0
青岛	10700.3	334.3	7259.5	36.2
深圳	3140.2	80.1	1745.5	29.7
重庆	4698.9	93.6	3217.6	40.0

地 区	医疗卫生费	丧葬抚恤救济费	交通费补贴	冬季取暖补贴	其他
全国总计	90314.0	7123.2	3138.3	1602.2	29089.0
北 京	2527.9	74.2	23.8	91.1	525.6
天 津	4021.8	170.7	41.8	446.6	4617.9
河 北	1217.0	117.8	52.2	61.3	275.8
山 西	142.5	10.9	8.6	15.8	32.2
内蒙古	187.6	16.2	48.2	49.1	48.7
辽 宁	5380.9	684.1	360.8	120.3	770.6
吉 林	883.7	26.6	192.9	44.3	143.6
黑龙江	998.2	72.8	16.9	36.4	125.5
上 海	23623.6	1014.9	718.3		6344.9
江 苏	9651.4	1142.5	328.0	15.1	3226.1
浙 江	6872.7	326.2	27.2		655.5
安 徽	601.8	356.7	27.0	11.1	576.3
福 建	1099.1	87.9	13.0		325.8
江 西	169.6	9.3	4.5	3.4	45.4
山 东	9715.6	1187.5	781.9	335.6	4390.7
河 南	652.7	49.5	32.4	46.0	272.2
湖 北	2933.1	599.1	110.0	61.3	688.3
湖 南	332.9	71.7	35.7	8.2	493.5
广 东	11356.7	252.4	166.1	83.0	2976.4
广 西	1130.9	72.9	24.4	5.7	565.2
海 南	14.5	2.9	1.0		6.7
四 川	5274.5	483.7	61.5	15.7	1659.9
贵 州	42.7	1.4	4.2	2.5	22.1
云 南	248.3	30.2	13.3	0.2	48.4
西 藏	0.6			0.1	
陕 西	953.2	54.4	28.5	78.3	91.2
甘 肃	77.9	8.4	1.1	5.5	136.6
青 海	18.8	1.3	0.8	0.6	6.7
宁 夏	128.6	9.8	1.5	8.3	17.2
新 疆	55.2	87.2	12.7	56.7	
附:大连	1077.3	44.9	28.4	22.9	180.8
宁波	1952.6	146.9	6.9		224.4
厦门	293.9	14.5	1.6		101.4
青岛	1734.6	202.2	197.1	126.6	809.8
深圳	316.3	30.0	28.8	7.6	902.8
重庆	884.8	58.6	6.7		397.6

三、统计分析

关于一九九六年社会保险事业发展情况的报告

1996年，是我国“九五”计划的第一年，是深化、完善社会保险制度改革的关键一年。一年来全国社会保险战线的全体职工，解放思想、振奋精神、勤奋工作，保证了社会保险各项制度改革的顺利进行，特别是以社会统筹与个人帐户相结合为原则的养老保险制度改革在这一年得到很大发展。到1996年底，全国已有2365个市县实行了城镇集体企业离退休费用社会统筹，820个市县实行了外商投资企业离退休费用社会统筹，1326个市县实行了工伤保险费用社会统筹，969个市县实行了生育费用社会统筹，520个市县实行了职工大病医疗费用社会统筹，368个市县实行了离退休人员医疗费用社会统筹。同时不同程度地开展离退休费用社会化发放的市县数也增加到2192个。全年共收社会保险基金1207.18亿元，支出1055.09亿元，基金累计结余609.72亿元(详见表1)。另外，1996年全国企业补充养老保险基金收入6.8亿元，支出1.32亿元，累计结余18.30亿元。职工个人储蓄性养老保险收入2.34亿元，支出0.5亿元，累计结余6.68亿元。现根据96年统计报表对目前我国社会保险发展基本情况作如下具体分析：

表1　　**1996年社会保险基金收支余情况**

单位:亿元

项　目	收　入	支　出	期末结余
全国总计	1207.18	1055.09	609.72
一、基本养老保险合计	1171.76	1031.87	578.56
二、工伤保险合计	10.89	3.70	19.75
三、生育保险合计	5.52	3.29	4.97
四、医疗保险合计	19.01	16.23	6.44

一、社会保险改革进展情况

(一)基本养老保险情况

1.参加基本养老保险人员情况

到1996年底，全国参加基本养老保险的在职职工8758.41万人，离退休人员2358.31万人，分别比上年增长了0.23%和5.23%。

从参保人员情况看，有以下几个特点：

(1)参保职工人数继续增长，但增速减小。

1996年全国参加基本养老保险职工比上年净增20.2万人，仅比上年增长了0.23%，增长率小于去年2.67个百分点，增长速度明显小于上年，为近年最低(见图2)。从表2看出系统统筹单位参保职工有所下降，主要原因是：1996年从银行系统分离出一部分人成立农业发展银行，这部分人没有参加统筹。分所有制看，国有企业参保职工已呈负增长，城镇集体企业参保职工增长速度小于其他经济类型企业参保职工增长速度。从图1可以看出从1993年到1996年参保职工人数一直是持续增长，而图2显示出增长率基本上是处于下降趋势。

表2　**1996年参加基本养老保险人员情况**

项　目	在职职工		离退休人员	
	人数(万人)	增长率%	人数(万人)	增长率%
全　国　总　计	8758.41	0.23	2358.31	5.23
其中：系统统筹	1395.81	—0.33	383.04	6.58
地方统筹	7362.60	0.34	1975.27	4.97
一、国有企业	7044.89	—1.21	1857.22	3.95
其中：系统统筹	1389.3	—0.82	382.88	6.54
地方统筹	5655.57	—1.3	1474.34	0.14
二、城镇集体企业	1455.49	6.22	466.86	8.84
其中：系统统筹	5.8	*	0.14	*
地方统筹	1449.69	5.8	466.72	8.81
三、其他经济类型企业	258.03	8.98	34.23	34.1
其中：系统统筹	0.69	*	0.02	*
地方统筹	257.34	8.69	34.21	34.1

注：表中部分增长率为*，原因是1995年实行系统统筹单位的城镇集体和其他经济类型企业单位没有参加统筹。

(2)参保职工增长速度继续小于离退休人员增长速度。

1996年参加基本养老保险的离退休人员比上年净增117.1万人，增长速度为5.23%，增长速度比上年下降了2.57个百分点，为当年职工增长速度的22.74倍。从图2可以看出，离退休人员增长速度虽然逐年下降了，但从94年到96年离退休人员增长速度都远大于当年职工增长速度。

1993—1996 年参加基本养老保险人员情况

单位:万人

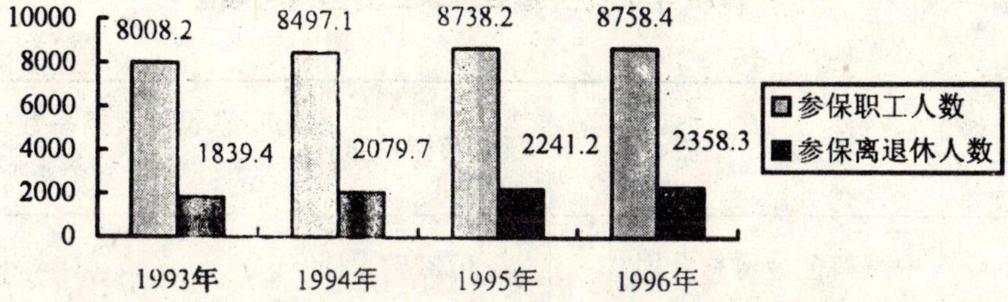

图 1

1994—1996 年参加基本养老保险的在职职工和离退休人员增长率情况

单位:%

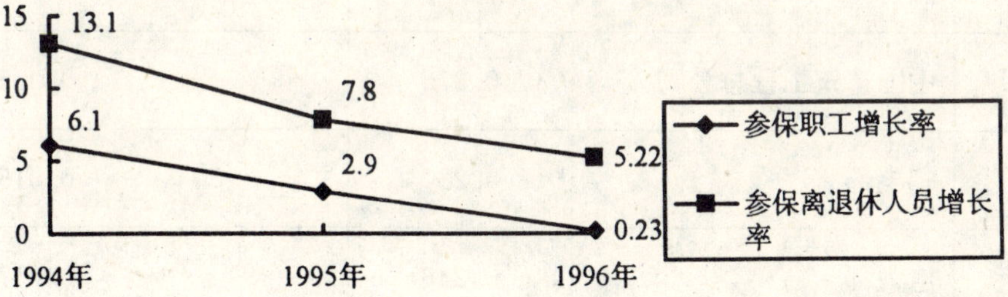

图 2

(3)职工负担系数继续加大,且不平衡。

1996 年全国统筹范围内职工平均负担系数为 0.269,比上年提高了 0.013。说明在职职工的负担水平加大。图 3 表明近年职工负担系数的变化情况。

1993—1996 年职工负担情况

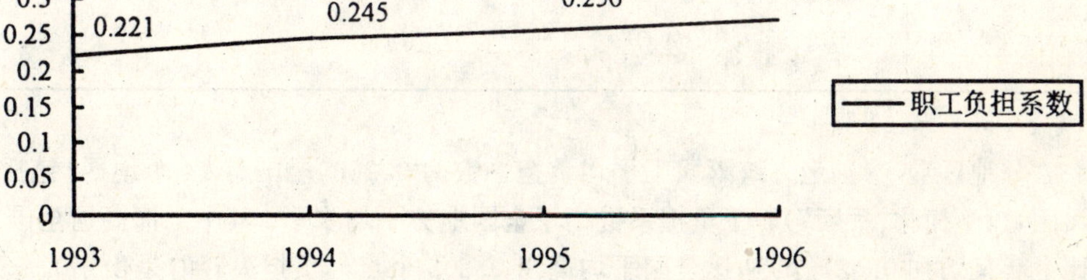

图 3

从系统统筹情况看，参加系统统筹的职工平均负担系数为0.274，表3是系统统筹单位负担系数顺位及变化情况，除水利部外，其他单位负担都不同程度加重，且负担水平最重的和最轻的比相差6.5倍，负担水平极不平衡。

表3

1996年系统统筹单位职工负担情况顺位

顺　位	单　　位	职工负担系数	1996的职工负担系数比1995年增减（个点）
1	中国有色金属总公司	0.375	0.038
2	煤炭部	0.366	0.029
3	铁道部	0.324	0.005
4	水利部	0.292	－0.001
5	中国建筑工程总公司	0.275	0.075
6	邮电部	0.260	0.015
7	电力部	0.246	0.017
8	交通部	0.216	0.025
9	中国石油天然气总公司	0.174	0.017
10	中国人民银行	0.122	0.011
11	中国民航总局	0.058	0.004
—	平　　均	0.274	0.017

分地区看，参加地方统筹职工平均负担系数为0.268，全国有14个地区（包括新疆生产建设兵团，以下简称“兵团”）职工负担系数高于全国地方平均水平。其中上海高居全国之首为0.472，比上年又增加0.024个点，比全国平均高出0.203个点。负担最轻的是山东为0.192，比上年高0.011个点，比全国平均水平低0.076个点。最重的与最轻的相差2.46倍，负担水平极不平衡。

表 4

1996 年全国分地区职工负担系数顺位

顺位	地　区	负担系数	顺位	地　区	负担系数
1	上　海	0.472	17	陕　西	0.25
2	兵　团	0.425	18	贵　州	0.248
3	北　京	0.385	19	江　苏	0.243
4	天　津	0.366	20	吉　林	0.240
5	西　藏	0.352	21	江　西	0.233
6	四　川	0.314	22	安　徽	0.220
7	福　建	0.308	23	湖　北	0.218
8	辽　宁	0.301	24	河　北	0.217
9	海　南	0.296	25	甘　肃	0.215
10	云　南	0.294	26	广　西	0.213
11	浙　江	0.291	27	山　西	0.211
12	广　东	0.281	28	宁　夏	0.211
13	湖　南	0.278	29	内蒙古	0.208
14	新　疆	0.271	30	河　南	0.193
15	青　海	0.267	31	山　东	0.192
16	黑龙江	0.259	—	全国平均	0.268

(4)城镇集体企业和其他经济类型企业职工参保的覆盖率较低，有待提高。

1996 年全国参加基本养老保险的职工 8758.41 万人，覆盖了全部企业职工的 78.4%。从所有制看，国有企业职工参保的覆盖面为 95.15%，城镇集体企业职工参保的覆盖面为 51.47%，其他各种经济类型企业职工参保的覆盖面为 27.48%。1996 年全国参加基本养老保险的离退休人员 2358.31 万人，占全部企业离退休人员的 95.33%。

2.基本养老保险金收支余情况

表 5

1996 年基本养老基金收支余情况

项目	基金收入		基金支出		期末结余	
	金额(亿元)	增长率(%)	金额(亿元)	增长率(%)	金额(亿元)	增长率(%)
全国总计	1171.76	23.33	1031.87	21.74	578.56	34.6
其中:系统统筹	298.18	32.37	259.85	26.37	86.80	119.03
地方统筹	873.58	20.53	772.02	20.25	491.76	26.02
一、国有企业	968.64	20.69	861.85	22.22	506.80	29.81
其中:系统统筹	297.78	32.19	259.75	26.33	86.27	117.69
地方统筹	670.86	16.21	602.10	20.54	420.53	19.88
二、城镇集体企业	139.20	25.09	151.03	27.83	-16.1	-531.37
其中:系统统筹	0.16	*	0.08	*	0.24	*
地方统筹	139.04	24.95	150.95	27.77	-16.34	-540.78
三、其他各种经济类型企业	63.92	76.53	18.99	43.97	87.86	109.34
其中:系统统筹	0.24	*	0.02	*	0.28	*
地方统筹	63.68	75.86	18.97	43.82	87.58	108.67

注:表中部分增长率为*,原因是 95 年系统统筹单位中的集体企业和其他经济类型企业没有参加统筹,所以 95 年这部分基金收入为 0。

1996 年全国基本养老保险基金收入 1171.76 亿元,比上年增收了 221.70 亿元,增长了 23.33%。其中:地方收入 873.58 亿元,增收 148.79 亿元,增长了 20.53%亿元。图 4、图 5 显示近年基金收入增长情况,从两图可以看出收入的绝对额呈增长趋势,但增长率呈下降趋势。

1993—1996 年基本养老保险基金收入情况

单位:亿元

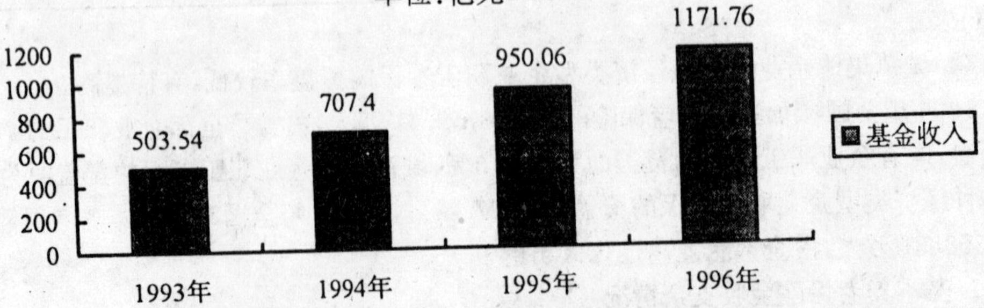

图 4

1994—1996 年基本养老保险基金收入增长率情况

单位:%

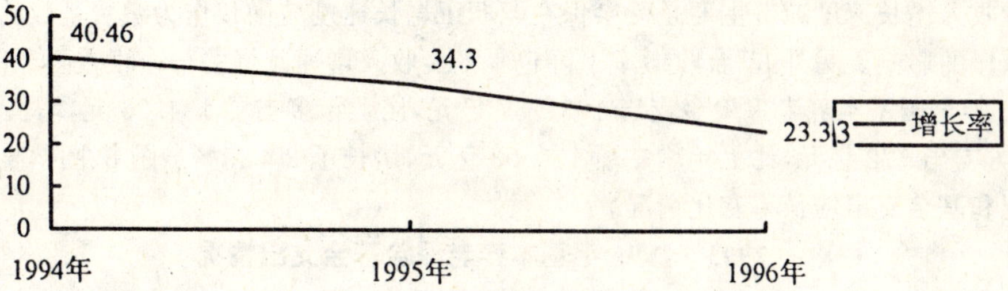

图 5

基金持续增长有以下几个原因:

(1)地方提取比例提高。为适应职工负担系数进一步加重、而养老保险待遇不断提高的形势,各地普遍提高了基金提取比例。根据报表中的基金收缴数与缴费工资推算,96 年地方基本养老保险基金平均提取比例为 23.58%(其中:单位约 20.76%,个人约 2.82%),比上年增长了 1.23 个百分点。

表 6 **1996 年全国分地区基本养老保险基金提取比例顺位表**

单位:%

顺位	地区	提取比例			顺位	地区	提取比例		
		合计	单位	个人			合计	单位	个人
1	兵团	33.33	31.33	2.00	17	河南	24.90	21.90	3.00
2	安微	30.09	27.66	2.43	18	云南	24.72	22.01	2.71
3	上海	29.50	25.50	4.00	19	广西	24.50	21.50	3.00
4	辽宁	28.92	25.92	3.00	20	陕西	24.12	22.12	2.00
5	黑龙江	28.87	25.87	3.00	21	天津	24.00	20.00	4.00
6	西藏	28.70	25.70	3.00	22	四川	23.73	20.73	3.00
7	吉林	28.60	26.60	2.00	23	河北	23.00	20.00	3.00
8	新疆	28.54	25.59	2.95	24	北京	23.00	18.00	5.00
9	湖南	27.50	24.50	3.00	25	贵州	22.95	20.83	2.12
10	青海	26.64	24.31	2.33	26	山西	22.82	20.37	2.45
11	浙江	26.60	23.24	3.36	27	湖北	22.26	19.26	3.00
12	江西	26.00	23.00	3.00	28	江苏	21.64	18.52	3.12
13	内蒙古	25.99	22.99	3.00	29	宁夏	21.48	19.12	2.36
14	山东	25.76	23.09	2.48	30	海南	21.00	18.00	3.00
15	甘肃	25.12	22.12	3.00	31	广东	18.15	15.15	3.00
16	福建	25.00	21.00	4.00	—	全国平均	23.58	20.76	2.82

(2)参加统筹的在职职工工资总额增长。

(3)参加统筹在职职工增长。

(4)基金利息等其他收入的增长。

基金收入增长速度减慢主要是受参保在职职工增长速度减慢和作为缴费基数的工资总额增长速度减慢的影响。另外,基金收缴率下降也是基金收入增速减慢的一个很重要原因。

1996 年全国基本养老保险金支出 1031.87 亿元,比上年多支了 184.26 元,增长了 21.74%。其中:地方支出 772 亿元,比上年增支了 130.03 亿元,增长了 20.25%。图 6、图 7 显示近年基金支出情况和基金支出增长率变化情况。

1993—1996 年基本养老保险基金支出情况

单位:亿元

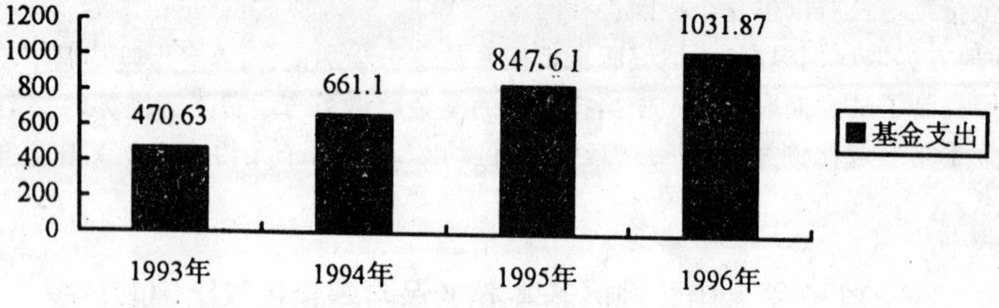

图 6

1994—1996 年基本养老保险基金支出增长率情况

单位:亿元

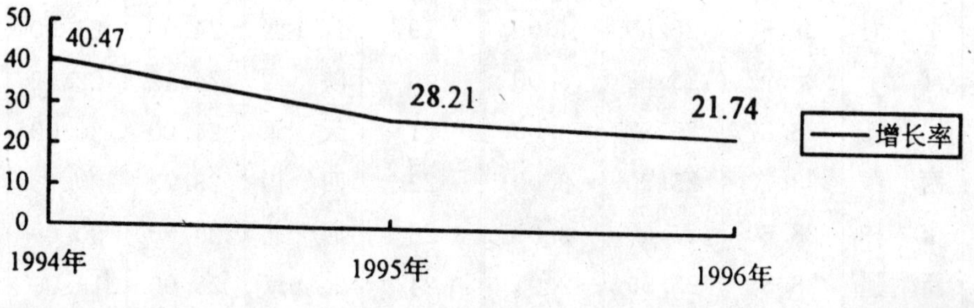

图 7

基金支出增长的主要原因有:

(1)离退休人员待遇增长。

(2)离退休人员增加。

(3)管理服务费增长。

到 1996 年底全国基本养老保险基金滚存结余 578.56 亿元,比上年增长 34.6%。其中:当年结余 139.9 亿元,比上年增长 36.5%。滚存结余中地方结余 491.76 亿元,占 84.99%,系统统筹结余 86.8 亿元,占 15.01%。图 8 显示近年基本养老保险基金滚存和当年结余情况,图 9 显示近年滚存结余和当年结余增长率变化情况。

1993－1996 年基本养老保险基金当年结余和滚存结余情况

单位:亿元

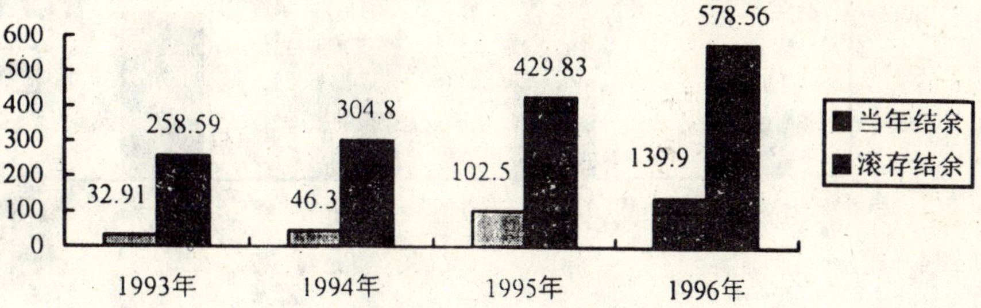

图 8

1994－1996 年基本养老保险基金当年结余和滚存结余增长率情况

单位:%

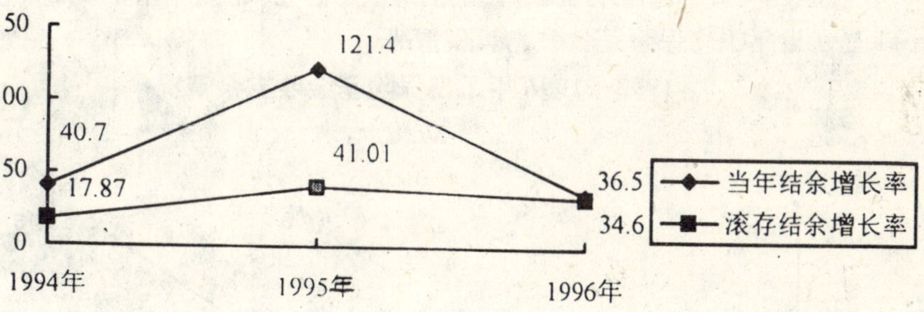

图 9

(二)企业补充养老保险和个人储蓄性养老保险情况

1. 企业补充养老保险情况

到 1996 年底,参加企业补充养老保险的职工 265.61 万人,比上年净增 59.31 万人,增长 28.75%,其中中央系统 166.84 万人,占总人数的 62.81%。全年基金收入 6.8 亿元,支出 1.32 亿元,滚存结余 18.30 亿元,其中:中央系统分别为 5.47、0.7、12.2 亿元。

参加企业补充养老保险的职工增加的原因主要是银行系统在 1996 年为 65.4 万职工建立了企业补充养老保险。

2. 到 1996 年底,参加个人储蓄性养老保险的职工 225.06 万人,比上年增长 0.27%。基金收入 2.34 亿元,支出 0.5 亿元,滚存结余 6.68 亿元。其中:中央系统分别为 1.99、0.21 和 5.73 亿元。

(三)工伤保险情况

1. 参加工伤保险人员情况

到 1996 年底,全国有 25 个省、自治区(包括兵团)的 3102.6 万职工参加了工伤保险,比上年净增 487.84 万人,增长 18.66%。职工因工死亡 3940 人,伤残 10.1 万人。图 10 显示近年参加工伤保险职工人员情况。

1993—1996 年参加工伤保险人员情况

单位：万人

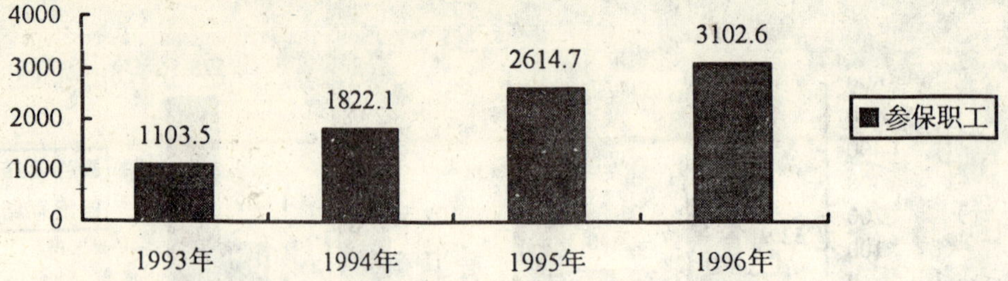

图 10

2. 工伤保险基金收支情况

1996 年全国工伤保险基金收入 10.89 亿元，比上年净增 2.82 亿元，增长 34.94%。全年基金收缴率 82.66%，比上年下降了 7.10 个百分点。全国平均实际费率为 0.7%。

1996 年全国工伤保险基金支出 3.7 亿元，比上年净增 1.8 亿元，增长 94.74%。其中支付工伤保险费用 3 亿元，占总支出的 81.08%，相当于当年基金收入的 27.55%。

到 1996 年底全国工伤保险基金滚存结余 19.75 亿元，比上年增加 7.07 亿元，增长了 55.76%。图 11 显示近年工伤保险基金收、支、余情况。

1993—1996 年工伤保险基金收支余情况

单位：亿元

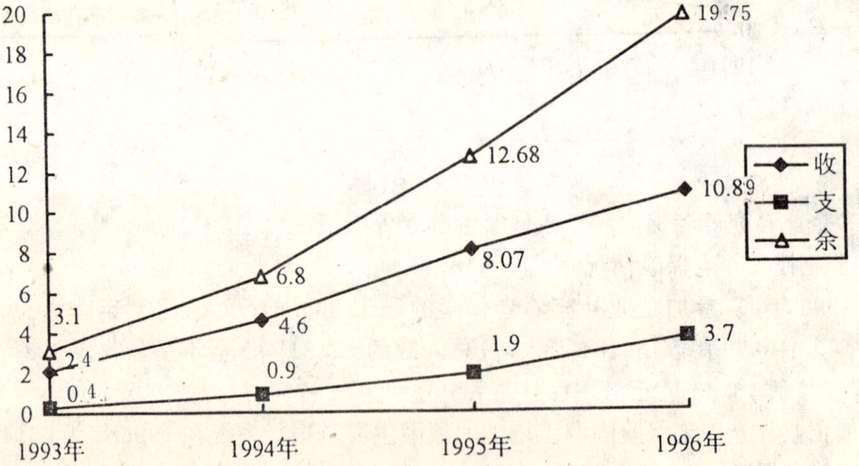

图 11

从工伤保险开展情况看有以下几个特点：

(1)参保职工继续增长，但覆盖面不高。

1996 年参保职工 3102.61 万人，比上年增长了 18.66%，但覆盖率仅为 27.77%。

(2)参保职工人数增长速度减慢。

1996 年参保职工比上年增长了 18.66%，而 1994 年和 1995 年分别增长 65.1%和 43.5%。增长速度呈减慢趋势。

(3)工伤保险费率有所下降。

1996年全国工伤保险平均费率为0.7%，比上年下降了0.01%。

(四)生育保险情况

1. 参加生育保险人员情况

到1996年底，全国有24个省、自治区(包括兵团)的2015.56万职工参加了生育保险，比上年净增515.35万人，比上年增长34.35%，其中：本期生育女工19.1万人。图12显示近年参加生育保险人员情况。

1993—1996年参加生育保险人员情况

单位：万人

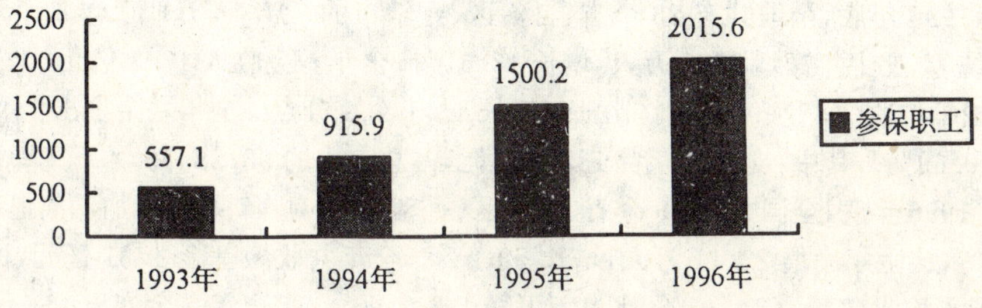

图12

2. 生育保险基金收支情况

1996年全国生育保险基金收入5.52亿元，比上年净增2.62亿元，增长了90.34%。收缴率全国平均为82.32%，比上年下降1.21个百分点。

1996年全国生育保险基金支出3.29亿元，比上年净增1.71亿元，增长了108.23%。其中：用于支付女职工生育补偿费3.13亿元，占总支出的95.14%。

到1996年底全国生育保险基金滚存结余4.97亿元，比上年增长81.39%。图13显示近年生育保险基金收、支、余情况。

1993—1996年生育保险基金收支余情况

单位：亿元

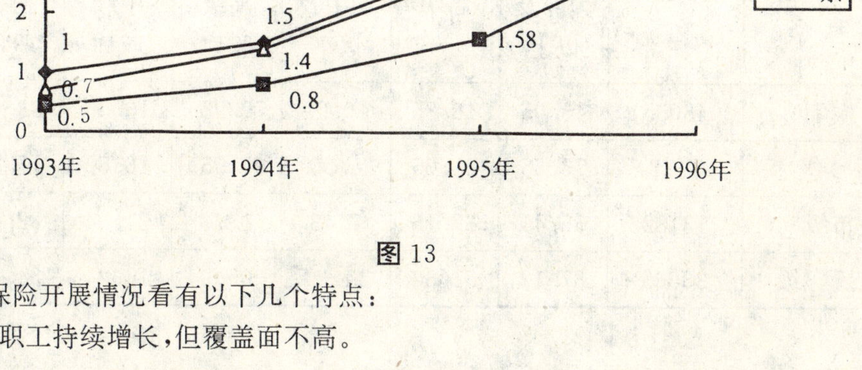

图13

从生育保险开展情况看有以下几个特点：

(1)参保职工持续增长，但覆盖面不高。

1996 年参保职工 2015.6 万人，比上年增长了 34.36%。但覆盖率仅为 18.04%。

(2)参保职工人数增长速度下降。

1996 年参保职工人数虽比上年增长 34.36%，但远低于 1994 年的 64.4%和 1995 年的 63.8%。

(3)结余支付能力下降。

到 1996 年底，滚存结余 4.97 亿元，按目前的支付水平可支付 19.05 个月的生育补偿费，比上年少了约 2.95 个月。

(四)医疗保险情况

1. 到 1996 年底，全国共有 23 个省、自治区、直辖市的 791.18 万职工参加了职工大病医疗费用社会统筹，比上年净增 88.6 万人，增长 12.61%。全年基金收入 17.7 亿元，比上年增长 110.97%。全国平均收缴率为 91.02%，比上年增长 1.71 个百分点。全年基金支出 14.73 亿元，比上年增长 140.69%。其中：支付医疗费 13.74 亿元，占总支出的 93.28%。

2. 到 1996 年底，全国共有 19 个省、自治区、直辖市的 64.47 万人参加了离退休人员医疗费用社会统筹，比上年净增 22.11 万人，增长 52.2%。全年共收缴基金 1.31 亿元，比上年增长 3.15%。全国平均收缴率为 81.36%，比上年下降 4.8 个百分点。全年基金支出 1.5 亿元，比上年增长 29.31%。其中：支付医疗费 1.46 亿元，占总支出的 97.33%。

3. 到 1996 年底，全国医疗保险基金滚存结余 6.44 亿元，比上年增长了 108.41%。

(五)社会保险管理机构情况

到 1996 年底，全国地方各级社会保险管理机构 3423 个，实有工作人员 48035 人，比上年增长 11.15%。其中：财务人员 10116 人，占实有人员的 21.05%，比上年增长了 7.01%；统计人员 3266 人，占实有人数的 6.8%，比上年增长 7.12%；计算机专业人员 3370 人，占实有人数的 7.01%，比上年增长 30.47%。

全国地方各级社会保险管理机构工作人员具有大专及以上文化程度的占 43.05%，具有高中文化程度的占 46.86%，具有初中及以下文化程度的占 10.09%。

全国地方各级社会保险管理机构工作人员中具有高级职称的仅占 0.93%，具有中级职称的占 16.55%，具有初级职称的占 33.88%，无职称占 48.64%。

表 11 **全国地方社会保险管理机构人员构成情况**

	人数(人)	构成(%)						
		按文化程度分			按技术职称分			
		大专及以上	高中	初中及以下	高级职称	中级职称	初级职称	其它
总　计	48035	43.05	46.86	10.09	0.93	16.55	33.88	48.64
省　级	1188	73.65	21.05	5.30	4.55	26.52	17.93	51.00
地、市级	13182	55.41	37.16	7.43	1.73	21.54	32.49	44.24
县(市、区)级	33665	37.12	51.57	11.31	0.49	14.24	34.99	50.28

二、当前存在的问题及我们的建议：

1. 职工负担系数进一步加重

由于参加统筹的离退休人员增长远远大于在职职工增长速度，使得统筹范围内的职工负担系数进一步加大，基金压力越来越大。截止到1996年底，参加基本养老保险的在职职工覆盖率为78．4%（其中：国有企业95．15%，城镇集体企业51．47%，其他所有制企业27．5%），而离退休人员覆盖率为95．3%。未参加统筹的在职职工2414万人，而离退休人员116万人，负担系数仅为0．048。若将这些人扩大进来，按1996年人均工资水平、基金提取比例和基金收缴率计算，可增收基金274亿元，而支付离退休费需48亿元，增加结余226亿元，换言之，可以使基金提取比例降低4．7个百分点。因此必须研究具体措施，扩大覆盖面。

2. 基金结余增大，支付能力总体水平增强，但潜在压力堪忧。

从全国总体平均水平来看，1996年结余基金按当年的离退休费水平计算，可支付7．12个月（其中：地方为8个月），比上年提高了0．7个月。但应注意几个方面的问题：一是地方统筹部分，支付能力为8个月比上年提高了0．2个月，而同期提取比例却提高了1．23个百分点。也就是说如果保持1995年的提取比例不变，地方结余基金支付能力要比上年下降0．5个月。二是结余基金分布不均，支付能力强弱悬殊。支付能力最强的省达14个月，最低的为1．2个月，相差11．6倍，与去年相比，结余水平差距拉大（去年相差10倍）。三是集体企业负担较重，而一些地区一体化进程仍较慢，仍然分灶吃饭。四是当年积累水平悬殊过大，积累率超过3%的有20个地区（不含西藏，因有财政补贴因素），积累率最高的为8．88%。五是大多数地区统筹层次较低，仍以市县级单位统筹，有些贫困市县调剂能力更弱，而提取比例却高。因此，一方面必须加快一体化进程，另一方面必须提高统筹层次。

3. 基金收缴形势仍然非常严峻

1996年基金收缴率比上年有所下降，虽然幅度不大，但绝对额不小。主要原因：一是企业困难；二是没有立法基金收缴乏力；三是一些地区比例过高，企业望而生畏。因而，研究基金欠缴的问题除了必须抓紧立法外，还必须和上述两个问题的解决一并考虑。

4、工伤保险费率偏高，支付水平偏低。

从全国平均水平来看，1996工伤保险费率与上年基本持平，尽管用于工伤保险待遇费用支出占同期收入的份额比上年有所增加，但仍只有27%，而当年基金积累高出当年支出的一倍多。高费率低支付，长期下去势必造成恶的社会影响，危及工伤保险制度的改革和发展，必须采取措施严格控制费率，明确开支范围，特别要制止收入大口径，支出小口径的现象。

5. 加快养老保险社会化发放进度，切实保障离退休人员权益。

从报表上看，实行社会化发放的市县数已超过两千，但实际发放人数仍然很有限，大多数离退休人员的养老金仍然企业负责发放。据了解统筹范围内的离退休人员不能按时足额领到养老金的现象相当严重，主要原因是企业挪用社会保险机构拔付的养老金，拖欠离退休人员的养老金。因此，要解决这些问题必须加大社会化发放力度，真正为离退休人员服务。

6. 加强社会保险机构的人员培训，提高人员素质。

随着社会保险事业的发展，管理任务越来越重，管理内容越来越复杂，管理方式越来越现代化，这就需要有一大批高素质的人才。目前各地社会保险管理机构人员素质仍然偏低，适应不了改革的需要。人员培训的任务非常繁重，为了管理好社会保险事业，一方面需要引进高素质人才，另一方面要加强对现有人员的培训，提高他们的素质，除了政策业务培训外，还要进行文化、专业技术等方面培训，以提高管理人员的管理知识、能力和水平。

四、重要文件选编

国务院关于企业职工养老保险制度改革的决定

国发〔1991〕33号

我国企业职工的养老保险制度是五十年代初期建立的，以后在一九五八年和一九七八年两次作了修改。近年来，各地区适应经济体制改革的需要，又进行了以退休费用社会统筹为主要内容的改革，取得一定成效。按照国民经济和社会发展十年规划和第八个五年计划纲要的要求，在总结各地经验的基础上，国务院对企业职工养老保险制度改革作如下决定：

一、根据我国生产力发展水平和人口众多且老龄化发展迅速的情况，企业职工养老保险制度改革要处理好国家利益、集体利益和个人利益，目前利益和长远利益，整体利益和局部利益的关系，主要是对现行的制度办法进行调整、完善。考虑到各地区和企业的情况不同，各省、自治区、直辖市人民政府可以根据国家的统一政策，对职工养老保险作出具体规定，允许不同地区、企业之间存在一定的差别。

二、随着经济的发展，逐步建立起基本养老保险与企业补充养老保险和职工个人储蓄性养老保险相结合的制度。改变养老保险完全由国家、企业包下来的办法，实行国家、企业、个人三方共同负担，职工个人也要缴纳一定的费用。

三、基本养老保险基金由政府根据支付费用的实际需要和企业、职工的承受能力，按照以支定收、略有结余、留有部分积累的原则统一筹集。具体的提取比例和积累率，由省、自治区、直辖市人民政府经实际测算后确定，并报国务院备案。

四、企业和职工个人缴纳的基本养老保险费分别记入《职工养老保险手册》。

企业缴纳的基本养老保险费，按本企业职工工资总额和当地政府规定的比例在税前提取，由企业开户银行按月代为扣缴。企业逾期不缴，要按规定加收滞纳金。滞纳金并入基本养老保险基金。

职工个人缴纳基本养老保险费，在调整工资的基础上逐步实行，缴费标准开始时可不超过本人标准工资的3%，以后随着经济的发展和职工工资的调整再逐步提高。职工个人缴纳的基本养老保险费，由企业在发放工资时代为收缴。

五、企业和职工个人缴纳的基本养老保险费转入社会保险管理机构在银行开设的“养老保险基金专户”，实行专项储存，专款专用，任何单位和个人均不得擅自动用。银行应按规定提取“应付未付利息”；对存入银行的基金，按其存期照人民银行规定的同期城乡居民储蓄存款利率计息，所得利息并入基金。积累基金的一部分可以购买国家债券。

地方各级政府要设立养老保险基金委员会，实施对养老保险基金管理的指导和监督。委员会由政府主管领导任主任，劳动、财政、计划、审计、银行、工会等部门的负责同志参加，办公室设在劳动部门。

六、职工退休后的基本养老金计发办法目前不作变动，今后可结合工资制度改革，通过增加标准工资在工资总额中的比重，逐步提高养老金的数额。

国家根据城镇居民费用价格指数增长情况，参照在职职工工资增长情况对基本养老金进行适当调整，所需费用从基本养老保险基金中开支。

七、尚未实行基本养老保险基金省级统筹的地区，要积极创造条件，由目前的市、县统筹逐步过渡到省级统筹。实行省级统筹后，原有固定职工和劳动合同制职工的养老保险基金要逐步按统一比例提取，合并调剂使用。具体办法由各省、自治区、直辖市人民政府制定。

中央部属企业，除国家另有规定者外，都要参加所在地区的统筹。

八、企业补充养老保险由企业根据自身经济能力，为本企业职工建立，所需费用从企业自有资金中的奖励、福利基金内提取。个人储蓄性养老保险由职工根据个人收入情况自愿参加。国家提倡、鼓励企业实行补充养老保险和职工参加个人储蓄性养老保险，并在政策上给予指导。同时，允许试行将个人储蓄性养老保险与企业补充养老保险挂钩的办法。补充养老保险基金，由社会保险管理机构按国家技术监督局发布的社会保障号码（国家标准GB11643—89）记入职工个人帐户。

九、劳动部和地方各级劳动部门负责管理城镇企业（包括不在城镇的全民所有制企业）职工的养老保险工作。

劳动部门所属的社会保险管理机构，是非营利性的事业单位，经办基本养老保险和企业补充养老保险的具体业务，并受养老保险基金委员会委托，管理养老保险基金。现已由人民保险公司经办的养老保险业务，可以维持现状不作变动。个人储蓄性养老保险由职工个人自愿选择经办机构。

十、社会保险管理机构可从养老保险基金中提取一定的管理服务费，具体的提取比例根据实际工作需要和节约的原则，由当地劳动部门提出，经同级财政部门审核，报养老保险基金委员会批准。管理服务费主要用于支付必要的行政和业务等费用。养老保险基金及管理服务费，不计征税、费。

社会保险管理机构应根据国家的政策规定，建立健全基金管理的各项制度，编制养老保险基金和管理服务费收支的预、决算，报当地人民政府在预算中列收列支，并接受财政、审计、银行和工会的监督。

十一、本决定适用于全民所有制企业。城镇集体所有制企业可以参照执行；对外商投资企业中方职工、城镇私营企业职工和个体劳动者，也要逐步建立养老保险制度。具体办法由各省、自治区、直辖市人民政府制定。

十二、国家机关、事业单位和农村（含乡镇企业）的养老保险制度改革，分别由人事部、民政部负责，具体办法另行制定。

企业职工养老保险制度改革，是保障退休职工生活，维护社会安定的一项重要措施，对减轻国家和企业负担，促进经济体制改革以及合理引导消费有重要作用。这项工作政策性强，涉及面广，各级政府要切实加强领导，根据本决定的精神，结合实际抓紧制定具体的实施方案，积极稳妥地推进企业职工的养老保险制度的改革。

一九九一年六月二十六日

国务院关于深化企业职工养老保险制度改革的通知

国发〔1995〕6号

各省、自治区、直辖市人民政府，国务院各部委、各直属机构：

《国务院关于企业职工养老保险制度改革的决定》(国发〔1991〕33号)发布以来，各地区、各有关部门积极进行企业职工养老保险制度改革，在推进保险费用社会统筹、扩大保险范围、实行职工个人缴费制度和进行社会统筹与个人帐户相结合试点等方面取得了一定成效，对保障企业离退休人员基本生活，维护社会稳定和促进经济发展发挥了重要作用。但是，由于这项改革尚处于探索阶段，现行的企业职工养老保险制度还不能适应建立社会主义市场经济体制的要求，必须进一步深化改革。根据《中共中央关于建立社会主义市场经济体制若干问题的决定》精神，经过调查研究和广泛征求意见，现就深化企业职工养老保险制度改革的有关问题通知如下：

一、企业职工养老保险制度改革的目标是：到本世纪末，基本建立起适应社会主义市场经济体制要求，适用城镇各类企业职工和个体劳动者，资金来源多渠道、保障方式多层次、社会统筹与个人帐户相结合、权利与义务相对应、管理服务社会化的养老保险体系。基本养老保险应逐步做到对各类企业和劳动者统一制度、统一标准、统一管理和统一调剂使用基金。

二、深化企业职工养老保险制度改革的原则是：保障水平要与我国社会生产力发展水平及各方面的承受能力相适应；社会互济与自我保障相结合，公平与效率相结合；政策统一，管理法制化；行政管理与保险基金管理分开。

三、基本养老保险费用由企业和个人共同负担，实行社会统筹与个人帐户相结合。在理顺分配关系，加快个人收入工资化、工资货币化进程的基础上，逐步提高个人缴费比例。提高个人缴费比例的幅度，由各省、自治区、直辖市人民政府根据本地区职工工资增长等情况确定。为适应各地区的不同情况，对实行社会统筹与个人帐户相结合提出两个实施办法(见附件)，由地、市(不含县级市)提出选择意见报省、自治区人民政府批准，直辖市由市人民政府选择，均报劳动部备案。各地区还可以结合本地实际，对两个实施办法进行修改完善。

四、为了保障企业离退休人员基本生活，各地区应当建立基本养老金正常调整机制。基本养老金可按当地职工上一年度平均工资增长率的一定比例进行调整，具体办法在国家政策指导下由省、自治区、直辖市人民政府确定。

五、国家在建立基本养老保险、保障离退休人员基本生活的同时，鼓励建立企业补充养老保险和个人储蓄性养老保险。企业按规定缴纳基本养老保险费后，可以在国家政策指导下，根据本单位经济效益情况，为职工建立补充养老保险。企业补充养老保险和个人储蓄性养老保险，由企业和个人自主选择经办机构。

六、各地区应充分考虑到养老保险制度改革是一件涉及长远的大事，对企业与个人缴纳养老保险费的比例、发放养老金的标准和基金积累率等问题，要从我国生产力水平比较低、人口众多且老龄化问题日益突出等实际情况出发，兼顾国家、企业、个人三者利益，兼顾目前利益和长远利益，在充分测算论证的基础上进行统筹安排。要严格控制基本养老保险费的收缴比例和基本养老金的发放水平，减轻企业和国家的负担。

七、要根据国家有关规定建立健全养老保险基金的预算和财务、会计制度，做好缴费记录和个人帐户等基础工作，严格控制管理费的提取和使用，坚持专款专用原则，切实搞好基金管理，确保基金的安全并努力实现其保值增值。当前，养老保险基金的结余额，除留足两个月的支付费用外，80%左右应用于购买由国家发行的社会保险基金特种定向债券，任何单位和个人不得自行决定基金的其他用途。养老保险基金营运所得收益，全部并入基金并免征税费。

八、各地区和有关部门应积极创造条件，提高养老保险管理服务的社会化程度，逐步将企业发放养老金改为社会化发放，技术条件和基础工作较好的地区，可以实行由银行或者邮局直接发放；暂不具备条件的地区，可以由社会保险经办机构发放。社会保险经办机构也可以通过在大型企业设立派出机构等办法，对企业离退休人员进行管理服务。同时要充分发挥各方面的积极性，逐步将主要由企业管理离退休人员转为主要依托社区进行管理，提高社会化管理水平，切实减轻企业负担。

九、要实行社会保险行政管理与基金管理分开、执行机构与监督机构分设的管理体制。社会保险行政管理部门的主要任务是制订政策、规划，加强监督、指导。管理社会保险基金一律由社会保险经办机构负责。各地区和有关部门要设立由政府代表、企业代表、工会代表和离退休人员代表组成的社会保险监督委员会，加强对社会保险政策、法规执行情况和基金管理工作的监督。

十、已经国务院批准，由国务院有关部门和单位直接组织养老保险费用统筹的企业，仍参加主管部门和单位组织的统筹，但要按照社会统筹与个人帐户相结合的原则进行改革。

十一、全国城镇企业职工养老保险工作由劳动部负责指导、监督，深化企业职工养老保险制度改革的工作亦由劳动部负责推动。国家体改委要积极参与，可选择一些地方进行深化改革的试点，劳动部要积极给予支持。国家计委、国家经贸委、财政部、中国人民银行等有关部门也应按照各自的职责协同配合，搞好深化改革的工作。

深化企业职工养老保险制度改革是一项十分重要的工作，对于完善社会保障体系，促进改革、发展和稳定具有重要意义。各地区、各有关部门对这项工作要高度重视，切实加强领导，精心组织实施，积极稳妥地推进，务求抓出实效。对深化改革中出现的新情况、新问题，要及时认真地研究解决，重大问题及时报告。

附件：一、企业职工基本养老保险社会统筹与个人帐户相结合实施办法之一

二、企业职工基本养老保险社会统筹与个人帐户相结合实施办法之二

一九九五年三月一日

附件一

企业职工基本养老保险社会统筹与个人帐户相结合实施办法之一

一、基本养老保险费用的筹集

基本养老保险费用由单位和个人共同负担。

（一）个人缴纳养老保险费。

职工本人上一年度月平均工资为个人缴费工资基数。月平均工资应按国家统计局规定列入工资总额统计的项目计算，其中包括工资、奖金、津贴、补贴等收入。月平均工资超过当地职工平均工资200％或300％以上的部分，不计入个人缴费工资基数；低于当地职工平均工资60％的，按60％计入。

个人缴费的比例。自本办法实施之日起，职工按不低于个人缴费工资基数3％的比例缴费，以后一般每两年提高1个百分点，最终达到个人帐户养老保险费的50％。已离退休人员个人不缴费。

个体工商户本人、私营企业主等非工薪收入者，可以当地上一年度职工月平均工资作为缴费的基数，并由个人按20％左右的费率缴费，其中4％左右进入社会统筹基金，16％左右进入个人帐户。

（二）企业缴纳养老保险费。

企业按职工工资总额的一定比例缴纳基本养老保险费。为渡过本地区人口老龄化高峰，各地应按照部分积累制的筹资模式，测定长期的统筹费率。目前可先按当地现行的统筹费率缴纳养老保险费，通过提高收缴率和扩大覆盖面等措施，力求统筹费率稳定在测定的标准上并有所下降，以逐步减轻企业负担。

（三）企业缴纳的基本养老保险费在税前列支，个人缴纳的养老保险费不计征个人所得税。基本养老保险基金发生困难时，由同级财政予以支持。

二、建立基本养老保险个人帐户

（一）按照社会统筹与个人帐户相结合的原则，由社会保险经办机构按照国家技术监督局发布的社会保障号码（国家标准GB11643—89）或居民身份证号码，为参加基本养老保险的人员每人建立一个终身不变的基本养老保险个人帐户。

（二）基本养老保险个人帐户按职工工资收入16％左右的费率记入，包括：

1. 职工本人缴纳的全部养老保险费。

2. 从企业缴纳的养老保险费中按个人缴费工资基数的一定比例划转记入的部分。

上述两项合计为11％左右。随着个人缴费比例的提高，从企业划转记入的比例相应降低。

3. 从企业缴纳的养老保险费中按当地职工月平均工资的5％左右划转记入的部分。

（三）基本养老保险个人帐户和储存额按“养老基金保值率”计算利息。“养老基金保值率”根据银行的居民定期存款利率，并参考当地上一年度职工平均工资增长率确定。

（四）职工在同一地区范围内调动工作，不变换基本养老保险个人帐户。职工由于各种原因中断工作，其个人帐户予以保留。职工调动或中断工作前后个人帐户的储存额可以累积计算，不间断计息。

（五）职工在不同地区之间调动工作，基本养老保险个人帐户的全部储存额由调出地社会保险经办机构向调入地社会保险经办机构划转，调入地社会保险经办机构为其建立基本养老保险个人帐户。

（六）职工基本养老保险个人帐户的储存额，只能用于职工本人离退休后按月支付养老金，不能移作它用。

（七）职工在离退休前或者离退休后死亡，其基本养老保险个人帐户的储存额尚未领取或未领取完，其余额中的个人缴费部分，按照规定发给职工指定的受益人或法定继承人；从企业缴纳的养老保险费中记入的部分，归入社会统筹基金。职工离退休后，基本养老保险个人帐户的储存额已领取完毕时，由社会统筹基金按规定标准继续支付，直至其死亡。

（八）建立基本养老保险社会统筹基金。企业缴纳的养老保险费的一部分进入社会统筹基金。原有离退休人员的养老金、改革时已有一定工龄的职工离退休后的部分养老金、寿命长和收入低的职工的部分养老金，以及根据在职职工工资增长调整养老金水平所需资金，按规定从社会统筹基金中支付。

三、基本养老保险金计发办法

职工到达法定离退休年龄，凡个人缴费计满 15 年，或本办法实施前参加工作连续工龄（包括缴费年限）满 10 年的人员，均可享受基本养老保险待遇，按月领取养老金。

为确保职工离退休后的基本生活，又能体现本人在职期间的贡献大小和个人缴费多少，实行基本养老保险金与个人缴费的年限和数额挂钩。相应的计发办法是，以个人帐户累计储存额（包括本金和利息），按离退休后的预期平均余命按月计发。

鉴于在职职工以前没有实行个人缴费，有些职工实行个人缴费后不久即将离退休，因此分别不同对象，采用不同的计发办法，以使新老养老保险制度有机衔接，平稳过渡。

（一）凡本办法实施后参加工作的职工，到达法定离退休年龄离退休时，一律按基本养老保险个人帐户的储存额，按月支付基本养老金。计算公式为：

月基本养老金＝基本养老保险个人帐户储存额÷120

（二）本办法实施前已经离退休的人员，仍按原来的办法计发养老金，同时享受改革后的养老金调整待遇。本办法实施前参加工作、实施后 3 年内到达法定离退休年龄离退休的职工，在按改革前原养老金计发办法计发的同时，再按缴费期个人帐户累计储存额的一定比例增发养老金。计算公式为：

月基本养老金＝按改革前原计发办法计发的养老金＋基本养老保险个人帐户储存额×增发比例

确定增发比例的原则是，使同一工资水平的职工，后离退休的养老金比先离退休的略有增加，但差距不宜太大。

（三）本办法实施前参加工作、实施 3 年后到达法定离退休年龄离退休的职工，其在本办法实施前的工作年限可视同缴费年限，以职工个人帐户中的储存额推算出全部工作年限的储存额，再除以 120，按月计发基本养老金。计算公式为：

月基本养老金＝基本养老保险个人帐户储存额×系数÷120

设置系数是为了推算出其全部工作年限的储存额，以及合理调整过渡期间不同人员的养老金待遇。系数根据工龄和缴费年限制定。

少数职工按第（三）条计发的养老金如果低于按第（二）条计发的金额，可改按第（二）条计发。

（四）职工的离退休年龄，按现行规定不变。对国家规定可以提前离退休的从事高空、井下、高温、低温、有毒、有害工作和特别繁重体力劳动的职工，仍可按国家规定的离退休年龄执行，离退休时按本办法计发基本养老金。

（五）本办法实施后，职工获得劳动模范等称号时，由奖励单位给予一次性奖励或由本单位为其办理补充养老保险，离退休时不另外提高基本养老金计发标准。对本办法实施前获得国家规定可享受养老保险优惠待遇的劳动模范等称号的职工，离退休时仍保留优惠待遇。

（六）离退休人员养老金最低标准，由地方政府制定。凡符合按月领取养老金条件的离退休人员，养老金达不到最低标准的，可补足到规定的养老金最低标准。

（七）本办法实施前参加工作、连续工龄（包括缴费年限）不满10年，或者本办法实施后参加工作、缴费不满15年，到达退休年龄的人员，按其基本养老保险个人帐户中的全部储存额一次性支付给本人，同时终止养老保险关系。

（八）符合离休条件的人员，其离休待遇仍按国家现行规定执行。

附件二

企业职工基本养老保险社会统筹与个人帐户相结合实施办法之二

一、基本养老保险费用的筹集

（一）职工本人上一年度月平均工资为个人缴纳基本养老保险费的基数（以下简称缴费工资基数）。企业以全部职工缴费工资基数之和为企业缴费工资基数。月平均工资应按国家统计局规定列入工资总额统计的项目计算，其中包括工资、奖金、津贴、补贴等收入。职工月平均工资低于当地职工平均工资60%的，按60%计算缴费工资基数；超过当地职工平均工资300%的部分不计入缴费工资基数，也不计入计发养老金的基数。

（二）基本养老保险费由企业和职工个人共同缴纳。企业和职工个人共同缴纳养老保险费的年限，称为“缴费年限”。实行个人缴费制度前，职工的连续工龄可视同缴费年限。

（三）企业按当地政府规定的比例缴费，并在税前列支。

职工按当地政府规定的比例缴费。个人缴纳的养老保险费不计征个人所得税。个人缴费比例随着职工工资收入的增长而逐步提高。具体比例由当地政府根据本地实际需要和职工承受能力确定。已离退休人员不缴纳养老保险费。

（四）个体工商户本人、私营企业主等非工薪收入者，可以当地全部职工月平均工资作为基数，缴纳基本养老保险费。缴费比例不超过当地企业缴费比例与个人缴费比例之和，具体比例由当地政府规定。缴费年限自开始缴费始，至到达法定退休年龄时止。

（五）社会统筹基金发生困难时，由同级财政予以支持。

二、建立基本养老保险个人帐户

（一）按照社会统筹与个人帐户相结合的原则，由社会保险经办机构按照国家技术监督局发布的社会保障号码（国家标准GB11643—89），为每个参加基本养老保险的人员建立基本养老保险个人帐户。企业和个人缴纳的养老保险费逐月计入职工养老保险手册和个人帐户。手册和个人帐户由所在企业填写，社会保险经办机构定期审核，职工本人保管。职工离退休时，按照手册中记载的缴费工资和个人帐户中的储存额（包括本金和利息）为其计发养老金。

（二）个人帐户包括：

1. 职工个人缴费的全部或者一部分记入个人帐户；

2. 企业缴费中，职工缴费工资基数高于当地职工平均工资200%以上至300%的部分，可以全部或者一部分记入个人帐户；

3. 上述储存额的利息。

个人帐户中还应当记录企业和职工个人的缴费工资基数以及缴费比例。

（三）个人帐户中储存额的利息，按照养老保险基金营运的实际收益计算。

（四）职工在同一地区内调动工作，不变换个人帐户。职工由于各种原因停止工作或失业而间断缴纳养老保险费的，其个人帐户予以保留。职工调动或中断工作前后缴费年限可以累积计算，个人帐户储存额不间断计息。

职工在不同地区之间调动工作，个人帐户及其储存额应随同转移。

三、基本养老保险金计发办法

（一）缴费年限满10年及以上的，按以下办法计发养老金：

1. 社会性养老金：按当地职工平均工资的20—25%计发，具体比例由当地政府确定。

2. 缴费性养老金：个人及企业缴费每满1年，按缴费工资基数的1.0—1.4%计发，具体系数由当地政府确定。

社会性养老金和缴费性养老金从养老保险社会统筹基金中支付，按月计发。

3. 个人帐户养老金：记入基本养老保险个人帐户的储存额（包括本金和利息）归个人所有，职工符合离退休条件离退休后，可以由本人选择一次或者多次或者按月领取。职工或离退休人员死亡后，其个人帐户储存额的结余部分一次发给其指定的受益人或者法定继承人。职工未达到规定离退休条件但遇到非常特殊的困难时，经过申请、审查和批准，可以在个人帐户中提前支取一部分费用，具体办法另行规定。

4. 随着个人帐户养老金逐年增加，逐步冲减基本养老金中保留的各种补贴，以至缴费性养老金。逐步将基本养老金调整到与我国经济发展相适应的合理水平。

（二）缴费年限不满10年的，社会性养老金和缴费性养老金按缴费每满1年发给相当于两个月当地职工平均工资的养老金。一次付清。个人帐户养老金按个人帐户的储存额（包括本金和利息）计发，一次付清。

（三）职工的离退休年龄和离退休后其他待遇，暂不作变动。

从事高空、井下、高温、低温、有毒、有害工作和特别繁重体力劳动的职工，仍可按国家规定的离退休年龄执行，离退休时按本办法计发基本养老金。

（四）本办法实施后，职工获得劳动模范等称号时，由奖励单位给予一次性奖励或由本单位为其办理补充养老保险，离退休时不另外提高基本养老金计发标准。对本办法实施前获得国家规定可享受养老保险优惠待遇的劳动模范等称号的职工，离退休时仍保留原规定的优惠待遇。

（五）符合离休条件的人员，其离休待遇仍按国家现行规定执行。

国务院关于建立统一的企业职工基本养老保险制度的决定

国发〔1997〕26号

各省、自治区、直辖市人民政府，国务院各部委、各直属机构：

近年来，各地区和有关部门按照《国务院关于深化企业职工养老保险制度改革的通知》（国发〔1995〕6号）要求，制定了社会统筹与个人账户相结合的养老保险制度改革方案。建立了职工基本养老保险个人帐户，促进了养老保险新机制的形成，保障了离退休人员的基本生活，企业职工养老保险制度改革取得了新的进展。但是，由于这项改革仍处在试点阶段，目前还存在基本养老保险制度不统一、企业负担重、统筹层次低、管理制度不健全等问题，必须按照党中央、国务院确定的目标和原则，进一步加快改革步伐，建立统一的企业职工基本养老保险制度，促进经济与社会健康发展。为此，国务院在总结近几年改革试点经验的基础上作出如下决定：

一、到本世纪末，要基本建立起适应社会主义市场经济体制要求，适用城镇各类企业职工和个体劳动者，资金来源多渠道、保障方式多层次、社会统筹与个人帐户相结合、权利与义务相对应、管理服务社会化的养老保险体系。企业职工养老保险要贯彻社会互济与自我保障相结合、公平与效率相结合、行政管理与基金管理分开等原则，保障水平要与我国社会生产力发展水平及各方面的承受能力相适应。

二、各级人民政府要把社会保险事业纳入本地区国民经济与社会发展计划，贯彻基本养老保险只能保障退休人员基本生活的原则，把改革企业职工养老保险制度与建立多层次的社会保障体系紧密结合起来，确保离退休人员基本养老金和失业人员失业救济金的发放，积极推行城市居民最低生活保障制度。为使离退休人员的生活随着经济与社会发展不断得到改善，体现按劳分配原则和地区发展水平及企业经济效益的差异，各地区和有关部门要在国家政策指导下大力发展企业补充养老保险，同时发挥商业保险的补充作用。

三、企业缴纳基本养老保险费（以下简称企业缴费）的比例，一般不得超过企业工资总额的20%（包括划入个人帐户的部分），具体比例由省、自治区、直辖市人民政府确定。少数省、自治区、直辖市因离退休人数较多、养老保险负担过重，确需超过企业工资总额20%的，应报劳动部、财政部审批。个人缴纳基本养老保险费（以下简称个人缴费）的比例，1997年不得低于本人缴费工资的4%，1998年起每两年提高1个百分点，最终达到本人缴费工资的8%。有条件的地区和工资增长较快的年份，个人缴费比例提高的速度应适当加快。

四、按本人缴费工资11%的数额为职工建立基本养老保险个人帐户，个人缴费全部记入个人帐户，其余部分从企业缴费中划入。随着个人缴费比例的提高，企业划入的部分要逐步降至3%。个人帐户储存额，每年参考银行同期存款利率计算利息。个人帐户储存额只用于职工养老，不得提前支取。职工调动时，个人帐户全部随同转移。职工或退休人员死亡。个人帐户中的个人缴费部分可以继承。

五、本决定实施后参加工作的职工，个人缴费年限累计满15年的，退休后按月发给基本养老金。基本养老金由基础养老金和个人帐户养老金组成。退休时的基础养老金月标准为省、自治区、直辖市或地（市）上年度职工月平均工资的20%，个人帐户养老金月标准为本人帐户储存额除以120。个人缴费年限累计不满15年的，退休后不享受基础养老金待遇，其个人帐户储存额一次支付给本人。

本决定实施前已经离退休的人员，仍按国家原来的规定发给养老金，同时执行养老金调整办法。各地区和有关部门要按照国家规定进一步完善基本养老金正常调整机制，认真抓好落实。

本决定实施前参加工作、实施后退休且个人缴费和视同缴费年限累计满15年的人员，按照新老办法平稳衔接、待遇水平基本平衡等原则，在发给基础养老金和个人帐户养老金的基础上再确定过渡性养老金，过渡性养老金从养老保险基金中解决。具体办法，由劳动部会同有关部门制订并指导实施。

六、进一步扩大养老保险的覆盖范围，基本养老保险制度要逐步扩大到城镇所有企业及其职工。城镇个体劳动者也要逐步实行基本养老保险制度，其缴费比例和待遇水平由省、自治区、直辖市人民政府参照本决定精神确定。

七、抓紧制定企业职工养老保险基金管理条例，加强对养老保险基金的管理。基本养老保险基金实行收支两条线管理。要保证专款专用，全部用于职工养老保险，严禁挤占挪用和挥霍浪费。基金结余额，除预留相当于2个月的支付费用外，应全部购买国家债券和存入专户，严格禁止投入其他金融和经营性事业。要建立健全社会保险基金监督机构，财政、审计部门要依法加强监督，确保基金的安全。

八、为有利于提高基本养老保险基金的统筹层次和加强宏观调控，要逐步由县级统筹向省或省授权的地区统筹过渡。等全国基本实现省级统筹后，原经国务院批准由有关部门和单位组织统筹的企业，参加所在地区的社会统筹。

九、提高社会保险管理服务的社会化水平，尽快将目前由企业发放养老金改为社会化发放，积极创造条件将离退休人员的管理服务工作逐步由企业转向社会，减轻企业的社会事务负担。各级社会保险机构要进一步加强基础建设，改进和完善服务与管理工作，不断提高工作效率和服务质量，促进养老保险制度的改革。

十、实行企业化管理的事业单位，原则上按照企业养老保险制度执行。

建立统一的企业职工基本养老保险制度是深化社会保险制度改革的重要步骤，关系改革、发展和稳定的全局。各地区和有关部门要予以高度重视，切实加强领导，精心组织实施。劳动部要会同国家体改委等有关部门加强工作指导和监督检查，及时研究解决工作中遇到的问题，确保本决定的贯彻实施。

一九九七年七月十六日

国务院办公厅转发国家体改委等四部委关于职工医疗保障制度改革扩大试点意见的通知

国办发〔1996〕16号

各省、自治区、直辖市人民政府，国务院各部委、各直属机构：

国家体改委、财政部、劳动部和卫生部《关于职工医疗保障制度改革扩大试点的意见》（以下简称《意见》）已经国务院同意，现转发给你们，请认真贯彻执行。

职工医疗保障制度改革是我国社会保障制度改革的重要组成部分。为了推进职工医疗保障制度改革，建立新型的职工医疗保险制度，国务院在江苏省镇江市和江西省九江市进行职工医疗保障制度改革试点的基础上，决定1996年在全国范围内再挑选一部分具备条件的城市扩大试点。国务院办公厅于4月8月—11日在镇江市召开了“全国职工医疗保障制度改革扩大试点工作会议”。四部委的《意见》是在总结镇江、九江等地试点经验、充分调查研究和广泛征求意见的基础上制定的，是搞好职工医疗保障制度改革扩大试点工作的指导性文件。

职工医疗保障制度改革关系到广大职工的切身利益，政策性强，涉及面广，是一项极为错综复杂的工作。各省（自治区、直辖市）人民政府、各有关部门要认真贯彻落实“全国职工医疗保障制度改革扩大试点工作会议”精神，积极稳妥地开展这项改革的扩大试点工作。为此，提出以下要求：

一、各省（自治区、直辖市）人民政府要高度重视这项改革，切实加强领导，要明确一位主管领导同志负责这项工作，实行主管领导负责制。要组织学习彭佩云国务委员在全国职工医疗保障制度改革扩大试点工作会议上的讲话和《意见》，以及镇江、九江两市的经验，统一思想，提高认识，增强信心。

二、各试点城市的职工医疗保障制度改革工作，由各省（自治区、直辖市）人民政府领导和组织实施。试点城市人民政府要明确一位主要领导同志负责这项工作。国务院各有关部门要加强对各试点城市工作的指导。各试点城市要力争用半年的时间，在充分调查研究、精心测算的基础上，按照《意见》确立的改革目标和原则，结合本地实际制定出切实可行的实施方案，经省（自治区、直辖市）人民政府审批后实施并报国务院职工医疗保障制度改革试点领导小组备案。1996年年底前试点要正式启动。

三、各地要充分利用广播、电视、报刊、杂志等新闻宣传媒介，广泛进行宣传动员工作。宣传这项改革的意义、目标、原则、政策和做法，普及医疗保险知识，以取得广大职工和医务人员对这项改革的理解和支持。

四、职工医疗保障制度改革扩大试点要认真执行属地原则，中央和省（自治区、直辖市）两级机关和所属企业、事业单位都必须参加所在地的职工医疗保障制度改革试点，执行当地统一的改革实施方案。

一九九六年五月五日

关于职工医疗保障制度改革扩大试点的意见

国家体改委　财政部　劳动部　卫生部

（一九九六年四月二十二日）

我国现行的职工医疗保障制度（包括公费医疗和劳保医疗）对于保障职工身体健康、促进经济发展、维护社会安定曾发挥过重要作用。但随着经济的发展和改革的深入，问题日益突出，改革势在必行。

为了推进职工医疗保障制度改革，按照党的十四届三中全会的决定，从1994年上半年开始，国务院在江苏省镇江市和江西省九江市进行了职工医疗保障制度改革的试点。一年多来，试点工作进展顺利，取得了初步成效：建立了医疗费用筹措的新机制；提高了职工的基本医疗保障水平；抑制了医疗费用增长过快的势头；推动了医疗机构内部的改革；为进一步深化医疗保障制度改革积累了一定的经验。鉴于职工医疗保障制度改革关系到广大职工的切身利益，政策性强，涉及面广，是极为错综复杂的工作，为了进一步取得经验，按照八届全国人大四次会议通过的《中华人民共和国国民经济和社会发展"九五"计划和2010年远景目标纲要》中关于"九五"期间加快医疗保障制度改革，逐步建立城镇社会统筹医疗基金与个人医疗账户相结合的医疗保险制度的要求，国务院决定，在镇江、九江两市试点的基础上，再挑选一部分具备条件的城市，有计划、有步骤地扩大职工医疗保障制度改革的试点范围。

一、改革的目标和基本原则

改革的目标是适应建立社会主义市场经济体制和提高职工健康水平的要求，建立社会统筹医疗基金与个人医疗帐户相结合的社会医疗保险制度，并使之逐步覆盖城镇全体劳动者。

建立职工社会医疗保险制度的基本原则是：

（一）为城镇全体劳动者提供基本医疗保障，以利于形成比较完善的社会保障体系。

（二）基本医疗保障的水平和方式要与我国社会生产力发展水平以及各方面的承受能力相适应，国家、单位和职工三方合理负担医疗费用。

（三）公平与效率相结合，职工享受的基本医疗保障待遇要与个人对社会的贡献适当挂钩，以利于调动职工的积极性。

（四）职工医疗保障制度改革要有利于减轻企事业单位的社会负担，有利于转换国有企业经营机制，建立现代企业制度。

（五）建立对医患双方的制约机制，促进医疗机构深化改革，加强内部管理，提高医疗服务质量和工作效率，遏制浪费，同时建立健全对医疗机构合理的补偿机制。

（六）推进区域卫生规划，有计划、有步骤地推进企事业单位医疗机构的社会化，逐步实现卫生资源的优化配置与合理利用。

（七）公费、劳保医疗制度要按照统一的制度和政策同步改革，职工医疗保险基金的筹集方式和基本结构要统一，基金使用可以分别管理，独立核算。

（八）实行政事分开。政府主管部门制定政策、规章、标准；职工医疗保险基金的收缴、给付和营运等由相对独立的社会医疗保险事业机构承担；加强管理和监督，保证资金的合理使用。

（九）对职工医疗保险基金实行预算内管理，专款专用，不得挤占和挪用，也不得用于平衡财政预算。

（十）建立职工医疗保险制度实行属地原则，中央和省（自治区、直辖市）两级机关和所属企业、事业单位都要参加所在地的社会医疗保险，执行当地统一的缴费标准和改革方案。

二、扩大试点的主要内容

（一）职工医疗保险基金的筹集。

职工医疗保险基金由用人单位和职工个人共同缴纳。

用人单位缴费：试点市人民政府参照本市前3年职工医疗费用的实际支出占本市职工工资总额的比例确定用人单位缴费率，用人单位均按此缴费率为本单位职工缴纳医疗保险基金。

职工医疗保险基金缴费率的审批权限是：缴费率不超过职工工资总额10%的，由省（自治区、直辖市）人民政府批准；超过10%的，经省（自治区、直辖市）人民政府审核后，报经财政部批准。

按照事权、财权划分，地方单位的医疗经费由当地财政、用人单位和职工个人负担，中央财政不予补贴。各地在确定医疗保险基金筹资比例时，要综合考虑保障职工的基本医疗需求和地方财政、企事业单位的负担能力，不能盲目攀比。

用人单位缴费来源：行政机关、全额预算管理的事业单位和差额预算管理的全民所有制医院，由各单位预算内资金开支；差额预算管理的其他事业单位及自收自支预算管理的事业单位，由单位提取的医疗基金中开支；企业在职职工从职工福利费中开支，离退休人员在劳动保险费中开支。

职工医疗保险费的收缴可委托银行代办，以保证基金及时收缴到位。医疗保险基金的缴费基数应严格按照国家统计局规定的职工工资总额统计口径计算。对于瞒报工资总额和故意拖欠或拒不缴纳医疗保险费的单位，由试点城市有关部门依法做出相应的处罚规定。

职工医疗保险基金原则上以地级市为统筹单位。试点城市所辖区、县（市）经济发展水平差别较大的，医疗保险基金筹资比例可以略有区别。具体办法由试点城市人民政府规定。

职工个人缴费：先按本人工资收入的1%缴纳，由用人单位从职工工资中代扣，今后随经济发展和工资增加逐步提高。

私营 企业职工和外商投资企业的中方职工应参加当地的社会医疗保险，其缴费办法和医疗待遇，原则上应执行当地统一的政策和标准。

城镇个体劳动者可参加社会医疗保险，其医疗保险费按当地平均缴费水平，全部由个人缴纳。

（二）职工个人医疗帐户和社会统筹医疗基金的建立。

职工个人缴纳的医疗保险费和用人单位为职工缴纳的医疗保险费的一部分（一般不低于50%），以职工本人工资为计算基数，划入个人医疗帐户，专款专用，用于支付个人的医疗费用，单位缴纳的医疗保险费中划入个人医疗帐户的部分，可按职工年龄段确定不同的比例。

个人医疗帐户的本金和利息为职工个人所有，只能用于医疗支出，可以结转和继承，但不得提取现金或挪作他用。

个人医疗帐户当年结余基金，可按城乡居民活期存款利率计息；一部分相对稳定的沉淀基金，可按同期城乡居民定期存款利率计息。

用人单位为职工缴纳的医疗保险费划入个人帐户以外的其余部分进入社会统筹医疗基金，由医疗保险机构集中调剂使用。

作为一种过渡办法，经市医疗保险机构批准，原实行劳保医疗的单位，可以管理一部分社会统筹医疗基金，在单位内部调剂使用。

（三）职工医疗费用的支付办法。

职工医疗费用先从个人医疗帐户支付。个人医疗帐户用完后，先由职工自付。按年度计算，自付的医疗费超过本人年工资收入5%以上部分，由社会统筹医疗基金支付，但个人仍要负担一定比例。个人负担的比例随医疗费用的升高而降低；超过本人年工资收入5%以上，但不足5000元的部分，个人负担10—20%；5000元至10000元的部分，个人负担8—10%；超过10000元的部分，个人负担2—5%。各试点城市人民政府可根据实际情况确定社会统筹医疗基金所能支付的最高医疗费用限额，超过限额的医疗费用由各试点城市探索其他解决办法。

职工患有国家认定的特殊病种或实施计划生育手术及其后遗症所需医疗费用，由社会统筹医疗基金支付。

（四）医疗机构的配套改革和内部管理。

公办医疗机构属于非营利性社会公益事业，应由当地人民政府规划、建设。医疗机构的基本建设及大型医疗设备的购置、维修，要纳入同级人民政府的基本建设计划和财政预算，统筹安排。各级人民政府应该随着财政收入的增长，增加对医疗机构的投入。要根据医疗机构的不同情况，明确政府应该承担的经济责任，规范财政资金供给的范围和方式。要合理调整医疗机构的收入结构，适当增设体现医务人员技术劳务价值的医疗收费项目并调整这类项目的收费标准，降低大型设备检查收费标准，在合理用药的基础上，降低药品收入在医疗业务总收入中所占的比重。

职工在若干定点医疗机构就医，可持处方到定点零售药店购药，以促使医疗机构提高医疗服务质量。

医疗保险行政管理部门会同卫生部门根据逐步形成和完善分级医疗体系的原则负责定点医疗机构的审定，会同医药主管部门进行定点零售药店的审定。

医疗保险机构应与定点医疗和销售药品的单位签订有关基本医疗保险服务范围、项目、费用定额等内容的合同，明确责任、权利和义务。超出规定的医疗服务和用药，其费用不能在个人医疗帐户中开支，医疗保险机构也不予支付。积极试行医疗服务平均费用定额结算支付等办法。

卫生部门制定诊疗技术规范；卫生部门会同财政、医疗保险行政管理部门制定医疗保险药品报销目录；物价部门会同卫生、财政部门制定合理的、分档次的医疗收费标准并定期予以修订。

医疗机构应加强医务人员的医德、医风教育，制定与完善必要的规章制度，规范与引导医疗行为，做到合理诊疗，优质服务。

医疗机构的医疗服务收支和药品销售收支实行分开核算，试行药品销售纯收入交由上级主管部门统一管理，合理返还的办法。

政府有关部门的医疗保险机构要定期对定点医疗机构和药品销售单位的服务情况进行考核检查。医疗机构的收费标准要接受物价部门的监督并向社会公布。

（五）医疗保险基金的管理与监督。

医疗保险基金由社会医疗保险事业机构负责经办，要坚持以收定支、收支平衡、略有结余；

要专款专用，不得挪作他用，确保基金的安全，实现保值增值。

医疗保险机构要建立科学的运行机制，提高社会化服务水平，简化费用报销、帐户结算等手续，为职工提供方便。

医疗保险机构要建立健全预算审批制度、财务会计制度和审计制度，各项开支要厉行节约，杜绝浪费。管理费经主管部门审核报财政部门审批后，列入财政预算，由财政拨款。

医疗保险行政管理部门要和经办机构分开。行政管理机构的设置，暂由各地人民政府根据本地实际情况确定。

设立由政府代表、用人单位代表、工会和职工代表、专家代表参加的医疗保险监督组织，定期听取医疗保险机构、医疗机构关于医疗保险资金收支、营运及管理、服务的工作汇报，并向社会公布。审计部门定期对医疗保险基金和保险机构的收支情况进行审计。

三、试点的有关政策

（一）离休人员和老红军的医疗费用实行单独管理。一种办法是纳入职工医疗保障制度改革范围，不设立个人医疗帐户，个人也不缴纳医疗保险费，医疗费用由社会统筹医疗基金支付。医疗保险机构可按他们前3年平均实际支出的医疗费用从医疗保险基金中划出，单独管理，专款专用。若有超支，由原资金渠道解决。也可以采用另一种办法，不纳入职工医疗保障制度改革范围，医疗费用由原资金渠道解决。采用这种办法的地方在测算职工医疗保险基金的缴费率时，要扣除他们的医疗费用。无论采取哪一咱办法，都要加强管理，防止浪费。

（二）二等乙级以上革命伤残军人，不设立个人医疗帐户，个人也不缴纳医疗保险费，医疗费用由社会统筹医疗基金支付。

（三）职工退休后个人不再缴纳医疗保险费。退休人员的医疗费，凡建有个人医疗帐户的，先由个人医疗帐户支付；没有建立个人医疗帐户的或个人医疗帐户用完后，由社会统筹医疗基金支付，但个人要负担一部分；退休人员个人负担的比例为在职职工的一半。

（四）所有在职领导干部均应参加医疗保障制度改革，参加社会医疗保险，并执行统一的政策和制度。对他们在就诊和住院等方面，可给予适当照顾，同时要加强管理，防止浪费。

（五）职工供养的直系亲属暂不纳入职工医疗保障制度改革试点范围，可按现行办法继续执行。

（六）低收入家庭和生活困难的职工因医疗费用开支过多而影响基本生活时，由职工所在单位从福利费中适当给予补助。

（七）在医疗保障制度改革起步时，职工个人缴纳医疗保险费原则上在增加工资的基础上进行。企业增资应在新增效益工资中列支。

（八）发展职工医疗互助保险和商业性医疗保险，作为社会医疗保险的补充，以满足国家规定的基本医疗保障之外的医疗需求，但要坚持自愿参加、自主选择的原则。

（九）乡镇企业职工的医疗保险办法，由市人民政府根据本地区实际情况研究决定。

四、扩大试点的组织领导

（一）国务院设立职工医疗保障制度改革试点领导小组（属办公会议形式）。领导小组下设办公室，办公室设在国家体改委，财政部、劳动部和卫生部派员参加。国务院有关部门要密切协作，共同搞好试点工作。

（二）试点城市的职工医疗保障制度改革工作，由各省（自治区、直辖市）人民政府领导和组织实施。试点城市要有一名政府主要负责同志亲自抓这项工作，切实加强对试点工作的领导。

（三）试点城市要根据本《意见》并结合当地实际情况，制定本地职工医疗保障制度改革实施方案，经省（自治区、直辖市）人民政府审批后，报国务院职工医疗保障制度改革试点领导小组备案。

（四）试点城市职工医疗保障制度改革实施方案经批准后，各试点城市应通过机关、人民团体、新闻单位及其他媒体向职工群众作广泛的宣传、解释，取得他们的认同、参与和支持。同时，还应当对政府主管部门的干部和社会医疗保险机构的工作人员进行培训，提高其业务水平。

劳动部关于发布《企业职工生育保险试行办法》的通知

劳部发〔1994〕504号

各省、自治区、直辖市及计划单列市劳动（劳动人事）厅（局），上海市社会保险局：

为配合《劳动法》的贯彻实施，更好地保障企业女职工的合法权益，我部制定了《企业职工生育保险试行办法》，现予发布，自1995年1月1日起试行。

一九九四年十二月十四日

企业职工生育保险试行办法

第一条 为了维护企业女职工的合法权益，保障她们在生育期间得到必要的经济补偿和医疗保健，均衡企业间生育保险费用的负担，根据有关法律、法规的规定，制定本办法。

第二条 本办法适用于城镇企业及其职工。

第三条 生育保险按属地原则组织。生育保险费用实行社会统筹。

第四条 生育保险根据“以支定收，收支基本平衡”的原则筹集资金，由企业按照其工资总额的一定比例向社会保险经办机构缴纳生育保险费，建立生育保险基金。生育保险费的提取比例由当地人民政府根据计划内生育人数和生育津贴、生育医疗费等项费用确定，并可根据费用支出情况适时调整，但最高不得超过工资总额的百分之一。企业缴纳的生育保险费作为期间费用处理，列入企业管理费用。

职工个人不缴纳生育保险费。

第五条 女职工生育按照法律、法规的规定享受产假。产假期间的生育津贴按照本企业上年度职工月平均工资计发，由生育保险基金支付。

第六条 女职工生育的检查费、接生费、手术费、住院费和药费由生育保险基金支付。超出规定的医疗服务费和药费（含自费药品和营养药品的药费）由职工个人负担。

女职工生育出院后，因生育引起疾病的医疗费，由生育保险基金支付；其它疾病的医疗费，按照医疗保险待遇的规定办理。女职工产假期满后，因病需要休息治疗的，按照有关病假待遇和医疗保险待遇规定办理。

第七条 女职工生育或流产后，由本人或所在企业持当地计划生育部门签发的计划生育证明，婴儿出生、死亡或流产证明，到当地社会保险经办机构办理手续，领取生育津贴和报销生育医疗费。

第八条 生育保险基金由劳动部门所属的社会保险经办机构负责收缴、支付和管理。

生育保险基金应存入社会保险经办机构在银行开设的生育保险基金专户。银行应按照城乡居民个人储蓄同期存款利率计息，所得利息转入生育保险基金。

第九条 社会保险经办机构可从生育保险基金中提取管理费，用于本机构经办生育保险工作所需的人员经费、办公费及其它业务经费。管理费标准，各地根据社会保险经办机构人员设置情况，由劳动部门提出，经财政部门核定后，报当地人民政府批准。管理费提取比例最高不得超过生育保险基金的百分之二。

生育保险基金及管理费不征税、费。

第十条 生育保险基金的筹集和使用，实行财务预、决算制度，由社会保险经办机构作出年度报告，并接受同级财政、审计监督。

第十一条 市（县）社会保险监督机构定期监督生育保险基金管理工作。

第十二条 企业必须按期缴纳生育保险费。对逾期不缴纳的，按日加收千分之二的滞纳金。滞纳金转入生育保险基金。滞纳金计入营业外支出，纳税时进行调整。

第十三条 企业虚报、冒领生育津贴或生育医疗费的，社会保险经办机构应追回全部虚报、冒领金额，并由劳动行政部门给予处罚。

企业欠付或拒付职工生育津贴、生育医疗费的，由劳动行政部门责令企业限期支付；对职工造成损害的，企业应承担赔偿责任。

第十四条 劳动行政部门或社会保险经办机构的工作人员滥用职权、玩忽职守、徇私舞弊，贪污、挪用生育保险基金，构成犯罪的，依法追究刑事责任；不构成犯罪的，给予行政处分。

第十五条 省、自治区、直辖市人民政府劳动行政部门可以按照本办法的规定，结合本地区实际情况制定实施办法。

第十六条 本办法自 1995 年 1 月 1 日起试行。

劳动部、国家经贸委关于印发《现代企业制度试点企业劳动工资社会保险制度改革办法》的通知

劳部发〔1995〕258 号

各省、自治区、直辖市人民政府，国务院各部委、各直属机构：

现将《现代企业制度试点企业劳动工资社会保险制度改革办法》发给我们，请据此指导本地区、本部门有关职能机构结合实际情况贯彻落实，及时解决试点工作中出现的问题。

一九九五年六月九日

现代企业制度试点企业劳动工资社会保险制定改革办法

为了指导和规范现代企业制度试点企业（以下简称企业）劳动工资社会保险制度改革，根据《中华人民共和国劳动法》和国家的有关规定，制定本办法。

一、要按照社会化大生产和社会主义市场经济的要求建立企业劳动工资社会保险制度。通过改革，使企业拥有独立的用人自主权，劳动者拥有独立的择业自主权，双方在国家指导和劳动力市场供求机制作用下，通过劳动合同确定各种劳动条件，建立稳定和谐的劳动关系，建立科学合理的现代企业内部劳动管理制度；使企业拥有工资分配自主权，在职工工资增长低于经济效益增长的前提下，根据劳动力市场供求状况变化和国家有关政策规定，自主确定工资水平和内部分配方式，贯彻按劳分配原则；使企业依照法律、法规参加政府统一的各项社会保险，并承担相应的责任和义务。

二、企业在条件公开、平等竞争、双向选择的原则下，自主决定招用职工的时间、条件、方式和数量。跨地区招用职工和招用农民工按照国家和当地政府规定办理。

三、企业与职工签订书面劳动合同确定劳动关系。厂长（经理）、副厂长（副经理）以及实行公司制的企业的财务负责人与董事会签订劳动全同，其余员工均与企业法人代表签订劳动合同。

企业要规范劳动合同管理，依据劳动合同协调企业与职工的劳动关系；建立企业劳动争议调解委员会，负责调解本企业的劳动争议。

四、企业根据生产经营和市场竞争的需要，自主确定经营管理机构，自主设置本企业经营管理和技术职务。在企业内取消管理人员、技术人员的国家干部身份。对经考核不适应担任管理、技术职务的人员，可以安排到工人岗位上工作；对经考核符合管理、技术职务要求的工人，可以聘用为管理、技术职务人员；对各类岗位都建立企业内部的竞争上岗机制。

五、企业应建立健全科学的劳动管理制度，根据国家、行业的劳动定员定额标准，制定企业的具体标准，在法定工时内合理确定职工的劳动量，完善劳动组织管理，合理安排工作岗位和工作班制，改进作业方式，提高劳动生产率。

六、企业可在劳动行政部门的指导下，建立集体协商制度，按照国家的《集体合同规定》，由工会或职工代表与企业就劳动报酬、工作时间、休息休假、劳动安全卫生、保险福利等事项进行平等协商，签订集体合同。

企业与职工个人签订的劳动合同中的劳动报酬和劳动条件不得低于集体合同规定的标准。

七、企业可以根据生产经营情况，按照国家规定进行经济性裁减人员，被裁减的人员可依据企业开具的名单和有关证明到当地劳动部门登记，享受失业保险待遇；各地劳动部门应认真接收被裁减人员，并运用现有失业保险基金保障其基本生活，提供职业介绍、转业训练、生产自救等再就业服务。

八、企业应向被裁减人员发放一次性经济补偿，其数额按被裁减人员被裁减前十二个月的月平均工资（被裁减人员的月平均工资低于企业月平均工资的。按企业月平均工资）计算，在本单位工作的年限每满一年，发给相当于一个月平均工资的经济补偿。

九、企业应制定富余人员安置计划，积极做好富余人员安置工作，政府有关部门应给予指导、帮助和扶持。企业可以从盘活存量资产的收益中，划出一定比例的资金专门用于本企业现有富余人员的工作安置和生产保障。

对企业新办安置富余人员的独立核算、自负盈亏的企业，其减免所得税的政策，按国务院《国有企业安置富余人员规定》（国发［1993］111号令）和财政部、国家税务总局《关于企业所得税若干优惠政策的通知》（财税字［94］001号）执行。

十、企业应在工资总额增长低于经济效益增长、实际平均工资增长低于劳动生产率增长（以下简称“两低于”）的原则下，确定本企业的工资水平。

组建为股份公司或有限责任公司的企业的工资管理，按照《中华人民共和国公司法》和劳动部、国家体改委《股份有限公司劳动工资管理规定》（劳部发［1994］497号）执行。

未实行公司制的，盈利企业经劳动行政部门批准，可以按“两低于”的原则确定年度的工资总额增长率，也可以实行工资总额与经济效益挂钩办法；亏损企业均实行工资总额与经济效益挂钩办法。在工效挂钩工作中要加强企业间的横向比较，严格核定挂钩基数，并按“两低于”的原则确定浮动比例；要把国有资产的保值增值作为重要的考核指标；严格按照国家规定清算应提工资，杜绝挂上不挂下的现象。

十一、劳动行政部门依法监督检查企业执行“两低于”原则的情况，依法纠正企业违反国家法律、法规和政策增加工资的现象。

十二、企业经营者试行年薪制。经营者年薪与职工工资收入分离，与企业生产经营成果（主要依据利润或减亏指标）、责任、风险和资产保值增值相联系。

实行公司制的企业，经营者年薪由企业董事会确定，劳动行政部门应对经营者年薪水平提出指导意见；未实行公司制的企业，经营者年薪由劳动行政部门会同经贸、财政部门确定。

十三、企业在全面进行岗位劳动评价和职工劳动贡献考核的基本上，建立充分体现按劳分配原则的岗位技能工资制或其他内部分配制度，依据劳动技能、劳动责任、劳动强度、劳动条件和劳动贡献自主确定企业内部各类人员工资水平和工资关系，合理拉开工资差距，充分发挥工资的激励职能。企业要合理调整职工工资收入结构，实行收入工资化、货币化。

十四、企业应根据国家规定，建立并严格执行工资支付制度，规范工资支付行为，并把对职工个人的工资收入支付与履行《中华人民共和国个人所得税法》规定的义务相结合，严格代扣代缴职工和经营者个人所得税。

十五、企业所在地区政府要将社会保险改革纳入当地社会经济发展的总体规划，按照国家规定推行养老、失业保险制度改革，积极进行工伤、医疗和女职工生育保险改革试点。要加快社会保险的社会化管理服务体系建设步伐，尽快实现企业承担的社会保险职责的社会化。当地劳动行政部门必须把企业纳入本地社会保险网，建立工作关系，并对企业给予具体的业务指导。企业必须积极参加所在地的各项社会保险制度改革（经国务院批准已参加行业养老保险统筹的企业可不参加当地养老保险统筹）。大型企业内部可根据实际需要建立社会保险服务机构，同当地社会保险机构相配合，努力开展各项管理服务工作。

十六、企业可以根据经济效益状况为职工建立补充养老保险。企业应鼓励职工个人参加储蓄性养老保险。

十七、企业要着眼于长远发展，努力提高职工的技术素质，制定岗位规范，开展岗位培训和技能考核评定工作。

十八、企业应遵守国家有关劳动法律、法规和规章，加强劳动法制的宣传教育，依法保障职工合法权益。企业制定的有关劳动管理的规章制度，应抄报劳动行政部门备案。企业应自觉接受劳动监察，提供真实情况，认真执行劳动监察机构的处理决定。

十九、本办法目前适用于经国家批准的现代企业制度百家试点企业。

二十、本办法由劳动部负责解释。

劳动部、审计署关于发布《社会保险审计暂行规定》的通知

劳部发〔1995〕329号

各省、自治区、直辖市及计划单列市劳动（劳动人事）厅（局）、审计厅（局），审计署驻各地派出机构，驻各部委审计局，上海市社会保险局，国务院有关部门：

为了加强社会保险基金审计监督，严肃财经法纪，保证社会保险事业的健康发展，特制定《社会保险审计暂行规定》，现予发布，自1995年10月1日起施行。

一九九五年八月二十四日

社会保险审计暂行规定

第一条 为加强社会保险基金管理，严肃财经法纪，促进社会保险事业的健康发展，根据《中华人民共和国审计法》、《中华人民共和国劳动法》的有关规定，制定本规定。

第二条 各级国家审计机关应当加强对劳动行政部门及社会保险基金经办机构和劳动就业服务机构管理的社会保险基金、资金的财务收支的审计，对其内部审计工作进行指导和监督。

第三条 各级劳动行政部门负责对本级社会保险基金经办机构和劳动就业服务机构的审计监督。

上级社会保险基金经办机构负责对下级社会保险基金经办机构的审计监督；上级劳动就业服务机构负责对下级劳动就业服务机构的审计监督。

地方各级社会保险基金经办机构、劳动就业服务机构和系统统筹部门的社会保险基金经办机构，负责本地区、本部门管理范围内用人单位的社会保险审计事项。

第四条 社会保险的内部审计监督，在本单位主要负责人的直接领导下实施。

第五条 劳动行政部门及社会保险基金经办机构、劳动就业服务机构依法进行审计监督。其依法作出的审计决定，有关部门和单位必须执行。

第六条 社会保险审计人员应当具备与所从事的审计工作相适应的专业知识和业务能力。

第七条 社会保险审计人员办理审计事项，应依法实行回避制度。

第八条 社会保险审计人员办理审计事项，应实事求是、客观公正、廉洁奉公、保守秘密。

第九条 社会保险审计人员依法行使职权受法律保护。

第十条 本规定第三条第一、二款规定的审计监督包括下列事项：

（一）社会保险基金和管理服务费预算的执行情况和决算；

（二）各项社会保险基金的核定、收缴、支付、上解、下拨、储存、调剂及管理服务费和其

他专项经费的提取、使用、上解、下拨；

（三）社会保险基金运营的经济效益；

（四）购置固定资产的资金来源、使用、保管及工程预决算的情况；

（五）国家财经法纪的执行情况和其他有关经济活动及会计行为的合法性；

（六）上级社会保险基金经办机构和劳动就业服务机构交办的以及国家审计机关委托的审计事项。

第十一条 社会保险基金经办机构和劳动就业服务机构对用人单位的下列事项进行审计监督：

（一）在职职工和社会保险待遇享受人员的人数及花名册；

（二）工资总额填报的真实性和合法性；

（三）上缴各项社会保险基金的情况；

（四）支付社会保险金和享受社会保险待遇人员的落实情况。

第十二条 上级社会保险基金经办机构和劳动就业服务机构可以将其审计范围内的审计事项授权下级社会保险基金经办机构和劳动就业服务机构进行审计，也可对下级社会保险基金经办机构和劳动就业服务机构审计范围内的重大审计事项直接审计。

第十三条 劳动行政部门及社会保险基金经办机构和劳动就业服务机构具有以下审计权限：

（一）要求被审计单位报送有关的预算、决算、报告、报表和财务会计等资料；

（二）检查被审计单位有关的会计凭证、帐簿、报表、资料和资产，参加被审计单位的有关会议；

（三）向有关部门、单位和个人进行调查；

（四）对被审计单位违反法律、法规的行为，有权制止，并由社会保险基金经办机构和劳动就业服务机构建议劳动行政部门给予行政处罚；构成犯罪的，提请司法机关依法追究刑事责任。

第十四条 社会保险审计应按以下程序进行：

（一）向被审计单位发出《审计通知书》；

（二）依据本规定第十三条规定的权限进行调查取证，调查时应当出示审计证件和审计通知书副本；

（三）提出审计报告，并征求被审计单位的意见。被审计单位应当在接到审计报告十日内提出书面意见。未提出书面意见的，视同没有异议；

（四）出具审计意见书和作出审计决定；

（五）审计意见书和审计决定经批准后发送被审计单位；

（六）被审计单位对审计决定如有异议，可以申请审计复议。用人单位对审计复议决定不服的，可以向人民法院提起诉讼。

复议期间，不影响审计决定的执行。

第十五条 社会保险基金经办机构和劳动就业服务机构进行的工作调查，不适用第十四条规定的审计程序。

第十六条 社会保险审计可以采取就地审计、报送审计或与国家审计机关联合审计等方式进行。

第十七条 需要委托审计师事务所或会计师事务所审计时，应当在事前就委托审计事项签订委托业务协议书，并就委托审计事项通知被审计单位。审计终结，由受委托方向委托方提交审计报告，委托方视情况出具审计意见书或作出审计决定，并发送被审计单位。

第十八条 社会保险审计的情况应当向同级国家审计机关、劳动行政部门及上级社会保险基金经办机构和劳动就业服务机构报告。

各级国家审计机关对社会保险基金和管理服务费的审计情况应当向同级劳动行政部门及上级社会保险基金经办机构和劳动就业服务机构通报。

第十九条 已经国家审计机关审计的，在半年内劳动行政部门或社会保险基金经办机构、劳动就业服务机构不得重复审计；已经劳动行政部门或社会保险基金经办机构、劳动就业服务机构审计的，除国家审计机关外，在半年内其他部门不得重复审计。

第二十条 劳动行政部门及社会保险基金经办机构和劳动就业服务机构应按照有关规定建立审计档案。

第二十一条 拒绝、阻挠社会保险审计人员依法执行公务或打击报复社会保险审计人员的，由劳动行政部门或者有关部门给予行政处分；构成犯罪的，依法追究刑事责任。

第二十二条 社会保险审计人员滥用职权、玩忽职守、徇私舞弊，构成犯罪的，依法追究刑事责任；不构成犯罪的，给予行政处分。

第二十三条 省、自治区、直辖市劳动行政部门可以根据本规定，结合本地区的实际情况制定实施办法，并报劳动部和国家审计署备案。

第二十四条 本规定由劳动部、国家审计署负责解释。

第二十五条 本规定自一九九五年十月一日起施行。

劳动部、财政部关于做好企业离退休人员生活保障工作的通知

劳部发〔1995〕449号

各省、自治区、直辖市及计划单列市人民政府，国务院有关部委、直属机构：

企业离退休人员在我国社会主义革命和建设中曾作出过重大贡献，各级政府和有关部门有责任关心和照顾他们的晚年生活，以体现党和国家对他们的关怀，同时这也是维护社会稳定的一项重要工作。为了切实保障企业离退休人员的基本生活，使他们分享社会经济发展的成果，经国务院同意，现就做好企业离退休人员生活保障工作的有关问题通知如下：

一、各级人民政府要根据《国务院关于深化企业职工养老保险制度改革的通知》（国发〔1995〕6号）的精神和《劳动部、财政部关于1995年调整企业离退休人员基本养老金的通知》（劳部发〔1995〕325号）的有关规定，尽快建立企业离退休人员基本养老金的正常调整机制，给企业离退休人员增加基本养老金。鉴于离休人员是一个特殊群体，各地要逐步做好企业离休人员与机关、事业单位离休人员离休待遇的平衡工作。具体办法由各省、自治区、直辖市人民政府确定。

二、增加离退休金所需资金，按企业的不同情况确定。凡参加养老保险费用社会统筹的企业，原则上由统筹基金支付，没有参加社会统筹的企业，按原资金渠道解决；对特别困难的企业和地区，当地财政可根据实际情况对调整企业离休人员的离休金给予适当支持。

三、要认真做好困难企业和破产、撤销、解散企业离退休人员的离退休金发放工作。凡参加养老保险费用社会统筹的企业，社会保险经办机构应按时、足额支付养老金。未参加社会统筹的，企业应切实保证离退休金的发放；确有困难的，也应先发给基本生活费，具体标准由各地区、各有关部门根据实际情况确定；所需资金原则上由企业自筹解决；企业自筹确有困难的，主管部门和财政部门应给予适当帮助。

四、经批准实行养老保险系统统筹的行业和单位，也可按上述精神执行。

五、元旦、春节即将来临，各地区、各有关部门要将保障企业离退休人员基本生活工作的情况及时报告劳动部、财政部。

一九九五年十二月七日

劳动部关于印发《关于建立企业补充养老保险制度的意见》的通知

劳部发〔1995〕464号

各省、自治区、直辖市及计划单列市劳动（劳动人事）厅（局），哈尔滨、长春、沈阳、济南、杭州、武汉、广州、成都、西安市劳动局，上海市社会保险局，国务院各部委、直属机构：

《中华人民共和国劳动法》第七十五条关于“国家鼓励用人单位根据本单位实际情况为劳动者建立补充保险”的规定，为建立我国企业补充养老保险制度提供了法律依据。《国务院关于深化企业职工养老保险制度改革的通知》（国发〔1995〕6号）也对建立企业补充养老保险和个人储蓄性养老保险做出明确规定。

近年来，各地劳动部门和社会保险机构积极开展企业补充养老保险试点工作，取得了一定的成效和经验。一些企业和行业也在建立企业补充养老保险方面进行了有益的探索。加快建立企业补充养老保险制度的步伐，尽快完善多层次的养老保险体系，我们在总结各地试点经验和借鉴国外做法的基础上，提出了《关于建立企业补充养老保险制度的意见》，现印发给你们。希望各地区、各有关部门按照《劳动法》的规定和国务院6号文件的要求，积极推动建立企业补充养老保险制度，特别是首先抓好大中型企业的补充养老保险试点工作。各地区、各有关部门制定的本地区、本部门建立企业补充养老保险制度的计划和方案，应报劳动部备案。

我们收集整理了一批国内外补充养老保险有关材料，现附后，供实践中研究参考。

附件：一、大连市城镇企业职工补充养老保险办法

二、上海某公司员工补充养老保险实施方案

三、电力企业建立补充养老保险暂行办法

四、美国的私人养老金计划

五、日本的企业年金制度

一九九五年十二月二十九日

关于建立企业补充养老保险制度的意见

一、实施主体和条件

1.企业补充养老保险的实施范围限于城镇各类企业；其中，外商投资企业可以限于中方职工。

2. 规模较大的企业可以在国家政策指导下单独实行企业补充养老保险制度；中小企业可以联合建立基金管理理事会，实行补充养老保险制度；有条件的行业，也可以实行全行业统一的补充养老保险制度。

3. 企业建立补充养老保险制度的基本条件是：①参加了基本养老保险费用社会统筹，并按时足额地缴纳养老保险费；②生产经营状况比较稳定；③民主管理基础较好。

二、决策程序和管理组织

4. 企业的补充养老保险制度应由企业与本企业职工（工会组织可作为职工代表）根据国家政策，在协商一致的基础上建立。

5. 企业或者工会可以先提出实行补充养老保险的方案。方案中应包括补充养老保险的组织管理、供款水平、缴费周期、享受条件、支付办法、双方的权利和义务以及违反协议应承担的责任等内容。方案经双方协商后提交职工大会或职工代表大会讨论通过。外商投资企业和私营企业可以通过签订集体合同的方式确定补充养老保险的方案。没有建立工会的企业，可以由职工推举的代表与企业协商确定补充养老保险方案。

6. 企业实行补充养老保险制度，应建立由职工代表（一般为工会代表）和企业管理者代表（一般为劳资部门管理人员）所组成的基金管理理事会。基金管理理事会主要负责监督补充养老保险方案的实施情况，依据实际情况对方案的修改调整提出建议，委托经办机构，审核享受资格等。

三、资金来源

7. 企业补充养老保险所需资金，主要由企业负担；也可以由企业和个人共同负担，但个人缴费部分不得超过供款总额的一半。

8. 补充养老保险费用中的企业供款，可以在企业工资储备金中列支；可以将企业基本养老保险缴费中超过职工平均工资300%以上的部分，由社会保险经办机构返还企业作为补充养老保险供款；也可以经当地政府批准，将不超过本企业工资总额一定比例部分计入企业相关成本费用。

补充养老保险费用中的个人缴费，从个人工资收入中按一定比例或绝对额缴纳。

四、记帐方式和计发办法

9. 企业补充养老保险一般采用个人帐户方式。即职工在本企业工作满一定年限（例如一年）后，应作为补充养老保险的实施对象；无论是企业提供的补充养老保险费用，还是职工个人缴纳的补充养老保险费用，一律记入职工个人帐户。

10. 补充养老保险待遇按个人帐户养老金储存额的多少计发。

11. 在企业实行补充养老保险制度之前已经退休的人员，是否给予追加性的补充养老保险金，及基金模式、给付标准和计发办法，由企业补充养老保险方案规定。

五、供款方式和水平

12. 企业补充养老保险费用中的企业供款水平，可以依据企业的经济效益情况确定，经济效益好时可以多补充，经济效益不好时可以少补充或暂不补充。

13. 企业为补充养老保险个人帐户供款的方式，一般按照职工工资的一定比例计入，在试行初期也可以按一定的绝对额计入。对劳动模范、先进工作者等有特殊重大贡献的人员，可以规定较高的供款水平。企业补充养老保险方案实施之初，考虑到历史原因，还可以规定依据职工距离退休年限的长短，确定不同的供款水平。

六、享受条件和待遇给付

14. 职工符合法定退休条件并办理了退休手续后，有权从自己的补充养老保险个人帐户中一次或分次领取补充养老保险金。职工或退休人员死亡后，其个人帐户余额，按照《继承法》的规定由其指定的受益人或法定继承人一次性领取。

15. 企业补充养老保险方案可以规定，职工退休前遇到特殊重大困难时，经申请核实，可以从个人帐户中提前支取补充养老金的一部分。

16. 职工在严重违法、违纪、自动离职等情况下，补充养老保险待遇的处理，由企业补充养老保险方案规定。

七、经办机构和委托程序

17. 企业可以自主选择补充养老保险的经办机构，但不能选择境外金融机构。具备条件的大型企业、企业集团和行业，也可以自行经办补充养老保险，但须建立专门的经办机构；补充养老保险基金必须与企业其他资金分开管理。

18. 各级社会保险基金经办机构应利用经办基本养老保险的优势。通过提高服务质量、保障资金安全以及减免管理费等措施，争取经办企业补充养老保险业务。

19. 商业性保险公司等金融机构和企业、企业集团、行业经办补充养老保险业务，应有一定形式的再保险，并定期向劳动行政部门报告情况。非国有金融机构经办补充养老保险业务和企业、企业集团、行业自行经办补充养老保险业务，须经当地劳动行政部门批准。

20. 企业委托社会保险基金经办机构或金融机构经办补充养老保险业务，双方应签订书面协议，明确委托事项、双方的权利义务及违约责任等。企业应向受委托方提供补充养老保险方案的副本。

21. 各级劳动行政部门负责企业补充养老保险的政策制定、组织推动、统一指导和监督检查，但不能直接经办企业补充养老保险业务。

八、投资运营

22. 补充养老保险基金可以用于投资，以期保值增值。基金增值部分，原则上归职工个人所有、依个人帐户本金的多少按比例计入利息。

23. 受委托经办企业补充养老保险的机构，应与委托方的基金管理理事会共同商定基金投资方向和投资组合方案，但经办机构应承诺确保本金的安全。双方也可商定确定的投资回报率，由经办机构自行决定投资。

九、基金转移

24.企业在委托一个经办机构经办补充养老保险 12 个月后，可以终止同该经办机构的委托关系，将基金转移到其他经办机构，原经办机构不得拒绝。有关损失赔偿问题，按双方的协议处理。

25. 职工劳动合同期满后到其他企业就业或经批准调到其他单位工作的，由原企业开具证明，由经办机构将其补充养老保险个人帐户转移到职工新就业企业委托的经办机构。职工因升学、参军、失业等原因离开企业，或新就业企业未实行补充养老保险制度的，其补充养老保险个人账户可暂由原经办机构管理，待具备条件时再予转移。

劳动部关于印发《重点联系城市企业职工养老保险制度改革 1996 年度评价指标（试行）》的通知

劳部发〔1996〕163号

各重点联系城市劳动（劳动人事）局，上海市社会保险局：

经各省、自治区、直辖市劳动（劳动人事）厅（局）推荐，我部确定了 49 个企业职工养老保险制度改革重点联系城市。为进一步推动这些城市的改革试点工作，我部制订了《重点联系城市企业职工养老保险制度改革 1996 年度评价指标（试行）》，现印发给你们。请你们根据评价指标和本市的实际情况，尽快制订《实施细则》并报我部备案。我部将定期进行检查评估，并通过《简报》公布检查评估结果。

一九九六年五月七日

重点联系城市企业职工养老保险制度改革 1996 年度评价指标（试行）

一、落实个人帐户：1996 年上半年，市级及所属区、县（市）的改革方案进入实施运转，建立个人帐户，实现计算机管理，历年缴费工资基数、缴费金额及利息均通过计算机输入完成。1996 年年底前至少与职工对一次帐。

二、实施覆盖计划：1996 年年底前，按照“基本养老保险覆盖计划”的进度要求扩大实施范围，按人数计算的总覆盖率不低于 80%，其中国有、集体企业基本上都参加了统筹，台港澳商、外商投资企业覆盖面不低于 50%，其他企业和个体工商户覆盖面不低于 30%。

三、统一缴费基数：目前实行以工资和退休费两项为缴费基数的，在 1996 年年底前归并为一项缴费基数。对不同所有制、不同用工形式实行不同费率的，一般要在 1996 年年底前归并为统一的费率，对各种费率之间差距较大的，1996 年要实施归拢措施，1997 年完成归并。与此同时，制定出控制或逐步降低企业费率的规划措施。

四、妥善处理过渡问题：按照 60%左右的长期目标确定基本养老金的替代率水平，制定周密的衔接过渡措施并开始实施。1996 年当年退休人员执行新办法的比例不低于 40%。

五、实施调整机制：建立并实施了基本养老金正常调整机制。1996 年的调整幅度合理，方法得当，社会反响较好。

六、完善统筹办法：1996 年年底前，基本实现全市（包括所属区、县）统筹；个别难度较大的城市，也要开始进行市县间的调剂。1997 年实现全市统筹。

七、规范基金缴拨：1996 年年底前，全市或至少在部分区、县（市）及现代企业制度试点的企业，实行养老保险基金全额缴拨。1996年基金收缴率在90%以上，保证按时足额拨付养老金。

八、保障离退休人员基本生活：对困难企业制定并实施缓缴政策，在批准的缓缴期内，保证基本养老金的支付。1996年年底前对生活特别困难的离退休人员建立专门档案，采取积极措施保障其基本生活。

九、加强技术基础：1996年年底前，市级及所属区、县（市）计算机设备基本配齐，在劳动部及省、自治区的指导下，开发出适用软件并顺利运转；开辟查询渠道（窗口查询、磁卡查询或电话查询服务），并运用数据库作中长期预测分析。

十、提高社会化管理服务水平：银行已实现计算机联网的城市，要基本实现由银行代发企业离退休人员养老金；没有实现计算机联网的城市也要采取多种形式扩大养老金社会化发放面。1996年年底前，各城市至少要有1至2个依托社区开展企业离退休人员管理服务工作的试点。

劳动部关于加快实施《基本养老保险覆盖计划》的通知

劳部发〔1996〕194号

各省、自治区、直辖市劳动（劳动人事）厅（局），国务院有关部委、直属机构，上海市社会保险局，各养老保险制度改革重点联系城市劳动局：

扩大基本养老保险覆盖范围是国务院《关于深化企业职工养老保险制度改革的通知》（国发〔1995〕6号）的重要内容之一。为此，我部于1995年5月印发了《基本养老保险覆盖计划》（劳部发〔1995〕240号），各地按照要求，普遍制定了本地区的基本养老保险覆盖计划。为进一步加快实施《基本养老保险覆盖范围》，把城镇各类企业职工和劳动者纳入基本养老保险覆盖范围，促进劳动力市场的发展和维护社会稳定，现就有关问题通知如下：

一、《基本养老保险覆盖计划》的实施步骤

1. 根据本地实际首先覆盖国有企业、集体企业、股份制企业和外商投资企业、港澳台投资企业；其次覆盖私营企业、个体工商户及其从业人员。

2. 原由人民保险公司经办部分集体企业养老保险的地区，劳动部门和社会保险机构要根据当地政府的规定和要求，尽快办理接收手续。

3. 劳动部门和社会保险机构要在工商、税务等部门的协助配合下，积极做好私营企业、个体工商户及其从业人员参加社会养老保险的工作。

二、《基本养老保险覆盖计划》的进度要求

1. 北京、上海、天津、辽宁、河北、山东、江苏、浙江、福建、广东、广西、海南等沿海12省、自治区、直辖市，1996年底基本养老保险按职工（从业人员）人数计算的总覆盖面不低于80%，其中外商投资企业不低于50%，其他非公有制企业和个体工商户不低于30%；1997年底总覆盖面不低于90%，其中外商投资企业不低于70%，其他非公有制企业和个体工商户不低于50%。

2. 黑龙江、吉林、山西、河南、安徽、湖北、湖南、江西、陕西、四川10省，1996年底基本养老保险覆盖面不低于75%，其中外商投资企业不低于40%，其他非公有制企业和个体工商户不低于20%；1997年底，达到沿海12省、自治区、直辖市1996年低的进度要求；1998年底，达到沿海12省、自治区、直辖市1997年底的进度要求。

3. 甘肃、宁夏、青海、新疆、内蒙古、云南、贵州、西藏8省、自治区，1996年底基本养老保险的总覆盖面不低于70%，其中外商投资企业不低于30%，其他非公有制企业和个体工商户开始纳入覆盖计划；1997年底达到中部10省1996年底的进度要求；1998年底和1999年底分别达到沿海12省、自治区、直辖市1996年和1997年底的进度要求。

4. 劳动部确定的49个重点联系城市的基本养老保险覆盖计划一律按沿海12省、自治区、直辖市的实施进度要求执行。中、西部地区的其他中心城市的实施进度也应快于本省或自治区的平均进度。

以上进展要求是最低标准，各地区在实施过程中，应根据本地情况尽可能加快步伐。

三、《基本养老保险覆盖计划》的评价标准

评价《基本养老保险覆盖计划》落实的主要标准是：

1. 制定了具体的实施计划及相关的配套措施。

2. 按职工（从业人员）人数计算的覆盖面达到了进度要求。

$$\frac{\text{养老保险}}{\text{总覆盖率}}=\frac{\text{本地区参加统筹的职工（从业人员）人数}}{\text{本地区职工（从业人员）总数}}\times 100\%$$

3. 为新参加基本养老保险的单位和个人建立了基本养老保险档案及个人帐户，并按规定实际收缴了养老保险费。

四、《基本养老保险覆盖计划》的督促检查

各地区要把加快实施《基本养老保险覆盖计划》作为深化企业养老保险制度改革的重要内容，要形成工作制度，制定规范的工作进度统计表，并加强对落实情况的督促检查，每半年检查一次。各省、自治区、直辖市1996年6月底以前，将实施《基本养老保险覆盖计划》的进度、存在的问题和采取的措施报劳动部社会保险司。今后，请指定专人负责此项工作，每半年报告一次。劳动部拟在1996年7月底进行一次重点抽查，年终进行全面检查汇总，并通过《简报》公布检查结果。

当前督促检查的重点是：

1. 首先在工商、税务、统计、银行等部门的协助下，搞清不同所有制、各种经济成份的单位数和职工（从业人员）人数及离退休人员人数，分类排列，选定推动《基本养老保险覆盖计划》的重点，制定具体的年度、季度推进计划和措施。

2. 将每一阶段计划执行情况以数据形式列出，重点检查分析未能及时纳入基本养老保险制度的单位、人数和原因，制定改进措施。

3. 检查对各类所有制单位及各类用工形式统一政策的进展情况和过渡措施的落实情况。

附件：扩大基本养老保险覆盖面进展情况报表

一九九六年六月三日

扩大基本养老保险覆盖面进展情况报表

地　　区________填报日期______年____月

报表联系人________电　　话______

单　　位：人数（万），覆盖率（%）

总覆盖面		
A	B	C

国有企业			集体企业		
A	B	C	A	B	C

港澳台投资、外商投资企业			私营企业及个体工商户		
A	B	C	A	B	C

劳动部关于加强社会保险基金收缴工作的通知

劳部发〔1996〕206号

各省、自治区、直辖市及计划单列市、副省级省会城市劳动（劳动人事）厅（局）、国务院有关部委、直属机构：

自1984年实行退休费用社会统筹试点以来，我国的社会保险制度改革取得了较大的进展，对促进企业生产，保证企业劳动者的合法权益，维护社会稳定起到了重要的作用。但是，近年来由于多方面的原因，各地社会保险基金收缴率不同程度地下降，一些地方社会保险基金支付紧张，个别地方甚至出现当年基金入不敷出的现象。这种状况继续下去，将影响企业劳动者特别是离退休人员各项社会保险待遇的落实，影响社会的稳定和改革的顺利进行。为此，现就加强社会保险基金收缴工作通知如下：

一、社会保险基金的收缴是社会保险工作的首要任务。各级劳动部门和社会保险管理机构要充分认识这个问题的重要性和紧迫性，采取切实措施，依照《劳动法》及国务院和当地政府的有关文件精神，建立起用人单位和劳动者自觉缴纳社会保险费的机制，确保社会保险基金的按时收缴和发放，保证广大劳动者的合法权益。

二、各级劳动部门和社会保险管理机构，要积极主动地向政府领导汇报基金收缴工作情况及存在的问题，提出建议，给政府领导当好参谋。在有条件的地区，可建议政府将社会保险基金的收缴列入各级政府和企业的目标责任制进行考核，对拖欠社会保险基金的企业不得评选为先进单位，其法定代表人不得评选为先进工作者，不得兑现经营者收入。

三、社会保险管理机构应在内部建立岗位责任制，将社会保险基金收缴指标和清欠指标统一分解，落实到各个处（室）和个人。要严格规定奖罚条件，对完成收缴任务好的及时予以表彰和奖励，因主观原因完不成任务的要予以批评和处罚。形成工作有目标，岗位有责任，考核有标准，功过有奖惩的内部激励机制。

四、各级社会保险管理机构要根据国务院有关规定，切实加强与银行的协调、配合，共同对社会保险基金的收缴工作做出具体规定，银行接到社会保险管理机构的扣款通知单后，优先代为扣缴，并规定付款单位不得进行反托收，收付双方免签协议。有条件的地区，经双方商定，社会保险管理机构可在银行设立基金收缴“专管员”，即社会保险管理机构设专人与银行建立密切联系，及时掌握企业情况，以利于基金的及时收缴；社会保险管理机构应创造条件，推行“一票扣缴”的做法，即将企业应缴纳的各项社会保险费记在一张票上，到企业进行一次集中扣缴，回单位后再进行分解。

五、社会保险管理机构要加强同统计、工商行政管理部门的联系。争取统计部门的支持、配合，核准企业的工资总额，确保社会保险基金的缴费基数准确无误。社会保险管理机构可与工商行政管理部门协商，实行社会保险基金收缴与工商年检挂钩的办法，在工商行政管理部门年检时，企业应出具社会保险管理机构基金收缴验讫章，否则工商行政管理部门不予办理。

六、对停产、半停产或因经营状况欠佳，发不出职工工资，确实无力缴纳社会保险费的困难企业，经政府批准，可以缓缴社会保险基金。缓缴期间，社会保险管理机构应主动帮助这些企业做好解困工作，按时足额发放养老保险金；同时拟订补缴计划，采用分次到位的方式缴纳社会保险费。

七、各级社会保险管理机构要定期将职工养老保险个人帐户清单和《职工养老保险手册》发到职工手中，使广大职工关心了解单位和个人的缴费情况，进而从保护自身利益出发，监督和敦促企业按时足额缴纳社会保险费。

八、依据《社会保险审计暂行规定》(劳部发［1995］329号)，加强社会保险基金的审计工作，保证社会保险基金的收缴。各级社会保险管理机构要建立健全审计机构，配备专职审计人员，完善审计制度，并加强同政府审计机关的业务联系。依法对用人单位缴纳社会保险费的情况开展审计与监督，促进基金的收缴。有关审计的罚没收入应一并纳入社会保险基金。

九、各级社会保险管理机构可与当地人民法院协商成立社会保险巡回法庭或聘请常年法律顾问，对一些有能力缴费而拒不履行义务的单位，可通过法律程序申请人民法院强制执行。

十、各级劳动部门和社会保险管理机构要注重发挥舆论监督的作用。通过广播、电视、报纸等舆论工具，广泛宣传社会保险事业对于建立和完善社会主义市场经济体制、促进经济发展、稳定社会和保障职工生活方面所发挥的作用，使广大群众充分认识到享受社会保险待遇是国家赋予职工的合法权益，缴纳社会保险费是用人单位和职工应尽的义务和责任，从而增强用人单位和职工的社会保险意识。社会保险管理机构要定期向社会公布社会保险基金收缴、支付、管理的情况，以加大舆论监督的力度。

一九九六年六月十七日

劳动部关于印发《社会保险综合统计报表制度》的通知

劳部发〔1996〕257号

各省、自治区、直辖市劳动（劳动人事）厅（局），上海市、广东省社会保险管理局，铁道部、邮电局、水利部、电力部、交通部、煤炭部、中国建筑工程总公司、中国石油天然气总公司、中国人民银行、中国民航总局、中国有色金属总公司社会保险管理机构：

随着社会保险事业的不断发展，统计指标发生了较大的变化，信息需求最也越来越大。为适应我国社会保险制度改革及其管理工作的需要，我们在总结各地的做法和经验的基础上，制定了一套新的社会保险综合统计报表制度，现印发给你们，自1997年1月1日起执行。执行中有何问题，请及时告我部社会保险事业管理局。

一九九六年八月七日

社会保险综合统计报表制度

劳　动　部

一九九六年八月

一、总 说 明

（一）为了及时、准确地搜集、整理有关社会保险事业发展方面的资料，为各级领导制订社会保险方面的政策、进行宏观决策和调控提供依据，特制订《社会保险综合统计报表制度》。

（二）本报表制度是劳动部对各省、自治区、直辖市劳动（劳动人事）厅（局）和实行系统统筹的中央各有关部门社会保险管理机构报送的要求。综合范围为中央和地方各类国有企业、城镇集体企业和其他各种经济类型企业，私营企业和个体劳动者暂计入其他各种经济类型企业。

（三）各省、自治区、直辖市劳动（劳动人事）厅（局）和交通、银行、中建、民航、邮电、煤炭、铁道、水利、有色、电力、石油等实行系统统筹的中央部门，除按规定向我部报送此套报表外，如有其他方面的社会保险统计资料亦请报送我部一份。

（四）表中凡以万元为计量单位的，均不保留小数。

（五）季报中的时期指标均为报告年初至报告季末累计数字。

（六）各表的报送单位、综合范围和报送日期及方式见报表目录。

二、报 表 目 录

表　号	表　名	报告期别	填报单位	统计范围	报送时间及方式
劳险年综 1 表	基本养老保险情况表	季报 半年报 年报	各省、自治区、直辖市社会保险管理机构，交通部、中国人民银行、中国建筑工程总公司、中国民航总局、邮电部、煤炭部、铁道部、水利部、中国有色金属总公司、电力部、中国石油天然气总公司	参加基本养老保险费用统筹的单位	季报：季后 20 日前 半年报：7 月底前 年报：2 月底前
劳险年综 2 表	基本养老保险个人帐户情况	季报 半年报 年报	各省、自治区、直辖市社会保险管理机构，交通部、中国人民银行、中国建筑工程总公司、中国民航总局、邮电部、煤炭部、铁道部、水利部、中国有色金属总公司、电力部、中国石油天然气总公司	参加基本养老保险费用统筹的单位	季报：季后 20 日前 半年报：7 月底前 年报：2 月底前
劳险年综 3 表	基本养老保险基金调剂情况	半年报 年报	各省、自治区、直辖市社会保险管理机构，交通部、中国人民银行、中国建筑工程总公司、中国民航总局、邮电部、煤炭部、铁道部、水利部、中国有色金属总公司、电力部、中国石油天然气总公司	参加基本养老保险费用统筹的单位	半年报：7 月底前 年报：2 月底前
劳险年综 4 表	医疗保险费用社会统筹情况(一)	季报 半年报 年年	各省、自治区、直辖市社会保险管理机构	参加医疗保险费用统筹与个人帐户相结合的单位	季报：季后 20 日前 半年报：7 月底前 年报：2 月底前

表　　号	表　　名	报告期别	填报单位	统计范围	报送时间及方式
劳险年综 5 表	医疗保险个人帐户情况(二)	季报 半年报 年报	各省、自治区、直辖市社会保险管理机构	参加医疗保险费用统筹与个人帐户相结合的单位	季报:季后 20 日前 半年报:7 月底前 年报:2 月底前
劳险年综 6 表	医疗保险情况	季报 半年报 年报	各省、自治区、直辖市社会保险管理机构	参加医疗保险费用统筹的单位	季报:季后 20 日前 半年报:7 月底前 年报:2 月底前
劳险年综 7 表	参加工伤保险费用社会统筹的人数、工资及基金缴拨情况	季报 半年报 年报	各省、自治区、直辖市社会保险管理机构	参加工伤保险费用统筹的单位	季报:季后 20 日前 半年报:7 月底前 年报:2 月底前
劳险年综 8 表	生育保险情况	季报 半年报 年报	各省、自治区、直辖市社会保险管理机构	参加生育保险费用统筹的单位	季报:季后 20 日前 半年报:7 月底前 年报:2 月底前
劳险年综 9 表	社会保险管理机构基本情况	半年报 年报	各省、自治区、直辖市社会保险管理机构, 交通部、中国人民银行、中国建筑工程总公司、中国民航总局、邮电部、煤炭部、铁道部、水利部、中国有色金属总公司、电力部、中国石油天然气总公司	社会保险管理机构	半年报:7 月底前 年报:2 月底前
劳险年综 10 表	实行社会保险统筹的市县数	季报 半年报 年报	各省、自治区、直辖市社会保险管理机构	参加社会保险费用统筹的市县	季报:季后 20 日前 半年报:7 月底前 年报:2 月底前

三、报表表式

基本养老保险情况表

表号：劳险年综1表
制表机关：劳动部
备案机关：国家统计局
文号：劳部发(1996)257号

单位名称：　　　　199年　半(年)报　　　计量单位：人、万元

甲	序号	职工人数	离退休人数		缴费工资总额	应缴保险费							实缴保险费					应支离退休退职费	实支离退休退职费
						合计	本期应缴			历年欠缴			合计	本期实缴			补缴金缴		
			期末数	平均数			小计	单位缴纳	个人缴纳	小计	单位缴纳	个人缴纳		小计	单位缴纳	个人缴纳			
甲	序号	1	2	3	4	5	6	7	8	9	10	11	12	13	14	15	16	17	18
总　计	1																		
一、国有企业	2																		
二、城镇集体企业	3																		
三、其他各种经济类型企业	4																		
其中：外商投资企业	5																		

补充资料：当年新退人数＿＿＿＿人；当年死亡离退人数＿＿＿＿人。
实行企业补充养老保险的职工人数＿＿＿＿人；实行个人储蓄性养老保险的职工人数＿＿＿＿。
本期单位欠缴金额＿＿＿＿万元；本期个人欠缴金额＿＿＿＿万元。
历年累计垫支困难企业离退休费金额＿＿＿＿万元；人数＿＿＿＿人。

单位负责人签章：　　　处(科)负责人签章：　　　制表人签章：　　　报出日期：199　年　月　日

基本养老保险个人帐户情况

表　　号:劳动年综 2 号表
制表机关:劳动部
备案机关:国家统计局
文号:劳部发(1996)257 号

单位名称:　　　　　　　　199 年　半(年)报　　　　计量单位:人、万元

		职工人数	期初余额	个人帐户增加金额					个人帐户减少金额				期末余额		
				合计	个人缴费部分	企业划转部分	利息收入	其他	合计	定期支付基本养老金	一次性支付基本养老金	其他		#个人缴费部分	#实际储存额
甲	序号	1	2	3	4	5	6	7	8	9	10	11	12	13	14
总　计	1														
一、国有企业	2														
二、城镇集体企业	3														
三、其他各种经济类型企业	4														
其中;外商投资企业	5														

补充资料:定期支付基本养老金的人数________人。

说明:宾栏关系:2+3−8=12;3=4+5+6+7;8=9+10+11;13<12;14<12。

单位负责人签章:　　　　处(科)负责人签章:　　　　制表人签章:　　　　报出日期:199　　年　　月　　日

基本养老保险基金调剂情况

表　　号：劳险年综 3 号
制表机关：劳动部
备案机关：国家统计局
文号：劳部发(1996)257 号

单位名称：　　199 年　半(年)报　　计量单位：人、万元

		企业离退休费用大于缴纳养老保险费的情况			企业离退休费用小于缴纳养老保险费的情况		
		职工人数	离退休人数	金　额	职工人数	离退休人数	金　额
甲	序号	1	2	3	4	5	6
总　计	1						
一、国有企业	2						
二、城镇集体企业	3						
三、其他各种经济类型企业	4						
其中：外商投资企业	5						

单位负责人签章：　　处(科)负责人签章：　　制表人签章：　　报出日期：199　年　月　日

医疗保险费用社会统筹情况

表　　号：劳险年综 4 表
制表机关：劳动部
备案机关：国家统计局
文号：劳部发(1996)257 号

单位名称：　　　　199 年　半(年)报　　　计量单位：人、万元

							社会统筹基金收入					社会统筹基金收入				
		职工人数	离退休人数	缴费工资总额	期初结余	应收	合计	企业缴费	补缴金额	利息收入	其他	合计	支付医疗费用	提取管理服务费	其他	期末结余
甲	序号	1	2	3	4	5	6	7	8	9	10	11	12	13	14	15
总　计	1															
一、国有企业	2															
二、城镇集体企业	3															
三、其他各种经济类型企业	4															
其中：外商投资企业	5															

补充资料：历年累计欠缴社会统筹费用总额________万元。
说明：1. 没有实行医疗保险费用社会统筹与个人帐户相结合的单位不填本表。
2. 宾栏关系：4+6−11=15；6=7+8+9+10；11=12+13+14。

单位负责人签章：　　　处(科)负责人签章：　　　制表人签章：　　　报出日期：199　　年　　月　　日

医疗保险个人帐户情况

表　　号:劳险年综5表
制表机关:劳动部
备案机关:国家统计局
文号:劳部发(1996)257号

单位名称:　　　　199年　半(全)报　　　　计量单位:人、万元

		期初余额	应收	个人帐户收入					个人帐户支出				期末结余
				合计	企业划转部分	个人缴费部分	利息收入	其他	合计	支付医疗费用	一次性返还医疗保险金	其他	
甲	序号	1	2	3	45	6	7	8	9	10	11	12	
总　计	1												
一、国有企业	2												
二、城镇集体企业	3												
三、其他各种经济类型企业	4												
其中:外商投资企业	5												

补充资料:历年欠缴个人帐户金额＿＿＿＿万元;其中:个人欠缴金额＿＿＿＿万元;企业划转部分历年欠缴金额＿＿＿＿万元。
说明:1.没有实行医疗保险费用社会统筹与个人帐户相结合的单位不填本表。
2.横栏关系:1+3−8=12;3=+5+6+7;8=9+10+11。

单位负责人签章:　　　　处(科)负责人签章:　　　　制表人签章:　　　　报出日期:199　年　月　日

医疗保险情况

表　　号：劳险年综 6 表
制表机关：劳动部
备案机关：国家统计局
文　　号：劳部发(1996)257 号

单位名称：　　　　199 年　半(年)报　　　　计量单位：人、万元

		人数	缴费工资总额	应缴保险费	实缴保险费			支付医疗费用
					合计	本期征缴	补缴金额	
甲	序号	1	2	3	4	5	6	7
职工大病医疗费用统筹总计	1							
离退休人员医疗费用统筹总计	2							

补充资料：职工大病医疗费用统筹历年累计欠缴金额＿＿＿＿万元；离退休人员医疗费用统筹历年累计欠缴金额＿＿＿＿万元；企业划转部分历年欠缴金额＿＿＿＿万元。

说明：1. 实行医疗保险费用社会统筹与个人帐户相结合的单位不填本表。

2. 宾栏关系：4＝5＋6。

单位负责人签章：　　　　处(科)负责人签章：　　　　制表人签章：　　　　报出日期：199　　年　　月　　日

参加共伤保险费用社会统筹的人数、工资及基金缴拨情况

表　　号：劳险年综 7 表
制表机关：劳　动　部
备案机关：国家统计局
文　　号：劳部发(1996)257 号

单位名称：　　　　　　199 年　半(年)报　　　计量单位：人、万元

		职工人数	缴费工资总额	伤残人数				因工死亡人数	应缴保险费	实缴保险费			应支工伤保险费	支付工伤保险费			
				合计	一至四级	五至六级	七至十级			合计	本期征缴	补缴金额		合计	死亡抚恤金	伤亡抚恤金	其他
甲	序号	1	2	3	4	5	6	7	8	9	10	11	12	13	14	15	16
总　计	1																
一、国有企业	2																
二、城镇集体企业	3																
三、其他各种经济类型企业	4																
其中：外商投资企业	5																

补充资料：历年累计欠缴金额＿＿＿＿万元。

说　　明：宾栏关系：3＝4＋5＋6；9＝＋10＋11；13＝14＋15＋16。

单位负责人签章：　　　　处(科)负责人签章：　　　　制表人签章：　　　　报出日期：199　　年　　月　　日

生育保险情况

表　　号:劳险年综8表
制表机关:劳动部
备案机关:国家统计局
文　　号:劳部发(1996)257号

单位名称:　　　　199年　半(年)报　　　计量单位:人、万元

甲	序号	职工人数	#本期享受保险待遇女工人数	缴费工资总额	应缴保险费	实缴保险费			支付生育初偿费
						合计	本期征缴	补缴金额	
甲	序号	1	2	3	4	5	6	7	8
总　计	1								

补充资料:历年累计欠缴金额＿＿＿＿＿万元。

说明:宾栏关系:1＞2;5＝6＋7。

单位负责人签章:　　　处(科)负责人签章:　　　制表人签章:　　　报出日期:199　年　月　日

社会保险管理机构基本情况表

表　　号：劳险年综 9 表
制表机关：劳　动　部
备案机关：国家统计局
文　　号：劳部发(1996)257 号

单位名称：　　　　199 年　半(年)报　　　计量单位：人、万元

		机构数(个)	实有人员数	#审计人员	#财会人员	#统计人员	#微机人员	按文化程度分			按技术职称分				按年龄结构分				计算机台数(台)
								大专及以上	高中	初中及以下	高级	中级	初级	其他	35 岁以下	36 至 45 岁	46 至 55 岁	55 岁以上	
甲	序号	1	2	3	4	5	6	7	8	9	10	11	12	13	14	15	16	17	18
总　计	1																		
其中：女性	2																		
省　级	3																		
地、市级	4																		
县(市区)级	5																		

说明：1. 甲栏关系：1＝3＋4＋5。
2. 宾栏关系：2>3＋4＋5＋6；2＝7＋8＋9；2＝10＋11＋12＋13；2＝14＋15＋16＋17。

单位负责人签章：　　　处(科)负责人签章：　　　制表人签章：　　　报出日期：199　年　月　日

实行社会保险统筹的市县数

表　　号:劳动年综10表
制表机关:劳　动　部
备案机关:国家统计局
文　　号:劳部发(1996)257号

单位名称:　　　　199年　半(年)报　　　计量单位:人、万元

甲	序号	实行城镇集体企业基本养老保险费用统筹的市县数	实行外商投资企业基本养老保险费用统筹的市县数	实行基本养老保险金社会化发放的市县数	#由杜保机构发放	基本养老保险实行全额缴拨的市县数	基本养老保险实行差额缴拨的市县数	实行工伤保险费用社会统筹的市县数	实行生育保险费用社会统筹的市县数	实行职工大病医疗保险费用社会统筹的市县数	实行离退休人员医疗费用社会统筹的市县数	实行医疗费用社会统筹与个人帐户相结合的市县数
甲	序号	1	2	3	4	5	6	7	8	9	10	11
总　计	1											

补充资料:实行基本养老保险金社会化发放的离退休人数＿＿＿＿＿人,其中:由社保机构发放的人数＿＿＿＿＿人。

单位负责人签章:　　　处(科)负责人签章:　　　制表人签章:　　　报出日期:199　年　月　日

四、社会保险统计主要指标解释及说明

一、基本养老保险情况表

1. 职工人数：指截止报告期末在国有经济企业单位、城镇集体经济企业单位、联营经济、股份制经济、外商和港、澳、台投资经济、其他经济单位及其附属机构工作并由其支付工资的已经参加基本养老保险的各类人员，包括参加基本养老保险的私营企业的各类人员、城镇个体户及其帮工。

表中国有企业是指生产资料归国家所有的全民所有制企业单位，包括参加基本养老保险费用社会统筹的全民事业单位和国家机关；城镇集体企业是指生产资料归公民集体所有的集体所有制企业单位，包括参加基本养老保险费用社会统筹的集体事业单位；其他各类经济包括私营经济、个体经济、外商投资经济、港、澳、台投资经济和其他经济。

以下各表凡甲栏按经济类型分组的，含义相同。

2. 离退休人员期末数：指截止报告期末已参加基本养老保险的单位所拥有的离休、退休、退职人员总数。

3. 离退休人员平均数：指报告期内已参加基本养老保险的单位每天平均拥有的离休、退休、退职人数。常用的平均人数有月、季、年平均人数：

(1) 月平均人数：指报告月内每天平均拥有的人数，其计算公式为：

$$月平均人数=\frac{报告月内每天实有的全部人数之和}{报告月的日历日数}$$

对人员增减变动很小的单位，其月平均人数的计算也可为，

$$月平均人数=\frac{月初人数+月末人数}{2}$$

在计算月平均人数时应注意：

①公休日和节假日的人数应按前一天的人数计算。

②对新建立不满全月的单位（月中或月末建立），在计算报告月的平均人数时，应以其建立后各天实有人数之和，被报告月日历日数除求得，而不能除以该单位建立的天数。

(2) 季平均人数：指报告季内每天平均拥有的人数，其计算公式为：

$$季平均人数：=\frac{报告季内各月平均人数之和}{3}$$

(3) 年平均人数：指报告年内每天平均拥有的人数，其计算公式为：

$$年平均人数=\frac{报告年内12个月（或4个季）平均人数之和}{12（或4）}$$

4. 缴费工资总额：指报告期内作为缴纳基本养老保险费基数的工资总额。

5. 应缴保险费：指报告期内已经参加基本养老保险费用社会统筹的单位和个人按照当地政府规定的标准应缴纳的基本养老保险费，包括本期应缴和历年欠缴两部分。

6. 实缴保险费：指已经参加基本养老保险的单位和个人在报告期内向社会保险基金经办机构缴纳的基本养老保险费，包括本期实际缴纳和补缴历年欠缴金额两部分（实行差额缴拨办法的单位，按全额计算，下同）。不包括财政补贴收入、利息收入、滞纳金收 入、罚款收入等。

7. 应支离退休退职费：指报告期内社会保险基金经办机构按照当地政府规定的标准向离退休退职人员应该支付的离退休退职费用总额。

8. 实支离退休退职费：指报告期内社会保险基金经办机构按照当地政府规定的标准向离退休退职人员实际支付的离退休退职费用总额。

9. 当年新退休、退职人数：指报告期内达到国家规定的年龄和条件，退出生产或工作岗位，

正式办理了退休手续并享受退休待遇的人员以及职工本人因丧失工作能力，退离工作岗位又不具备退休条件而办理退职手续享受相应待遇的人员之和。

10. 垫支困难企业离退休费：指报告期内困难企业无力缴纳或只能缴纳部分养老保险费，而由社会保险基金经办机构支付给这类企业离退休人员的离退休费金额。对于缴纳了部分养老保险费的，应将缴纳部分扣除。

二、基本养老保险基金调剂情况

11. 企业离退休费大于或小于缴纳基本养老保险费的金额：指社会保险基金经办机构拨付给该企业的离退休费大于或小于该企业应缴纳的基本养老保险费的差额。

三、基本养老保险个人帐户情况

12. 职工人数：指截止报告期末已经建立了基本养老保险个人帐户的单位的全部职工人数，不包括未建立个人帐户的职工。

13. 期初余额：指截止上年末计入个人帐户的基本养老保险基金的滚存结余金额。

14. 个人帐户增加金额：指报告期内单位和个人缴纳的基本养老保险费中记入个人帐户的本金（包括个人缴费记入帐户部分和企业缴费记入帐户部分）、利息及其他收入之和。

15. 个人帐户减少金额：指报告期内从个人帐户累计存储额中支付的基本养老金包括定期支付的基本养老金、一次性支付的养老保险金及其他支出。

16. 期末余额：指截止报告期末个人帐户基本养老保险基金滚存结余金额，即期初余额＋报告期内个人帐户（增加金额一减少金额）。

17. 个人帐户期末余额中“个人缴费部分”：指个人缴纳的基本养老保险费中记入个人帐户的部分，包括本金和利息。

18. 个人帐户期末余额中“实际储存额”：指个人帐户实际存款（即实帐部分，包括实际取得的利息等收益）金额。

四、医疗保险费用社会统筹情况

本表统计实行社会统筹与个人帐户相结合中社会统筹医疗基金部分。

19. 职工人数：指截止报告斯末实行医疗保险费用社会统筹与个人帐户相结合的单位的全部职工，不包括实行职工大病医疗费用统筹和离退休人员医疗费用统筹单位的职工人数。

20. 应收：指报告期内已经参加医疗保险费用社会统筹与个人帐户相结合的单位按当地政府规定应该缴纳的社会统筹部分的保险费，不包括应划入个人帐户的收入。

21. 社会统筹基金收入：指报告期内已经参加医疗保险费用社会统筹与个人帐户相结合的单位按当地政府规定实际缴纳的社会统筹医疗基金全部收入，包括补缴收入、利息收入及其他收入，不包括划入个人帐户的收入。

22. 社会统筹基金支出：指报告期内由社会统筹医疗基金支出的全部费用，包括支付的医疗费用、提取的管理费及其他支出。

23. 期末结余：指报告期内社会统筹医疗基金历年滚存结余金额，即期初结余十报告期内(收入一支出)。

五、医疗保险个人帐户情况

24. 个人帐户收入：指报告期内记入职工个人医疗帐户的实际储存额，包括企业划转部分(单位缴纳记入个人帐户部分)、职工个个缴费部分、利息收入及其他收入。

25. 个人医疗帐户期末余额：指截止报告期末个人医疗帐户历年滚存结余金额，即期初余额＋报告期内个人帐户（收入一支出）。

六、医疗保险情况

26. 人数：分别指截止报告期末参加职工大病医疗费用社会统筹的职工人数和参加离退休人员医疗费用社会统筹的职工人数和参加离退休人员医疗费用社会统筹的离退休人员数。

27. 应缴保险费：指报告期内参加职工大病医疗费用社会统筹和参加离退休人员医疗费用社会统筹的单位和个人按规定标准应该缴纳的医疗保险费，不包括历年累计欠缴金额。

28. 实缴保险费：实行职工大病医疗费用社会统筹和离退休人员医疗费用社会统筹的单位和个人在报告期内向社会保险基金经办机构实际缴纳的保险费，包括补缴历年欠缴金额，不包括利息收入及财政补贴收入、滞纳金收入、罚款收入等其他收入。

29. 支付医疗费用：指报告期内社会保险基金经办机构从统筹基金中为参加统筹的职工和离退休人员治病按规定实际支付的医疗费用，不包括社会保险机构所属的医疗部门的管理费用。

七、参加工伤保险费用社会统筹的人数、工资及基金缴拨情况

30. 伤残人数：指报告期内享受工伤保险待遇的因工负伤与职业病致残的职工人数（职工工伤与职业病致残程度须由各级劳动部门国家标准鉴定确认）。

31. 因工死亡人数：指报告期内因工死亡的人数，包括因工致残人员在报告期内死亡按因工死亡处理的人数。

32. 应缴保险费：指报告期内所有已经参加工伤保险费用社会统筹的单位按照当地政府规定的标准应该缴纳的工伤保险费金额，不包括历年累计欠缴金额。

33. 实缴保险费：指报告期内所有已经参加工伤保险费用社会统筹的单位向社会保险基金经办机构实行缴纳的保险费，包括补缴历年欠缴金额，不包括利息收入及财政补贴收入、滞纳金收入、罚款收入等其他收入。

34. 应支工伤保险金：指报告期内社会保险基金经办机构按照当地政府规定的计发标准向可以享受工伤保险待遇的人员应该支付的工伤保险金。

35. 实支工伤保险金：指报告期内社会保险基金经办机构按照当地政府规定的计发标准向可以享受工伤保险待遇的人员支付的工伤保险金，包括死亡抚恤金、伤残抚恤金及其他支出。

八、女职工生育保险情况

36. 职工人数：指截止报告期末参加女职工生育保险费用社会统筹单位的全部职工人数。

37. 应缴保险费：指参加女职工生育保险费用社会统筹的单位在报告期内按照规定应该缴纳的生育保险费金额，不包括历年累计欠缴金额。

38. 实缴保险费：指参加女职工生育保险费用社会统筹的单位在报告期内按照规定实际缴纳的生育保险费金额，包括补缴历年欠缴金额，不包括利息收入及财政补贴收入、滞纳金收入、罚款收入等其他收入。

39. 支付生育补偿费：指社会保险基金经办机构在报告期内按照女职工生育社会统筹项目，支付给女职工的费用之和。

九、社会保险管理机构基本情况

40. 机构数：指截止报告期末独立设立的社会保险管理事业机构，不包括社会保险行政机构，如劳动部门的保险处、产业部门的劳资处等。

41. 实有人员数：指社会保险管理机构实际在编和非在编的人数，包括长期职工（含合同制职工）、临时职工和借调、聘用人员，不包括在企业、银行等单位聘用的专管员、代办员。

42. 实有人员数中的审计、财会、统计、计算机人员四类人员中出现兼职情况，只归属其主要工作岗位一类。

43. 文化程度：指取得相应学历或单位。

44. 技术职称：指被聘用的职称和取得资格的职称。

十、其它

45. 上述第5、20、27、32、37项“应缴保险费”及“应收”指标，在做年度分析时，如果省级统筹，当地政府规定了统一提取比例的，请提供规定的统一提取比例；如果没有统一的提取比例，请提供县（市）最高和最低提取比例。

劳动部关于发布《企业职工工伤保险试行办法》的通知

劳部发〔1996〕266号

各省、自治区、直辖市及计划单列市劳动（劳动人事）厅（局），上海市、广东省、武汉市社会保险局，新疆生产建设兵团：

为配合《劳动法》的贯彻实行，我部制定了《企业职工工伤保险试行办法》（以下简称《试行办法》），现予以发布，自1996年10月1日起试行。现就贯彻执行《试行办法》，推进工伤保险制度改革，提出以下意见：

一、提高认识，加强组织领导。工伤保险制度改革对于保障职工合法权益、促进安全生产和维护社会稳定，具有重要现实意义和深远影响，各地劳动部门应当高度重视，切实加强组织领导。各级劳动部门和社会保险机构都要有专人负责工伤保险制度改革，及时掌握情况，制定并落实工作制度和具体措施。请各地区在9月底之前落实负责工伤保险的工作机构，并将机构名称、直接负责人姓名、联系电话和地址告我部社会保险司。

二、加大力度，加快进度。目前全国已有25个省、自治区的1100多个市县进行了工伤保险制度改革，到今年底，要争取全国35个大中城市按《试行办法》实现改革，全国市县覆盖面要力争达到50%，到本世纪末，要有90%以上的市县实现改革。东南沿海地区和中心城市的进度还可以更快一些。各地区应当制定具体的进度计划，抓紧实施到位。工伤保险应当覆盖所有城镇企业及其职工，有条件的地区可以探索在乡镇企业开展工伤保险的具体办法和措施。

三、建立机制，促进工伤保险与安全生产相结合。要认真制定和严格执行差别费率和浮动费率，通过工伤保险的奖惩机制促进安全生产和工伤、职业病的预防。在工作中，社会保险行政机构、安全监察机构和工伤保险经办机构要认真履行各自的职责，互相支持与配合，劳动（劳动人事）厅、局负责人要加强领导和协调。

四、统筹平衡，加强基金管理。各地要在认真、细致测算的基础上确定工伤保险费率。目前平均工伤保险费率一般不超过工资总额的1%，尽量减轻企业负担。同时，要切实保证《试行办法》规定的工伤待遇支付和社会服务项目的落实到位，克服和防止基金结余过多的现象。已经开展改革试点的地区，要按照《试行办法》规范各项待遇标准和费用项目，重新测算并适当调整费率。实行改革满五年的地区，要在今年底以前做好差别费率调整工作。

五、认真贯彻评残标准，加强劳动鉴定工作。国家技术监督局已批准并印发了《职工工伤与职业病致残程度鉴定》（国家标准GB/T16180—1996），于今年10月实施。目前还没有组建劳动鉴定机构的地区要尽快组建起来，并开展鉴定工作；已经组建的地区也要根据《试行办法》的要求健全组织体系，完善工作制度。所有从事劳动鉴定工作的人员，都要认真学习并熟练掌握国家评残标准。劳动部门应当针对实际情况组织专门培训和定期考核，并将考核结果作为任用、聘用劳动鉴定人员的重要依据。

六、加强宣传，扩大影响。要采取组织宣传周、印发宣传品、电视讲座、窗口咨询、召开现场会等多种形式，运用试点效果和本地区的实例，对工伤保险和劳动鉴定的基本原则、基本政策标准和实施办法，进行广泛而深入的宣传，使企业、职工和社会各界理解与支持工伤保险制度改革。

各省、自治区、直辖市劳动行政部门应根据本办法并结合本地区实际情况制定实施办法，并报我部备案。实施中的经验和问题，请及时告我部社会保险司。

一九九六年八月十二日

企业职工工伤保险试行办法

第一章　总　则

第一条　为了保障劳动者在工作中遭受事故伤害和患职业病后获得医疗救治、经济补偿和职业康复的权利，分散工伤风险，促进工伤预防，根据《劳动法》，制定本办法。

第二条　中华人民共和国境内的企业及其职工必须遵照本办法的规定执行。

第三条　工伤保险实行社会统筹，设立工伤保险基金，对工伤职工提供经济补偿和实行社会化管理服务。

第四条　企业必须按照国家和当地人民政府的规定参加工伤保险，按时足额缴纳工伤保险费，按照本办法和当地人民政府规定的标准保障职工的工伤保险待遇。

第五条　工伤保险要与事故预防、职业病防治相结合。企业和职工必须贯彻“安全第一，预防为主”的方针，遵守劳动安全卫生法规制度，严格执行国家劳动安全卫生规程和标准，防止劳动过程中的事故，减少职业危害。

第六条　职工发生工伤或者患职业病后，应当得到及时救治。各地应当依据本地区社会经济条件，逐步发展职业康复事业，帮助因工致残职工从事适合其身体状况的劳动。

第七条　县级以上各级人民政府劳动行政部门主管本行政区域内的企业职工工伤保险工作。

县级以上社会保险基金经办机构经办工伤保险业务（以下简称工伤保险经办机构），负责工伤保险基金的筹集、管理和待遇支付，以及工伤职工的管理服务等工作。

第二章　工伤范围及其认定

第八条　职工由于下列情形之一负伤、致残、死亡的，应当认定为工伤：

（一）从事本单位日常生产、工作或者本单位负责人临时指定的工作的，在紧急情况下，虽未经本单位负责人指定但从事直接关系本单位重大利益的工作的；

（二）经本单位负责人安排或者同意，从事与本单位有关的科学试验、发明创造和技术改进工作的；

（三）在生产工作环境中接触职业性有害因素造成职业病的；

（四）在生产工作的时间和区域内，由于不安全因素造成意外伤害的，或者由于工作紧张突发疾病造成死亡或经第一次抢救治疗后全部丧失劳动能力的；

（五）因履行职责遭致人身伤害的；

（六）从事抢险、救灾、救人等维护国家、社会和公众利益的活动的；

（七）因公、因战致残的军人复员转业到企业工作后旧伤复发的；

（八）因公外出期间，由于工作原因，遭受交通事故或其他意外事故造成伤害或者失踪的，或因突发疾病造成死亡或者经第一次抢救治疗后全部丧失劳动能力的；

（九）在上下班的规定时间和必经路线上，发生无本人责任或者非本人主要责任的道路交通机动车事故的；

（十）法律、法规规定的其他情形。

第九条 职工由于下列情形之一造成负伤、致残、死亡的，不应认定为工伤：

（一）犯罪或违法；

（二）自杀或自残；

（三）斗殴；

（四）酗酒；

（五）蓄意违章；

（六）法律、法规规定的其他情形。

第十条 企业应自工伤事故发生之日或者职业病确诊之日起，十五日内向当地劳动行政部门提出工伤报告。

工伤职工或其亲属应当自工伤事故发生之日或职业病确诊之日起，十五日内向当地劳动行政部门提出工伤保险待遇申请。遇有特殊情况，申请期限可以延长至三十日。

工伤职工本人或者其亲属没有可能提出申请的，可以由本企业工会组织代表工伤职工提出待遇申请。

职工工伤保险待遇申请应当经企业签字后报送。企业不签字的，工伤职工或其亲属可以直接报送申请。

第十一条 劳动行政部门接到企业的工伤报告或职工的工伤保险待遇申请后，应当组织工伤保险经办机构进行调查取证，在七日内作出是否认定为工伤的决定。特殊情况可以延长，但不得超过伤三十日。

认定工伤应当根据以下资料：

（一）职工的工伤保险待遇申请；

（二）指定医院或医疗机构初次治疗工伤的诊断书和职业病诊断证明书，属于轻伤无需到医院治疗的，由企业医生开具工伤诊断书；

（三）企业的工伤报告，或者劳动行政部门根据职工的申请进行调查的工伤报告。

工伤认定的决定应当以书面形式通知申请人和企业。

第十二条 职工因公外出期间或者在抢险救灾中失踪的，其亲属或者企业应当向企业所在地公安部门、劳动行政部门报告。

劳动行政部门应当根据人民法院宣告死亡的结论认定因工死亡。

第三章 劳动鉴定的工伤评残

第十三条 职工在工伤医疗期内治愈或者伤情处于相对稳定状态，或者医疗期满仍不能工作的，应当进行劳动能力鉴定，评定伤残等级并定期复查伤残状况。

第十四条 各级劳动鉴定委员会应当按国家制定的工伤与职业病致残程度鉴定标准（国家标准 GB/T16180—1996）（以下简称评残标准），对因工负伤或者患职业病的职工伤残后丧失劳动能力的程度和护理依赖程度进行等级鉴定。

符合评残标准一级至四级为全部丧失劳动能力；五级至六级为大部分丧失劳动能力；七级至十级为部分丧失劳动能力。

伤残待遇的确定和工伤职工的安置以评定的伤残等级为主要依据。

第十五条 省、地（市）、县（市）级劳动鉴定委员会由当地劳动、卫生等行政部门和工会组织的主管人员组成。劳动鉴定委员会的办公室设在同级劳动行政部门，负责劳动鉴定的日常工作。

劳动鉴定委员会应当委托有条件的医疗卫生机构或者聘请具有鉴定资格的医生组成专家组进行伤残等级和护理等级鉴定，也可以设立劳动鉴定检查中心开展鉴定工作。

第十六条 劳动鉴定委员会办公室工作人员必须具有工伤评残的专业知识，熟练掌握工伤保险政策法规。

劳动鉴定委员会聘请参加鉴定的医生应具有中级以上医学技术职称，并由该委员会发给聘书。

劳动鉴定人员在进行劳动鉴定时，应当全面了解被鉴定人情况，严格执行工伤保险政策法规和评残标准，客观公正地作出鉴定结论。

劳动鉴定人员实行回避制度。

第四章 工伤保险待遇

第十七条 职工因工负伤治疗，享受工伤医疗待遇。

工伤职工治疗工伤或职业病所需的挂号费、住院费、医疗费、药费、就医路费全额报销。

工伤职工需要住院治疗的，按照当地因公出差伙食补助标准的三分之二发给住院伙食补助费；经批准转外地治疗的，所需交通、食宿费用按照本企业职工因公出差标准报销。

工伤职工治疗非工伤范围的疾病，其医疗费用按照医疗保险的规定执行。

第十八条 职工因工负伤或者患职业病需要停止工作接受治疗的，实行工伤医疗期。

工伤医疗期是指职工因工负伤或者患职业病停止工作接受治疗和领取工伤津贴的期限。工伤医疗期应当按照轻伤和重伤的不同情况确定为一个月至二十四个月，严重工伤或者职业病需要延长医疗期的，最长不超过三十六个月。

工伤医疗期满后仍需治疗的，继续享受工伤医疗待遇。

工伤医疗期的时间由指定治疗工伤的医院或医疗机构提出意见，经劳动鉴定委员会确认并通知有关企业和工伤职工。

第十九条 工伤职工在工伤医疗期内停发工资，改为按月发给工伤津贴。工伤津贴标准相当于工伤职工本人受伤前十二个月内平均月工资收入。工伤医疗期满或者评定伤残等级后应当停发工伤津贴，改为享受伤残待遇。

第二十条 工伤职工经评残并确认需要护理的，应当按月发给护理费。

护理等级根据进食、翻身、大小便、穿衣及洗漱、自我移动五项条件，区分为全部护理依赖、大部分护理依赖和部分护理依赖三个等级。护理等级由劳动鉴定委员会评定。

工伤护理费依照上述护理等级分别按上年度当地职工月平均工资百分之五十、百分之四十、百分之三十发给。

第二十一条 工伤职工因日常生活或者辅助生产劳动需要，必须安置假肢、义眼、镶牙和配置代步车等辅助器具的，按国内普及型标准报销费用。

第二十二条 职工因工致残被鉴定为一级至四级的，应当退出生产、工作岗位，终止与企业的劳动关系，发给工伤伤残抚恤证件，并享受以下待遇：

（一）按月发给伤残抚恤金，标准分别为本人工资的百分之九十至百分之七十五。其中：一级百分之九十，二级百分之八十五，三级百分之八十，四级百分之七十五。

（二）发给一次性伤残补助金，标准相当于伤残职工本人十八至二十四个月工资。其中：一级二十四个月，二级二十二个月，三级二十个月，四级十八个月。

（三）患病时按医疗保险有关规定执行，对其中执行由个人负担部分有困难的，由工伤保险基金酌情补助。

（四）易地安家的，发给相当于本省、自治区、直辖市上年度职工平均工资六个月的安家补助费。旅途所需车船费、旅馆费、行李搬运费和伙食补助费，按照本单位职工因公出差标准报销。

第二十三条 因工致残被鉴定为一级至四级并按本办法第二十二条规定领取待遇的，到达退休年龄时，继续由工伤保险基金支付伤残抚恤金。伤残抚恤金低于按养老保险规定计发的养老金标准的，应当按养老金的标准由工伤保险基金补足差额部分。社会保险经办机构同时应将该职工在养老保险基金中个人帐户的个人缴费部分转入工伤保险基金。

第二十四条 职工因工致残被鉴定为五级至十级的，原则上由企业安排适当工作，并可以享受以下待遇：

（一）按伤残等级发给一次性伤残补助金，标准相当于伤残职工本人六至十六个月工资。其中：五级十六个月，六级十四个月，七级十二个月，八级十个月，九级八个月，十级六个月。

（二）因伤残造成本人工资降低时，由所在单位发给在职伤残补助金，标准为工资降低部分的百分之九十，本人技能提高而晋升工资时，在职伤残补助金予以保留。

（三）旧伤复发经确认需要治疗和休息的，按照本办法规定享受工伤医疗待遇和工伤津贴。

（四）伤残程度被评为五级和六级且企业难以安排工作的，按月发给相当于本人工资百分之七十的伤残抚恤金。

（五）伤残程度被评为七至十级，职工本人愿意自谋职业并经企业同意的，或者劳动合同期满终止合同后本人另行择业的，可以发给一次性伤残就业补助金，具体标准由省、自治区、直辖市劳动行政部门根据实际情况确定。

第二十五条 职工因工死亡，应按照以下规定发给丧葬补助金、供养亲属抚恤金、一次性工亡补助金：

（一）丧葬补助金按省、自治区、直辖市上年度职工平均工资六个月的标准发给。

（二）供养亲属抚恤金发给由死者生前提供主要生活来源的死者的亲属。其标准为：配偶每月按本省、自治区、直辖市上年度职工月平均工资的百分之四十发给，其他供养亲属每人每月按百分之三十发给，孤寡老人或者孤儿每人每月在上述标准的基础上加发百分之十。抚恤金总额不得超过死者本人工资。

供养亲属的范围和条件按照现行的有关规定执行，供养亲属失去供养条件时不再享受该项抚恤金。

（三）一次性工亡补助金，标准为本省、自治区、直辖市上年度职工平均工资四十八个月至六十个月的金额，具体标准由各省、自治区、直辖市确定。符合第二十二条规定享受伤残抚恤金期间死亡的，一次性工亡补助金按全额标准的百分之五十发给。

第二十六条 工伤伤残抚恤金和供养亲属抚恤金，由省、自治区、直辖市根据上年度职工平均工资增长的一定比例每年调整一次。

第二十七条 领取伤残抚恤金的职工和因工死亡职工遗属，本人自愿一次性领取待遇的，可以一次性计发有关待遇并终止工伤保险关系，具体计发办法由各省、自治区、直辖市劳动行政部门规定。

第二十八条 由于交通事故引起的工伤，应当首先按照《道路交通事故处理办法》及有关规定处理。工伤保险待遇按照以下规定执行：

（一）交通事故赔偿已给付了医疗费、丧葬费、护理费、残疾用具费、误工工资的，企业或者工伤保险经办机构不再支付相应待遇（交通事故赔偿的误工工资相当于工伤津贴）。企业或者工伤保险经办机构先期垫付有关费用的，职工或其亲属获得交通事故赔偿后应当予以偿还。

（二）交通事故赔偿给付的死亡补偿费或者残疾生活补助费，已由伤亡职工或亲属领取的，工伤保险的一次性工亡补助金或者一次性伤残补助金不再发给。但交通事故赔偿给付的死亡补偿费或者残疾生活补助费低于工伤保险的一次性工亡补助金或者一次性伤残补助金的，由企业或者工伤保险经办机构补足差额部分。

（三）职工因交通事故死亡或者致残的，除按照本条（一）、（二）项处理有关待遇外，其他工伤保险待遇按照本办法的规定执行。

（四）由于交通肇事者逃逸或其他原因，受伤害职工不能获得交通事故赔偿的，企业或者工伤保险经办机构按照本办法给予工伤保险待遇。

（五）企业或者工伤保险经办机构应当帮助职工向肇事者索赔，获得赔偿前可垫付有关医疗、津贴等费用。

第二十九条 职工因公外出期间因意外事故失踪的，从事故发生的下个月起三个月内，本人工资照发，从第四个月起停发工资，对失踪职工的供养亲属按月发给供养亲属抚恤金。生活有困难的，可以预支一次性工亡补助金的百分之五十。人民法院宣告死亡的，发给丧葬补助金和其余待遇。

当失踪人重新出现并经法院撤销死亡结论的，已领取的工伤待遇应当退回。

第三十条 出国、出境人员的劳动关系在国内并参加工伤保险的，在境外负伤、致残或者死亡时，应当由境外有关方面承担伤害赔偿责任的，我国有关单位应当向外方索取伤害赔偿。外方给付的赔偿金应归当事人或者其亲属所有，但需偿还有关单位垫付的费用。

对于获得境外伤害赔偿的，国内工伤保险的一次性工亡补助金或者一次性伤残补助金不再发给，有关单位或者国内工伤保险经办机构可以按照本办法发给其他待遇。

境外伤害赔偿金低于国内工伤保险一次性工亡补助金或者一次性伤残补助金的，由有关单位或者国内工伤保险经办机构补足差额部分。

出国、出境人员应当由我方承担伤害赔偿责任的，按照本办法执行。

参加国内工伤保险的单位外派劳务或者到外国承包工程的，应当到劳动部办理有关证明。

第三十一条 享受伤残抚恤金或者供养亲属抚恤金的人员到境外定居后，可以凭生存证明继续领取抚恤金，也可以按照第二十七条的规定一次性领取有关待遇，并同时终止工伤保险关系。生存证明应每年向支付抚恤金的工伤保险经办机构提供一次。

第三十二条 享受工伤保险待遇的人员，在执行劳动教养期间或者犯罪服刑期间，其工伤保险待遇可以发给。

第五章 工伤保险基金

第三十三条 本办法规定的工伤医疗费、护理费、伤残抚恤金、一次性伤残补助金、残疾辅助器具费、丧葬补助金、供养亲属抚恤金、一次性工亡补助金，由工伤保险基金支付，其他费用暂按原渠道支付。

第三十四条 工伤保险基金按以支定收、收支基本平衡的原则统一筹集，存入银行开设的工伤保险基金专户，专款专用，任何单位和个人不得挪用或挤占。

工伤保险基金应当留有一定的风险储备金，不足时由同级政府临时垫支。

第三十五条 工伤保险基金由下列项目构成：

（一）企业缴纳的工伤保险费；

（二）工伤保险费滞纳金；

（三）工伤保险基金的利息；

（四）法律、法规规定的其他资金。

第三十六条 工伤保险费由企业按照职工工资总额的一定比例缴纳，职工个人不缴纳工伤保险费。

企业缴纳的工伤保险费按照国家规定的渠道列支。企业的开户银行按规定代为扣缴。

第三十七条 工伤保险费根据各行业的伤亡事故风险和职业危害程度的类别实行差别费率。

行业工伤风险分类和差别费率标准，由当地劳动行政部门根据伤亡事故和职业病的统计及统筹费用进行测算，征求企业主管部门的意见后提出办法，经同级人民政府批准执行。

工伤保险行业差别费率每五年调整一次。

第三十八条 劳动行政部门对企业上一年度安全卫生状况和工伤保险费用支出情况进行评估，适当调整企业下一年度工伤保险费率，实行浮动费率。评估时不得向企业收费。

企业发生工伤和职业病及使用工伤保险基金超过控制指标的，应当在行业标准费率的基础上提高费率；低于控制指标的，应当降低费率。控制指标由地（市）级劳动行政部门提出意见经当地人民政府批准后执行。

企业工伤保险费率的调整幅度为本行业标准费率的百分之五至百分之四十。

第三十九条 工伤保险基金按下列项目支出：

（一）统筹项目支付的待遇；

（二）事故预防费；

（三）职业康复费用；

（四）安全奖励金；

（五）宣传和科研费；

（六）工伤保险经办机构管理费；

（七）劳动鉴定委员会办公经费。

以上各项费用支出占工伤保险基金的比例及工伤保险经办机构管理费的支出项目应当报请当地人民政府批准。

第四十条 工伤保险基金的征集、管理、支付等办法由当地劳动行政部门会同财政部门拟定，报请同级人民政府批准后执行。

第六章 工伤预防和职业康复

第四十一条 工伤保险经办机构应当配合劳动行政部门督促企业贯彻落实国家的职业安全卫生法律法规和标准，采取宣传、教育、检查和奖惩等措施，并支持工伤和职业病预防的科学研究工作，促进企业改善劳动条件，加强安全生产管理，教育职工严格遵守劳动安全卫生操作规程，减少伤亡事故和职业病的发生。

对于当年未发生工伤事故和职业病，或者其发生率低于本行业平均水平的企业，工伤保险经办机构可以从该企业当年缴纳的工伤保险费用中返还百分之五至百分之二十给企业，用于安全生产宣传和职工安全生产教育培训工作，奖励对安全生产工作做出贡献的单位和个人，适当补偿企业为降低事故和职业病而先期投入安全生产设施、设备建设中的部分资金不足。具体办法由各地区规定。

第四十二条 有条件的地区应当通过工伤保险基金提留、民间赞助等方式等集资金，逐步兴办工伤职业康复事业，帮助工伤残疾人员恢复或者补偿功能。发展职业康复事业应当利用现有条件，可以与有关医院、疗养院联合举办，也可以建立工伤康复中心。

第四十三条 对具有一定劳动能力并需要通过专门培训恢复或者提高劳动能力的工伤残疾人，劳动行政部门及企业应当积极组织专门培训，所需费用可以在工伤保险基金的职业康复费用中支付。

第七章 管理与监督检查

第四十四条 工伤保险实行属地管理，以中心城市或者地级市为主实行工伤保险费用社会统筹。

工伤保险经办机构应当建立、健全各项工作制度，并履行以下主要职责：

（一）收缴和管理工伤保险基金，支付工伤保险待遇；

（二）协助劳动行政部门对工伤保险申请进行调查取证，确定工伤补偿；

（三）与有关医院和医疗机构建立医疗合同，管理工伤医疗和职业康复事业；

（四）进行工伤保险统计；

（五）支持和配合劳动行政部门进行劳动安全卫生的监督检查；

（六）开展工伤保险和工伤预防的宣传、教育和咨询；

（七）承担劳动行政部门委托的其他事项。

第四十五条 工伤职工应当到工伤医院合同医治疗，紧急时可以到就近医院或者医疗机构救治。

工伤职工需要转院治疗或者到外地就医的，由工伤合同医院提出意见，并须经工伤保险经办机构批准。

第四十六条 职工因工死亡，其丧葬事宜的办理应当执行国家有关规定。

第四十七条 工伤保险经办机构应当接受省（市）级社会保险基金监督委员会的监督。

第八章 企业和职工责任

第四十八条 企业实行租赁、兼并、转让、分立时，继续经营者必须承担原企业职工的工伤保险责任，并到当地劳动行政部门办理工伤保险登记。

建设工程由若干企业承包或者企业实行内、外承包时，工伤保险责任由职工的劳动关系所在企业负责。

职工被借调或者聘用期间发生工伤事故的，由借调或者聘用单位承担工伤保险责任。

第四十九条 企业必须落实工伤医疗抢救措施，确保工伤职工得到及时救治，并做好工伤预防、病伤职工和伤残鉴定申报工作。没有条件设立医务室的企业请当地劳动鉴定委员会推荐医生兼职管理。

第五十条 企业必须如实申报工资总额和职工人数，及时报告工伤和职业病情况，不得瞒报、虚报。劳动行政部工伤保险经办机构人员调查了解工伤保险情况时，企业应当给予配合和协助。

第五十一条 对从事有职业危害作业的职工，劳动关系终止、解除时或者转换工作单位时，应当进行职业性健康检查。发现患有职业病的，由原工作单位负责工伤保险的处理工作；在新单位发现患有职业病的，由新单位负责工伤保险的处理工作。

第五十二条 职工应当接受劳动安全卫生教育和培训，服从企业安全生产管理人员的指导，严格遵守安全操作规程。

第五十三条 工伤职工或者其亲属申请工伤待遇时，应当如实反映事故发生的时间、地点、主要经过、现场证人和本人工资收入、家庭成员等情况。

劳动行政部门和工伤保险经办机构调查了解工伤情况时，有关职工、当事人或者亲属应当予以配合，如实提供情况。

第五十四条 工伤职工经过劳动鉴定确认完全恢复或恢复劳动能力可以工作的，应当服从企业的工作安排。

第九章　争议处理

第五十五条 工伤职工及其亲属，在申报工伤和处理工伤保险待遇时与用人单位发生争议的，按照劳动争议处理的有关规定办理。

第五十六条 工伤职工及其亲属或者企业，对劳动行政部门作出的工伤认定和工伤保险经办机构的待遇支付决定不服的，按照行政复议和行政诉讼的有关法律、法规办理。

第五十七条 职工对劳动鉴定委员会作出伤残等级鉴定结论不服的，可以向当地劳动鉴定委员会办公室申请复查；对复查鉴定结论不服的，可以向上一级劳动鉴定委员会申请重新鉴定。

复查鉴定最终结论由省级劳动鉴定机构作出，复查鉴定程序由各省、自治区、直辖市劳动鉴定委员会规定。

第十章　附　则

第五十八条 本办法所称职工本人工资，是指职工因工负伤或者死亡前十二个月的月平均工资收入。计发工伤保险待遇时，本人工资收入低于当地职工平均工资百分之七十五的，以当地职工平均工资百分之七十五为计发基数；高于当地职工平均工资百分之三百以上的，以当地职工平均工资百分之三百为计发基数。

第五十九条 本办法所称职业病，其范围、名称按照《职业病范围和职业病患者处理办法的规定》和所附的“职业病名单”执行，职业病的诊断按照《职业病诊断管理办法》及有关规定执行。

第六十条 本办法所称因工死亡，是指因工伤事故或者职业中毒直接导致死亡、工伤或者职业病医疗期间死亡、工伤旧伤复发或者职业病旧病复发死亡，以及按照本办法第二十二条规定享受伤残抚恤金期间死亡。

第六十一条 到参照工伤保险的企业实习的大中专院校、技工学校、职业高中学生发生伤亡事故的，可以参加本办法的有关待遇标准，由当地工伤保险经办机构发给一次性待遇。工伤保险经办机构不向有关学校和企业收取保险费用。

城镇个体经济组织中的劳动者的工伤保险，由省、自治区、直辖市参照本办法的有关规定制定办法。

第六十二条 省、自治区、直辖市人民政府劳动行政部门可以根据本办法并结合本地区实际情况制定实施办法，并报劳动部备案。

第六十三条 本办法自一九九六年十月一日起试行。

劳动部关于不得实行养老保险省级行业统筹的通知

劳部发〔1996〕343号

各省、自治区、直辖市劳动（劳动人事）厅（局），上海市社会保险局、广东省社会保险局：

最近全国政协检查组在检查地方养老保险工作时，发现一些省市的建筑施工企业实行了养老保险省级行业统筹。现就此问题通知如下：

养老保险费用社会统筹的发展方向是逐步实行省级统筹乃至全国统筹。但在省、自治区、直辖市范围内单就某一个行业或几个行业的养老保险实行省级行业统筹，不符合《国务院关于深化企业职工养老保险制度改革的通知》（国发〔1995〕6号）中“广覆盖、四统一”的原则，致使一个城市出现不同的养老金计发办法和基金收缴比例。这种做法不利于养老保险基金的管理和养老保险事业的健康发展。为此，劳动部重申，除经国务院批准的部门和单位可以组织所属企业进行养老保险系统统筹外，其他部门不能强调自身特点而另搞一套办法，独立于地方统一的养老保险管理体系之外，任何部门或地方劳动厅（局）都无权批准这一做法。已经实行省级行业统筹的，应尽快予以纠正，并入地方统筹。

一九九六年十月二十四日

劳动部、中国工商银行关于社会保险管理机构委托中国工商银行代发养老金的通知

劳部发〔1996〕371号

各省、自治区、直辖市及计划单列市、副省级省会城市劳动（劳动人事）厅（局），上海市、广东省、武汉市社会保险局，中国工商银行各分行：

实行养老金社会化发放，是深化养老保险制度改革重要内容之一，是转换企业经营机制和建立现代企业制度的客观要求。这项工作的开展，对维护社会稳定，减轻企业事务性负担，保障离退休人员基本生活，具有极为重要的意义。近年来，不少地区实行了由社会保险管理机构委托银行代发养老金的办法，受到了企业和离退休人员的普遍欢迎。各地应积极努力，尽快将养老保险费用的差额缴拨改为全额缴拨，这是实行养老金社会化发放的重要条件。为加快养老金社会化发放步伐，进一步提高养老保险社会化管理水平，在总结各地经验的基础上，现就社会保险管理机构委托中国工商银行代发养老金的有关问题通知如下：

一、在中国工商银行营业网点（以下简称营业网点）已实现计算机联网的地区，可以实行由社会保险管理机构委托中国工商银行代发养老金，具体办法如下：

1. 各省、自治区、直辖市社会保险管理机构、中国工商银行各分行应根据本通知精神签订“社会保险管理机构委托中国工商银行代发养老金协议书”，明确各自职责，统一和规范各自的业务流程。

2. 各地社会保险管理机构应在当地中国工商银行开设基本结算帐户，养老保险基金的收缴、发放、结存均在此帐户中结算。

3. 代发养老金的各营业网点，应针对离退休人员这一特殊群体，进一步简化离退休人员取款手续，并提供优质服务。离退休人员居住较集中的地区，各营业网点应开设养老金发放窗口。

4. 各营业网点应为离退休人员办理个人活期储蓄帐户。为方便离退休人员，经企业和离退休人员本人同意，各营业网点可为离退休人员办理牡丹卡，离退休人员可持卡在工商银行自动取款机（ATM）上取款。

5. 为支持养老金社会化发放工作的开展，各营业网点对社会保险管理机构、企业及离退休人员免收手续费（包括储蓄存折和牡丹卡）。

6. 因企业和离退休人员的原因损坏或遗失的储蓄存折、牡丹卡，各营业网点在为其补办时可收取工本费。

二、各地社会保险管理机构和当地中国工商银行，要建立健全离退休人员养老金社会化发放的有关工作制度，规范工作流程，切实保证离退休人员按时、足额领取养老金；要定期对代发养老金的工作进行检查，杜绝拖欠、挪用养老金的现象，一经发现，要严肃查处。

三、各地社会保险管理机构应建立离退休人员数据库，将离退休人员的基本情况纳入计算机管理。

四、各地社会保险管理机构和当地中国工商银行要积极主动做好代发养老金的宣传、解释工作，及时听取企业、离退休人员及有关部门对这项工作的意见和建议，改进工作中的不足，为企业和离退休人员提供优质服务。

五、对开展代发养老金工作中出现的新情况、新问题，要及时认真研究解决，重大问题要及时上报劳动部、中国工商银行。

一九九六年十一月八日

劳动部关于进一步做好困难企业离退休人员基本生活保障工作的通知

劳部发〔1996〕408号

各省、自治区、直辖市劳动（劳动人事）厅（局），国务院有关部委、直属机构，上海市社会保险局，广东省社会保险管理局，武汉市社会保险管理局：

做好当前部分困难企业离退休人员基本生活保障工作，是关系到经济发展和社会稳定的大事。党中央、国务院对此十分重视，今年10月专门印发了《中共中央办公厅、国务院办公厅关于进一步解决部分企业职工生活困难问题的通知》（中办发［1996］29号，以下简称《通知》）。

为了贯彻落实好《通知》精神，进一步做好困难企业离退休人员基本生活保障工作，现就有关问题通知如下：

一、要认真贯彻落实《通知》精神，高度重视并切实加强对解决困难企业离退休人员基本生活保障工作的领导，从讲政治的高度，把这项工作作为当前劳动和社会保险工作的一项重要任务，层层落实工作责任制，保证困难企业离退休人员的基本生活。

二、对于已经参加养老保险费用社会统筹并按时足额缴费的企业，各级社会保险机构要保证其离退休人员基本养老金的按时足额发放，不允许以任何理由拖欠或减发。

对于经批准缓缴养老保险费用的企业，在缓缴期内（一般为3个月），社会保险机构应继续按时足额支付其离退休人员的基本养老金。对超过缓缴期仍无力缴纳养老保险费用的企业，经过严格审核，可批准延续缓缴期。延续缓缴期一般为3个月。是否继续延续由各地区、各部门依据基金负担能力确定。在批准的延续缓缴期内，社会保险机构应保证按月支付企业离退休人员的基本生活费。基本生活费标准不低于支付给困难企业在职职工的标准。对超过批准的延续缓缴期、长期不缴纳养老保险费的企业，劳动部门和社会保险机构应向当地政府报告，由企业主管部门给予适当帮助，并建议由地方财政部门予以必要补贴。

三、没有参加养老保险社会统筹的企业，要采取切实措施，监督企业保证离退休人员养老金或基本生活费的支付。企业支付基本生活费确有困难的，当地劳动部门可商企业主管部门和地方财政部门给予适当帮助。必要时，所需费用经审批可从帮困资金中列支一部分。

四、各级劳动部门和社会保险机构在深化养老保险制度改革和统一基本养老保险制度工作中，要进一步扩大养老保险覆盖面，尽快提高社会统筹层次，强化基金收缴力度，增强基金的承受能力。同时加强离退休人员社会化管理，创造条件实行由银行或社会保险机构直接发放养老金。

各地劳动部门和社会保险机构要在当地党委、政府的领导下，认真对困难企业离退休人员基本生活保障工作的情况进行监督检查，发现问题及时解决，重大问题及时向当地党委、政府和劳动部报告。

一九九六年十二月十三日

劳动部、国家科委关于在国家社会发展综合实验区全面建立生育保险制度的通知

劳部发〔1996〕414号

各国家级社会发展综合实验区所在市（区、县、镇）人民政府：

建立生育保险制度对于维护妇女劳动者及其婴儿的合法权益，保持、恢复和增进妇女劳动者的身体健康及其工作能力，均衡企业生育费用负担，为企业发展创造公平竞争环境具有重大意义。

国务院1995年发布的《中国妇女发展纲要》明确规定，我国将在2000年完成普遍建立生育保险制度的目标。目前，全国已有800多个市县建立了生育保险社会统筹制度。

社会发展综合实验区是中国可持续发展战略的基地，“九五”期间要在中国率先完成建立社会保障体系的任务。为确保各实验区的社会保障体系按照“全面规划、重点推进、发挥优势、分步实施”的原则有序地展开，当前要尽快建立与健全生育保险制度。为推动这项工作，1995年我们向各实验区转发了《劳动部关于发布〈企业职工生育保险试行办法〉的通知》（劳部发〔1994〕504号），并要求各实验区结合本地区实际情况尽快建立生育保险制度。一年来，这项工作已初见成效。目前已有近三分之一的实验区完成了建制工作。为更好地发挥各实验区对全国社会保险制度改革的示范作用，以及对周边地区的辐射功能，现提出以下要求：

一、各实验区要把建立健全企业职工生育保险制度提到重视生命质量、优化民族素质的高度来认识，要列入本实验区2000年总体规划中，并作为1997年的工作重点。

二、目前尚未建立生育保险制度的实验区，应于1997年上半按照《企业职工生育保险试行办法》的规定，抓紧按照属地管理的原则组织实施。并要注意坚持“以支定收，收支基本平衡”原则，做好生育保险基金的筹资工作。

三、已建立生育保险制度的实验区，1997年应对照《生育保险制度评估指标体系》（详见附件2）检查落实政策执行情况，确保辖区内受保人及时足额享有保险待遇。

四、各实验区在建立和完善生育保险制度时，要注意以科技为先导，探索新型的社会管理体制和运行机制；要使新制度有利于现代企业制度的建立，有利于计划生育基本国策的落实，有利于改善人的生活质量、提高人的整体素质、促进人的全面发展。各实验区在执行过程中遇到什么问题，请及时反馈给我们。

附件：1. 企业职工生育保险试行办法

2. 生育保险制度评估指标体系（本刊略）

一九九六年十二月十一日

附件1

企业职工生育保险试行办法

（1994年12月14日劳动部发布）

第一条 为了维护企业女职工的合法权益，保障她们在生育期间得到必要的经济补偿和医疗保健，均衡企业间生育保险费用的负担，根据有关法律、法规的规定，制定本办法。

第二条 本办法适用于城镇企业及其职工。

第三条 生育保险按属地原则组织。生育保险费用实行社会统筹。

第四条 生育保险根据“以支定收，收支基本平衡”的原则筹集资金，由企业按照其工资总额的一定比例向社会保险经办机构缴纳生育保险费，建立生育保险基金。生育保险费的提取比例由当地人民政府根据计划内生育人数和生育津贴、生育医疗费等项费用确定，并可根据费用支出情况适时调整，但最高不得超过工资总额的百分之一。企业缴纳的生育保险费作为期间费用处理，列入企业管理费用。

职工个人不缴纳生育保险费。

第五条 女职工生育按照法律、法规的规定享受产假。产假期间的生育津贴按照本企业上年度职工月平均工资计发，由生育保险基金支付。

第六条 女职工生育的检查费、接生费、手术费、住院费和药费由生育保险基金支付。超出规定的医疗服务费和药费（含自费药品和营养药品的药费）由职工个人负担。

女职工生育出院后，因生育引起疾病的医疗费，由生育保险基金支付，其它疾病的医疗费，按照医疗保险待遇的规定办理。女职工产假期满后，因病需要休息治疗的，按照有关病假待遇和医疗保险待遇规定办理。

第七条 女职工生育或流产后，由本人或所在企业持当地计划生育部门签发的计划生育证明，婴儿出生、死亡或流产证明，到当地社会保险经办机构办理手续，领取生育津贴和报销生育医疗费。

第八条 生育保险基金由劳动部门所属的社会保险经办机构负责收缴、支付和管理。

生育保险基金应存入社会保险经办机构在银行开设的生育保险基金专户。银行应按照城乡居民个人储蓄同期存款利率计息，所得利息转入生育保险基金。

第九条 社会保险经办机构可从生育保险基金中提取管理费，用于本机构经办生育保险工作所需的人员经费、办公费及其它业务经费。管理费标准，各地根据社会保险经办机构人员设置情况，由劳动部门提出，经财政部门核定后，报当地人民政府批准。管理费提取比例最高不得超过生育保险基金的百分之二。

生育保险基金及管理费不征税、费。

第十条 生育保险基金的筹集和使用，实行财务预、决算制度，由社会保险经办机构作出年度报告，并接受同级财政、审计监督。

第十一条 市（县）社会保险监督机构定期监督生育保险基金管理工作。

第十二条 企业必须按期缴纳生育保险费。对逾期不缴纳的，按日加收千分之二的滞纳金。滞纳金转入生育保险基金。滞纳金计入营业外支出，纳税时进行调整。

第十三条 企业虚报、冒领生育津贴或生育医疗费的，社会保险经办机构应追回全部虚报、冒领金额，并由劳动行政部门给予处罚。

企业欠付或拒付职工生育津贴、生育医疗费的，由劳动行政部门责令企业限期支付；对职工造成损害的，企业应承担赔偿责任。

第十四条 劳动行政部门或社会保险经办机构的工作人员滥用职权、玩忽职守、徇私舞弊，贪污、挪用生育保险基金，构成犯罪的，依法追究刑事责任；不构成犯罪的，给予行政处分。

第十五条 省、自治区、直辖市人民政府劳动行政部门可以按照本办法的规定，结合本地区实际情况制定实施办法。

第十六条 本办法自 1995 年 1 月 1 日起试行。

劳动部关于加快养老金社会化发放工作的通知

劳部发〔1996〕420 号

各省、自治区、直辖市及计划单列市、副省级省会城市、部分优化资本结构试点城市劳动（劳动人事）厅（局）、各地社会保险管理机构：

随着企业职工基本养老保险制度的统一和统筹覆盖范围的扩大与管理层次的提高，养老保险制度改革将进入一个新的阶段。以养老金社会化发放为重要内容的养老保险社会化管理服务工作，已成为养老保险制度改革的一项重要任务。按照国务院关于统一企业职工基本养老保险制度等有关要求，在总结各地试点经验和调查研究的基础上，现就在全国范围内全面推进养老金社会化发放工作的有关事项通知如下：

一、养老金社会化发放是将企业离退休人员的养老金发放工作从企业转向社会，由社会保险经办机构统一组织管理，采用委托银行、邮局以及依托社区和在企业设立社会保险派出机构等多种形式发放。各级劳动部门和社会保险经办机构要按照国务院所确定的养老保险改革的目标和要求，积极稳妥地开展养老金社会化发放工作，为全面实现养老保险社会化管理服务奠定基础。

二、根据实际情况，积极推进养老金社会化发放工作。国务院确定优化资本结构的试点城市与现代企业制度改革试点的单位和东部沿海经济较发达地区，应率先实施养老金社会化发放工作。其它暂不具备全面实施养老金社会化发放条件的地区，也要积极创造条件，逐步实施养老金社会化发放工作。特殊困难企业中离退休人员的基本生活保障，应结合贯彻中共中央办公厅、国务院办公厅《关于进一步解决部分企业职工生活困难问题的通知》（中办发〔1996〕29号）精神予以解决。

三、养老金社会化发放要以就近、安全和方便广大离退休人员领取为出发点，分别采取以下形式：

委托银行发放。社会保险经办机构通过银行实施养老金的社会化发放。为推动养老金社会化发放工作的开展，劳动部与中国工商银行已联合发出《关于社会保险管理机构委托中国工商银行代发养老金的通知》（劳部发〔1996〕371号），明确规定各级工商银行在代发养老金工作中免收手续费（包括储蓄存折和牡丹卡）。

对异地安置的离退休人员，社会保险经办机构可通过邮局、银行办理邮寄发放或异地支付。

依托社区发放。在城镇，社会保险经办机构可委托社区现有组织机构、人员及服务设施发放养老金，并在此基础上开展管理服务工作。

设立派出机构发放。在离退休人员居住较集中，并设有相应的管理机构和具备一定办公、活动场所的大中型企业，社会保险经办机构可在不增加人员编制、经费开支的情况下，与企业协商设立社会保险派出机构发放养老金，并开展离退休人员社会化管理服务工作。

社会保险经办机构直接发送。根据离退休人员的实际情况，社会保险经办机构可直接向离退休人员发送养老金。

除上述几种方式外，各地在保证离退休人员按时领到养老金的前提下，从本地区实际情况出发，可积极探索社会化发放的新途径、新方式，并注意总结经验，不断改进完善。

四、加强基础管理，保证养老金社会化发放工作顺利实施。

1. 实行养老保险基金差额结算的地区，要尽快改变现行的结算方式，实现养老保险基金全额征集。一步到位确有困难的地区，可采取分步到位的办法逐步过渡，但必须列出过渡的时间表，并报上一级经办机构批准。

2. 加强对养老保险基金的管理，审计和社会监督，保证基金的完整与安全。为加大基金调剂余地，增强抗风险能力，各地要积极创造条件，提高统筹层次，尽快向省级统筹过渡，已实行省级统筹的地区，要相应加大基金的调剂力度。

3. 建立基金储备预警制度，加强分析预测和信息交流，及时向政府和有关部门反映情况，提出建设，做好应急准备。

4. 各级社会保险经办机构要有专人负责养老金社会化发放工作，要加强计算机的开发、应用和管理，确保及时、准确发放养老金，提高社会化发放工作的效率和服务水平。

5. 建立必要的管理制度。社会保险经办机构要分别同企业、银行、社区、派出机构等签订协议，明确各自的职责，建立必要的工作制度和科学规范的社会化发放操作程序。要对社会化发放工作进行跟踪调查，帮助承办单位简化领取手续，为离退休人员提供优质服务。有条件的单位，还应设立咨询电话或提供查询服务，发现问题及时解决。

五、加强对养老金社会化发放工作的检查和评估。劳动部拟定了《养老金社会化发放工作进度表》(附后)，并将制定相应的评估标准，建立信息反馈及调度运转制度，及时了解掌握各地工作进程，加强调查研究，实施分类指导。各级社会保险经办机构要依据劳动部提出的工作进度要求和评估标准，制定相应的工作计划和实施方案，建立自查、抽查制度，每年要对养老金社会化发放工作落实情况进行一次检查评估，并将检查结果报我部社会保险事业管理局。劳动部依据各地自查情况，适时组织抽查，并将抽查结果通报全国。

养老金社会化发放工作涉及到广大离退休人员的切身利益，与改革、发展和社会稳定密切相关。各级劳动部门、社会保险经办机构，要切实加强对社会化发放工作的领导，充分认识做好这项工作的重要性，抓住深化养老保险制度改革的有利时机，真抓实干，努力开创养老金社会化发放工作的新局面。

附件：养老金社会化发放工作进度表（本刊略）

一九九六年十二月十八日

劳动部关于印发《社会保险业务管理程序》的通知

劳部发〔1997〕108 号

各省、自治区、直辖市及计划单列市、副省级省会城市劳动（劳动人事）厅（局），国务院有关部门，上海市、广东省、武汉市社会保险管理局：

自 1984 年在部分地区实行退休费用社会统筹试点以来，我国的社会保险事业有了很大发展，从最初的在国有企业固定职工中实行养老保险，发展到目前在城镇各类企业、各类职工中普遍实行养老保险、医疗保险、失业保险、工伤保险和生育保险。社会保险事业的发展迫切需要社会保险基金经办机构按规范化的业务程序对各项社会保险基金收支进行管理，以增强内部制约机制，提高工作效率，进而在全社会树立良好的社会形象。为此，我部拟定了《社会保险业务管理程序》，现印发给你们，请遵照执行。各省、自治、区、直辖市和各有关部门应结合本地区、本部门社会保险业务管理的实际，提出贯彻实施《社会保险业务管理程序》的具体意见与要求，并报我部社会保险事业管理局备案。贯彻实施中的问题，请及时向我部社会保险事业管理局反映。

附件：1. 社会保险业务管理流程图

2. 表式目录

一九九七年四月八日

社会保险业务管理程序

为规范全国各级社会保险基金经办机构业务工作程序，提高工作效率，增强内部制约机制，并为统一社会保险业务的计算机管理程序奠定良好基础，同时在全社会树立社会保险的良好形象，根据国家关于社会保险的有关规定，特制定本管理程序。本管理程序适用于社会保险基金经办机构所承办的职工养老保险、医疗保险、工伤保险和生育保险的业务管理。

一、社会保险业务管理环节

《劳动法》规定“社会保险基金经办机构依照法律规定收支、管理和运营社会保险基金，并负有使社会保险基金保值增值的责任”，因而社会保险基金管理是社会保险业务管理的重要内容。依据社会保险基金的来源与流向，社会保险业务管理分为缴费核定、费用征集、费用记录处理、待遇核定、待遇支付、基金会计核算与财务管理等六个基本环节（社会保险业务管理流程图见附件一）。社会保险基金从筹集到支付的这六个环节，形成了社会保险业务管理的程序。各级社会保险基金经办机构应按业务管理的基本环节设置相应的管理岗位。

（一）缴费核定

本环节主要职责是：

——建立参加社会保险的单位和职工个人（以下简称单位、职工）的基本资料档案，作为缴费核定的依据；

——核定单位和职工的缴费工资与缴费金额；

——负责单位与职工变更后相关业务的处理及未参加社会保险的单位和职工的催办工作；

——对单位和职工各类报表项目进行复核；

——制订年度社会保险费征集计划。

（二）费用征集

本环节主要职责是：

——依据缴费核定环节提供的单位开户银行、帐号、帐户名称及应征集数额，办理社会保险费托收业务，同时定期向机构内有关部门反馈征集信息；

——接待来社会保险基金经办机构缴费的单位，办理收款手续并登记；

——办理单位缓缴手续及向缓缴期满和未按时足额缴纳社会保险费的单位催收社会保险费业务；

——负责向本机构领导及有关部门提供单位缴费情况，提出加强社会保险费征集工作的建议。

（三）费用记录处理

本环节主要职责是：

——根据有关基础资料，建立健全各项基金管理台帐和职工养老保险（包括基本养老保险、企业补充养老保险、个人储蓄养老保险，下同）及其医疗保险个人帐户；

——根据社会保险费征集与分配到帐情况，登记职工个人帐户，按规定的记帐利率计算和登记职工个人帐户利息，并负责个人帐户变更处理；

——对单位各类社会保险报表进行统计汇总、分析；

——定期公布单位缴费情况和职工个人帐户情况。

（四）待遇审核

本环节主要职责是：

——建立离退休（职）人员、企业工伤职工、育龄女职工生育等情况档案；建立死亡离退休（职）人员和工伤与非工伤职工遗属档案；

——审核职工养老保险、医疗保险、工伤保险和生育保险待遇；对离退休（职）人员、工伤职工及其遗属津贴、一次性待遇予以认定并按规定进行调整；

——对上述各项待遇进行复核。

（五）待遇支付

本环节主要职责是：

——填制社会保险待遇支付花名册并确定各项待遇的支付方式；

——填制社会保险待遇拨付通知单，办理社会保险待遇支付手续并登记；

——协调待遇支付单位间的业务关系；

——对各项社会保险待遇落实情况进行跟踪调查与监督。

（六）基金会计核算与财务管理

本环节主要职责是：

——负责对各项社会保险费的收支进行审核及其会计核算；

——定期与银行对帐并对实际到帐金额予以认定，将对帐信息及时通知有关部门；

——对各环节社会保险费收支记录予以核对和检查，汇总登记基金帐薄；

——审核、登记、管理各种结算凭证；

——办理基金的存储及有价证券认购等事宜；

——编制各项基金的年度预决算草案及报告期会计报表。

二、业务管理程序

根据社会保险业务管理环节及其职责的划分，社会保险基金经办机构的业务管理应按下列程序进行：

（一）缴费核定

1. 及时建立和调整所辖地区单位和职工的基础档案资料。为保证社会保险费收、支的准确性，单位和职工基础资料应全面、详实。

（1）单位基础档案资料主要由以下项目组成：

①单位名称；

②单位编码；

③单位注册地址；

④单位现所在地地址；

⑤单位邮政编码；

⑥单位上级主管部门；

⑦单位隶属关系；

⑧单位所有制性质；

⑨单位所属行业；
⑩单位主管社会保险各个项目负责人及联系电话；
⑪单位具体经办社会保险各个项目业务人员名单；
⑫单位业务经办人员联系电话；
⑬单位的开户银行、帐号、帐户名称；
⑭单位实行基本养老保险基础情况；
⑮单位实行企业补充养老保险基础情况；
⑯单位实行个人储蓄养老保险基础情况；
⑰单位实行医疗保险基础情况；
⑱单位实行工伤保险基础情况；
⑲单位实行生育保险基础情况；
⑳事业单位经费来源；
㉑其他。

（2）职工基础档案资料主要由以下项目组成：
①姓名；
②性别；
③出生年月日；
④社会保障号码：
⑤所在单位代码：
⑥参加工作时间；
⑦用工形式；
⑧供养直系属情况；
⑨参加基本养老保险个人缴费情况；
⑩参加医疗保险个人缴费情况；
⑪女职工生育情况；
⑫参加企业补充养老保险个人缴费情况；
⑬参加个人储蓄养老保险缴费情况；
⑭异地转移情况；
⑮其他。

2．于本缴费年度初根据上年度各单位各项社会保险的缴费、支付情况，制定本年度的各项社会保险费征集计划；并依据情况变化，适时提出调整缴费比例的建议。

单位和职工缴纳各项社会保险费比例按当地政府批准的缴费年度各单位工伤保险费缴纳情况及单位工伤事故发生率，按国家及当地有关浮动费率的规定相应调整。经国务院批准实行养老保险行业统筹的部门，单位和职工基本养老保险费的缴纳，按财政部批准的比例执行。

3．根据社会保险业务开展情况，参照单位和职工基础档案资料制定相关报表（劳动部统一规定的报表除外，下同），在审核单位报送的各项社会保险情况表时，应确认其在开户银行帐号上结存在资金，足够缴纳当月各项社会保险费。

4．对各单位上报的各类报表，应重点审核单位及职工缴费工资基数、缴费金额以及其他变动项目。

5．对新建单位及应参加而未参加社会保险的单位和职工，业务人员应及时向其发出《办理社会保险手续通知单》，督促其尽快参加社会保险。

6. 单位补缴单位和职工以往欠缴月份的社会保险费时，应审核是否填报参加社会保险人员社会保险费补缴核定单，《核定单》由各地区社会保险基金经办机构制定。业务人员应根据补缴办法，核定单位和职工补缴各月的本金、利息及滞纳金。补缴本金、利息及滞纳金的办法，按国家统一规定执行；没有统一规定的，暂按各地区、各部门现行办法执行。

7. 职工在同一统筹范围内流动，业务人员应按规定审核转移其社会保险关系；职工跨统筹范围流动时，业务人员除按规定办理社会保险关系的转移外，还应同时审核转移其养老及医疗保险费，并填写《参加养老保险、医疗保险人员转移情况表》。基本养老保险转移办法按《职工基本养老保险个人帐户管理暂行办法》执行；其他社会保险项目的转移，暂按各地区现行规定办理。

（二）费用征集

1. 根据缴费核定环节提供的单位和职工的基础档案资料，整理、掌握单位开户银行、帐号、帐户名称、联系人、负责人姓名及联系电话等有关情况，并与单位建立业务联系。

2. 依据缴费核定环节提供的社会保险费征集数据，开具委托收款及其他结算凭证，通过银行或直接征集社会保险费；必要时，也可直接到单位征集。

3. 采用支票或现金结算方式征集社会保险费时，在收妥款项的同时必须开具“社会保险费收款收据”，并妥善保存收妥的款项、结算凭证及“社会保险费收款收据”存根并按要求办理款项和收据的交接手续。

4. 及时了解社会保险费征集落实情况，对因单位名称、帐号变更或帐户存款不足等原因造成的社会保险费欠收，及时填发《社会保险费催缴通知书》，督促其尽快缴齐欠缴的社会保险费，并办理征集手续。

5. 对于符合缓缴条件的单位，按规定办理缓缴手续，并要求缓缴单位制定出补缴计划。在缓缴期内，随时了解该单位生产经营效益情况；缓缴期满，及时办理欠缴费用的补缴手续。

6. 通知费用记录处理环节，对欠缴及经批准缓缴养老、医疗保险费的单位在其欠缴及缓缴期内暂停记载职工个人帐户，也不计算职工缴费年限，待其补齐缴费本金和利息后，及时通知下一环节补记职工个人帐户。

7. 向本部门和有关领导报告社会保险费征集情况，提出加强社会保险费征集工作的意见和建议。

（三）费用记录处理

1. 根据缴费核定环节提供的单位和职工基础档案资料，业务人员应及时在计算机中为每个单位和职工建立基础档案库。

2. 根据基础档案库资料及单位和职工缴费情况，及时建立职工参加养老、医疗保险个人帐户。

3. 根据其他各业务管理环节提供的统计资料，随时调整单位和职工各项社会保险基础数据，并确保数据记录的真实准确和安全。

4. 根据费用征集环节提供的数据，将实际征集到的社会保险费按规定分配到各项目下。根据待遇支付环节提供的数据，记载职工养老、医疗保险个人帐户的实际支出情况，并按有关规定计算和登记职工养老保险、医疗保险个人帐户的本息和职工缴费年限。

5. 对流动职工，随时向缴费核定环节提供职工社会保险基础资料和个人帐户有关情况。

6. 整理、汇总、分析社会保险各类统计数据，按要求上报各类统计报表及相关报告。

7. 接待和办理单位及职工对其缴费情况及个人帐户记录情况的查询。对缴费记录中出现的差错，经与相关业务管理环节核对后，及时予以调整。

8. 每一缴费年度初向单位和职工公布上一缴费年度单位缴费情况表和职工个人帐户情况表，并发放对帐单，以接受单位和职工的监督。

（四）待遇审核

1. 制定各项《社会保险待遇审批表》，单位在申报职工享受养老、医疗、工伤、生育保险待遇时，业务人员应指导单位按要求填写《社会保险待遇审批表》并要求提供相关的证明。

2. 根据单位填报的《社会保险待遇审批表》及有关证明，结合缴费记录处理环节所提供的单位和职工基础档案资料，依据社会保险有关法规、政策，逐项予以审查、核准。

3. 对申请享受医疗保险待遇人员，需审核其出具的医院有关证明和费用结算手续；对申请享受工伤保险待遇的人员，需审核其出具的当地劳动行政部门认定的工伤通知书及劳动鉴定机构提供的伤残鉴定结论证明；对申请享受生育保险待遇人员，需审核其出具的生育指标证明及医院证明；对申请享受养老保险待遇人员的审核办法，按国家有关规定执行。

4. 对需一次性支付待遇的人员，需审核单位及职工填写的《社会保险待遇一次性支付审批表》。

5. 根据有关政策，对享受社会保险待遇人员待遇标准的调整予以审核认定。

6. 为确保职工应享受的社会保险待遇准确无误，设专人对审查核准的《社会保险待遇审批表》及相关证明进行复核，认定无误后，方可转入下一个环节办理。

7. 根据各单位所报材料，结合单位和职工基础资料，业务人员应随时建立离退休（职）人员档案、职工医疗保险档案、工伤职工档案，死亡离退休（职）人员及工伤人员遗属档案，并定期调查离退休（职）人员及享受遗属津贴人员现状，定期审核、调整其应享受的待遇标准。

8. 对取得医疗保险定点服务资格的医院、药店等医疗服务机构执行医疗保险政策的有关情况进行监督检查，适时提出改进管理及调整医疗服务机构的意见。

9. 负责接待和办理单位及有关人员关于享受社会保险待遇问题的来信、来访与咨询事宜。

（五）待遇支付

1. 对待遇审核环节提供的单位及其职工享受社会保险待遇的有关资料予以确认，编制享受社会保险待遇人员名册与台帐。

2. 根据有关规定，确定享受社会保险待遇人员社会保险待遇的具体支付方式和时间。

3. 及时填制社会保险待遇拨付通知单，按确定的时间办理支付手续，通过银行或其他方式，将应支付的社会保险待遇发放给享受对象。

4. 对各项社会保险待遇的支付情况，及时登记并妥善保管有关凭证和资料。

5. 与银行、代办所、社区或单位等承担待遇支付的部门建立并保持经常性的业务联系，适时协调相互间的工作关系，保证社会保险待遇支付渠道的畅通。

6. 对各项社会保险待遇落实情况进行跟踪调查，发现不落实问题，配合有关部门及时查明原因予以纠正，并对纠正情况实施监督。

（六）基金会计核算与财务管理

1. 按照会计制度认真审核整理原始凭证，并依据审核后的原始凭证及时编制社会保险费收入和支出记帐凭证，同时按规定对各项社会保险费的实际收支进行审核。

2. 定期汇总记帐凭证，填制记帐凭证科目汇总表，试算平衡后登记总帐，并将明细帐金额分别与总帐进行核对，无误后进行结帐。

3. 每月与开户银行对帐并编制银行存款余额调节表，及时调整未达帐项；对因银行退票等原因造成的社会保险费欠收，及时通知费用征集环节，查明原因，采取措施使社会保险费收缴到位。

4. 根据有关规定按期计算、提取各项费用，并编制凭证。

5. 根据基金实际结存情况，在满足周转需要的前提下，按规定和要求及时办理购买国债或基金存储手续；建立银行定期存款和各种有价证券备查帐，掌握银行存款及有价证券的存储时间与金额，按时办理银行存款及有价证券的转存、兑付及保管工作。

6. 定期清理基金应收暂付款和基金应付暂收款，及时收回和偿付。

7. 按照《会计法》要求妥善保管、发放、收回、销毁各种结算凭证、帐簿以及其他有关财务管理资料。

8. 按上级主管部门的规定和要求，定期编制报送各种会计报表，正确反映基金的收支结存情况，并适时作出基金筹集、使用、管理等情况的分析报告，提出加强基金会计核算与财务管理的建议。

9. 年终，根据上年预算执行情况和本年度收支预测，分别编制年度预算草案和决算草案，报有关部门审核备案。遇有特殊情况需调整预算时，按要求编制调整方案，并报有关部门核准后执行。

10. 以《会计法》为依据，结合本单位实际制定内部基金财务管理制度，充分发挥会计的反映、监督职能。

附件一

社会保险业务管理流程图

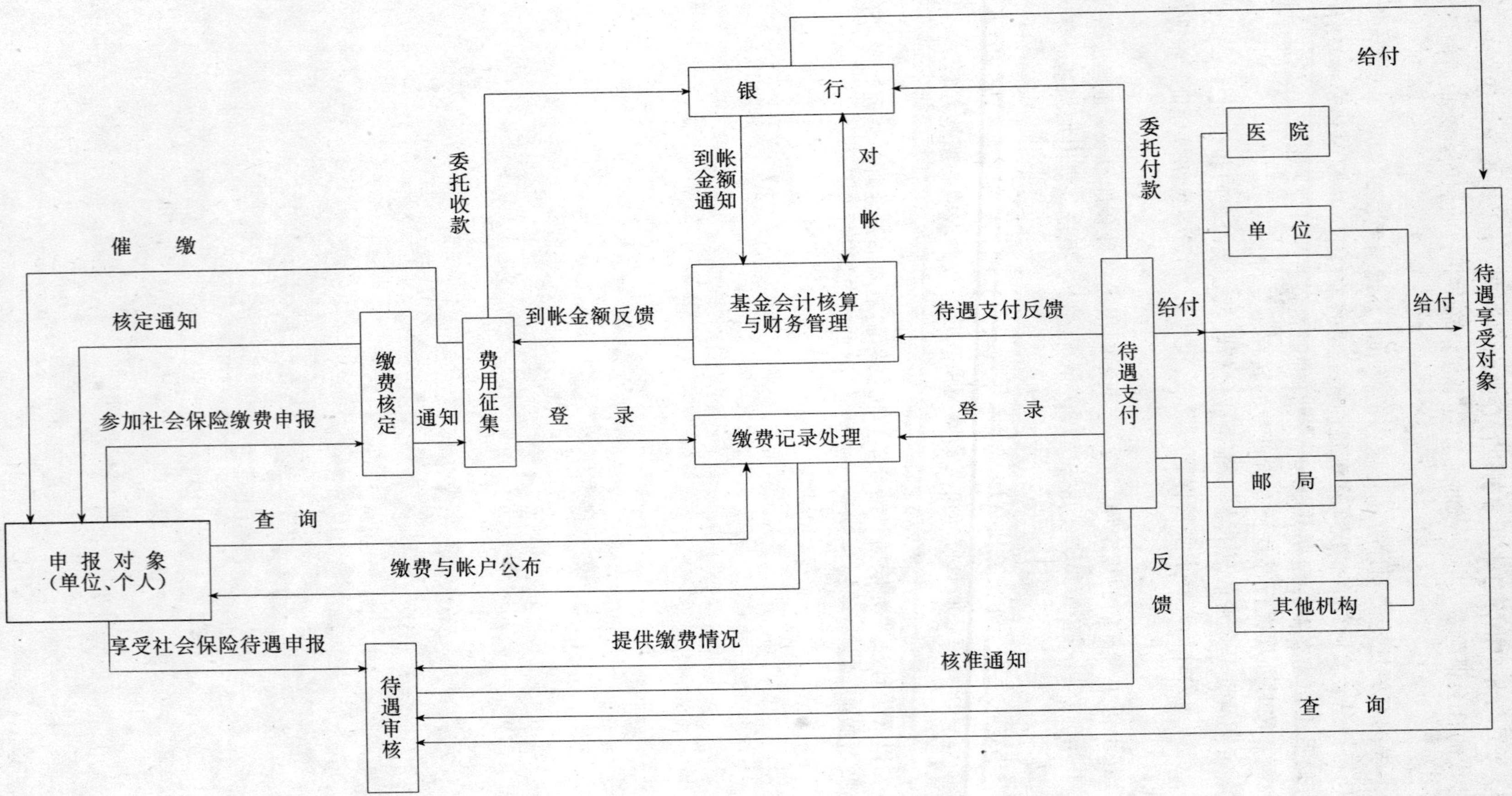

附件二

表式目录

表号	表名	填报单位	范围
表一	参加社会保险人员申报表	参加社会保险单位	参加社会保险人员
表二	离退休人员增减变化情况表	参加社会保险单位	转移人员
表三	参加基本养老保险人员转移情况表	参加社会保险单位	转移人员
表四	职工基本养老保险个人帐户对帐单	社会保险基金经办机构	参加基本养老保险人员
表五	职工医疗保险个人帐户对帐单	社会保险基金经办机构	参加医疗保险人员
表六	办理社会保险手续通知单	社会保险基金经办机构	未参加社会保险单位
表七	社会保险费催缴通知书	社会保险基金经办机构	欠缴社会保险费单位

表一

参加社会保险人员申报表

单位编码：　　　　　　　　　　　　　　年

序号	姓名	社会保障号码	参加工作时间（年月）	用工形式	视同缴费年限（养老保险）	参保项目	月缴费工资（元）	缴费总比例（%）			备注
								合计	单位	个人	
甲	1	2	3	4	5	6	7	8	9	10	11

注：1. 用工形成：(1)—长期职工(2)—临时职工(3)—私营(4)—个体劳动者

2. 第2、4、5栏为首次缴费时填写。

3. 参保项目：(1)基本养老保险(2)医疗保险(3)工伤保险(4)生育保险

单位名称(章)：　　　　　　　　　　　　联系电话：

联系人(签章)：　　　　　　　　　　　　填表日期：　　年　　月　　日

表二

离退休人员增减变化情况表

单位编码：

序号	姓名	社会保险号码	性别	出生年月	离退休时间(年月)	离退休人员类别	增加原因	减少原因	备注
甲	1	2	3	4	5	6	7	8	9

注：1. 离退休人员类别：(1)离休　(2)退休　(3)退职

2. 增加原因：(1)新离退休(职)　(2)异地转入　(3)其他

3. 减少原因：(1)死亡　(2)异地转出　(3)出国定居　(4)其他

单位名称(章)：　　　　联系电话：

联系人(签章)：　　　　填表日期：

表三

参加基本养老保险人员转移情况表

单位：　　元

人员基本情况					
姓名			社会保障号码		
实际缴费年限	年　个月		视同缴费年限	年　个月	
调出单位			调入单位		
截止缴费时间	年　月				
调出地社会保险机构名称		开户行及帐号		邮政编码	
调入地社会保险机构名称		开户行及帐号		邮政编码	
基金转移情况					
截止上年末个人缴费累计额(本息和)	上年记帐利率 %	当年缴费月数	当年个人缴费累计额	基本养老金转移额	
1	2	3	4	5	

注：宾栏关系：1. (5)＝(1)＋(1)×(2)÷12×(3)＋(4)

2. 本表转移时，须同时转移《职工基本养老保险个人帐户》。

调出单位(章)：

调出地社会保险机构(章)：

转移日期：　年　月　日

转移人员(签章)：

联系电话：

经办人(签章)：

联系电话：

表四

职工基本养老保险个人帐户对帐单

单位名称：　　　　　　　　发单社会保险经办机构名称：

单位编码：　　　　　　　　　　　　年　　　　　　　　　　　　单位:元

序号	姓名	社会保障号码	缴费月数		个人缴费工资基数	至上年底止累计金额		本年度个人帐户记帐金额					至本年底止累计金额	
			当年	累计		合计	其中：个人缴费累计金额	合计	企业缴费中划转部分（个人缴费工资基数的　%）	个人缴费部分（个人缴费工资的　%）	当年利息		合计	其中：个人缴费部分累计本息
											小计	其中:个人缴费利息		
甲	1	2	3	4	5	6	7	8	9	10	11	12	13	14

补充资料:上年度职工月平均工资：　　元；　　当年记帐利率：　　%

　　本年度欠缴金额：　　元;其中单位欠缴金额：　　元

注:宾栏关系:(8)=(9)+(10)+(11)

(13)=(6)×(1+当年记帐利率)+(8)

(14)=(7)×(1+当年记帐利率)+(10)+(12)

发单日期：　　年　　月　　日

表五

职工医疗保险个人帐户对帐单

单位名称：　　　　　　　　发单社会保险经办机构名称：

单位编码：　　　　　　　　　　　　　　年　　　　　　　　　　单位：元

序号	姓名	社会保障号码	缴费月数		月缴费工资	历年个人帐户金额	本年度个人帐户记帐金额			本年度个人帐户支出金额	个人帐户累计金额			当年记帐利率（%）
			当年	累计			合计	单位划转部分	个人缴费部分		合计	本金	利息	
甲	1	2	3	4	5	6	7	8	9	10	11	12	13	14

注：宾栏关系：(7)＝(8)＋(9)＋(10)；

(11)＝(12)＋(13)＋(14)＝(6)＋(7)－(10)

发单日期：　　年　　月　　日

表六

办理社会保险手续通知单

编号：　　　(　)号

单位名称：
发出时间：
单位地址：
经 办 人：

存(章)根

通　　知

编号：　　　(　)号

________：

依据《中华人民共和国劳动法》第七十二条关于“用人单位和劳动者必须依法参加社会保险”的规定，请你单位在本通知送达之日(自本通知单发出之日起十五日内视为送达)起十五日内，办理养老、医疗、工伤、生育等社会保险手续。逾期未办，将依照《劳动法》第一百条和劳动监察的有关规定予以处罚。

社会保险机构名称：
地址：
电话：

特此通知

年　　月　　日(章)

表七

社会保险费催缴通知书（存根）

编号：　　　（　）号

年　　月　　日

________:单位欠缴下列保险费

项目 / 金额	基本养老保险	医疗保险	工伤保险	生育保险	合　计
	年　月至　年　月	年　月至　年　月	年　月至　年　月	年　月至　年　月	
本　金					
利　息					
滞纳金					
合　计	（大写）				

________存（章）根________

社会保险费催缴通知书

________:

依据《中华人民共和国劳动法》第七十二条、第一百条，特对你单位欠缴的下列社会保险费，发此催缴通知书。本通知自发出之日起十五日内视为送达，送达后请在十日内到社会保险部门补缴所欠社会保险费。过期依照法律及有关规定加收滞纳金。

项目 / 金额	基本养老保险	医疗保险	工伤保险	生育保险	合　计
	年　月至　年　月	年　月至　年　月	年　月至　年　月	年　月至　年　月	
本　金					
利　息					
滞纳金					
合　计	（大写）				

填发单位（章）　　　　年　　月　　日

填表说明

一、《参加社会保险人员申报表》

1. 单位编码：指社会保险基金经办机构为参加社会保险单位设置的数字代码。

2. 姓名：为现用名，应与本人身份证姓名相同。

3. 出生年月：须填写同本人身份证相同的出生日期。

4. 社会保障号码：16位码，为身份证号码后加一位校验码。目前国家技术监督局尚未确定校验码，可暂填身份证号码。

5. 参加工作时间：指参加社会保险职工首次参加工作的时间。

6. 长期职工：指用工期限在一年以上（含一年）的职工。包括原固定职工、合同制职工、长期临时工以及国有单位使用的城镇集体所有制单位的人员和其他使用期限在一年以上的原计划外用工。

临时职工：指用工期限不超过一年的职工。包括各单位根据国家有关规定招用的，签订一年以内的劳动合同或使用期不超过一年的临时性、季节性用工。

7. 视同缴费年限：指参加基本养老保险职工实际缴费年限之前的按国家有关规定计算的连续工作年限。

8. 参保项目：指单位已经参加社会保险的项目。包括：基本养老保险、医疗保险、工伤保险和生育保险。

9. 月缴费工资：指参保职工申报的按国家统计局规定统计口径作为缴纳社会保险费的月工资基数。

10. 缴费总比例：指参加社会保险的单位和职工按当地政府规定应向社会保险基金经办机构缴纳的保险费占其缴费工资基数的比例，即社会保险总费率，包括基本养老保险费率、医疗保险费率、工伤保险费率和生育保险费率。没有参保的费率不计算。

二、《离退休人员增减变化情况表》

1. 离退休时间：单位职工按规定正式办理离休、退休或退职手续的时间。

2. 离休人员：指根据国家有关规定，离开生产或工作岗位，正式办理了离休手续并享受离休待遇的人员。

3. 退休人员：指达到国家规定的年龄和退休条件，离开生产或工作岗位，正式办理了退休手续并享受退休待遇的人员。

4. 退职人员：指职工因丧失工作能力，又不具备退休条件而正式办理了离职手续并享受相应待遇的人员。

三、《参加基本养老保险人员转移情况表》

1. 实际缴费年限：指参保职工所在地区实行个人缴纳基本养老保险费后，职工本人及所在单位按规定足额缴纳基本养老保险费的年限。

2. 调出单位：指参加基本养老保险职工调出前所在的工作单位在工商行政管理部门注册时使用的单位名称。

3. 调入单位：指参加基本养老保险职工调入新的工作单位在工商行政管理部门注册时使用的单位名称。

4. 截止缴费时间：指参保职工调出原单位前最后一次缴纳社会保险费的时间。

四、《职工基本养老保险个人帐户对帐单》

1. 单位名称：指参加基本养老保险单位在工商行政管理部门注册时使用的名称。

2. 当年缴费月数：指参保职工按规定当年向社会保险基金经办机构缴纳基本养老保险费月数和。

3. 累计缴费月数：指参保职工从当地开始建立职工基本养老保险个人帐户时起，至目前累计按规定向社会保险基金经办机构缴纳基本养老保险费月数总和。

4. 个人缴费工资基数：指职工本人上一年度月平均工资，低于当地职工月平均工资的60%的按当地职工月平均工资的60%计算，高于当地职工月平均工资300%的按当地职工月平均工资的300%计入。

5. 至上年底止累计金额：指至上年度底止个人帐户累计本息。统一制度前试行不同记帐比例的，按实际记入金额统计。统一制度后个人帐户的比例统一按11%记入。

6. 本年度记帐金额：指报告年度内单位和职工个人缴纳的基本养老保险费中记入职工基本养老保险个人帐户的本金和利息。本金部分包括企业缴费划转个人帐户部分和个人缴费记入个人帐户部分。

企业缴费中划转部分：指社会保险基金经办机构从企业缴纳的养老保险费中按个人缴费工资基数的一定比例划转记入个人帐户的金额，“个人缴费工资基数的%”中，“%”前填写由当地政府确定的划转比例。

个人缴费部分：指职工个人缴纳的基本养老保险费。“个人缴费部分（个人缴纳工资基数的%）”中，“%”前填写当地政府规定的个人缴费比例。

当年利息：指社会保险基金经办机构按规定的报告年度记帐利率，根据报告年度记入职工基本养老保险个人帐户的本金计算的记帐利息。

7. 至本年底止累计金额：指历年（含报告年度）记入职工基本养老保险个人帐户的全部金额，包括本金和利息。

8. 当年记帐利率：指按有关规定计算记入职工基本养老保险个人帐户当年利息的记帐利率，不是银行存款利率。

五、《职工医疗保险个人帐户对帐单》

1. 当年缴费月数：指参保职工按规定当年向社会保险基金经办机构缴纳医疗保费月数之和。

2. 累计缴费月数：指参保职工从当地开始建立职工医疗保险个人帐户时起，至目前累计按规定向社会保险基金经办机构缴纳医疗保险费月数总和。

3. 月缴费工资：指参保职工申报的按国家规定统计口经作为缴纳医疗保险费的月工资基数。

4. 历年个人帐户结转金额：指参加医疗保险的职工在上一报告年度末其医疗保险个人帐户累计结余本息。

5. 本年度个人帐户记帐金额合计：指参加医疗保险的单位和职工报告年度内向社会保险基金经办机构缴纳医疗保险费记入医疗保险个人帐户的本金，包括单位缴费中记入个人帐户部分本金、个人缴费部分本金。

6. 本年度个人帐户支出金额：指职工按规定报告年度内从医疗保险个人帐户累计储存额中支付的医疗费。

7. 个人帐户累计金额：指历年（含报告年度）扣除个人帐户支出金额后记入医疗保险个人帐户的记帐金额，包括本金和利息。

8. 当年记帐利率：指当地政府规定的计算记入职工医疗保险个人帐户当年利息的记帐利率，不是银行存款利率。

关于工资总额组成的规定

1989年9月30日国务院批准
1990年1月1日国家统计局发布

第一章 总 则

第一条 为了统一工资总额的计算范围，保证国家对工资进行统一的统计核算和会计核算，有利于编制、检查计划和进行工资管理以及正确地反映职工的工资收入，制定本规定。

第二条 全民所有制和集体所有制企业、事业单位，各种合营单位，各级国家机关、政党机关和社会团体，在计划、统计、会计上有关工资总额范围的计算，均应遵守本规定。

第三条 工资总额是指各单位在一定时期内直接支付给本单位全部职工的劳动报酬总额。

工资总额的计算应以直接支付给职工的全部劳动报酬为根据。

第二章 工资总额的组成

第四条 工资总额由下列六个部分组成：

（一）计时工资；

（二）计件工资；

（三）奖金；

（四）津贴和补贴；

（五）加班加点工资；

（六）特殊情况下支付的工资。

第五条 计时工资是指按计时工资标准（包括地区生活费补贴）和工作时间支付给个人的劳动报酬。包括：

（一）对已做工作按计时工资标准支付的工资；

（二）实行结构工资制的单位支付给职工的基础工资和职务（岗位）工资；

（三）新参加工作职工的见习工资（学徒的生活费）；

（四）运动员体育津贴。

第六条 计件工资是指对已做工作按计件单价支付的劳动报酬。包括：

（一）实行超额累进计件、直接无限计件、限额计件、超定额计件等工资制，按劳动部门或主管部门批准的定额和计件单价支付给个人的工资；

（二）按工作任务包干方法支付给个人的工资；

（三）按营业额提成或利润提成办法支付给个人的工资。

第七条 奖金是指支付给职工的超额劳动报酬和增收节支的劳动报酬。包括：

（一）生产奖；

（二）节约奖；

（三）劳动竞赛奖；

（四）机关、事业单位的奖励工资；

（五）其他奖金。

第八条 津贴和补贴是指为了补偿职工特殊或额外的劳动消耗和因其他特殊原因支付给职工的津贴，以及为了保证职工工资水平不受物价影响支付给职工的物价补贴。

（一）津贴。包括：补偿职工特殊或额外劳动消耗的津贴，保健性津贴，技术性津贴，年功性津贴及其他津贴。

（二）物价补贴。包括：为保证职工工资水平不受物价上涨或变动影响而支付的各种补贴。

第九条 加班加点工资是指按规定支付的加班工资和加点工资。

第十条 特殊情况下支付的工资。包括：

（一）根据国家法律、法规和政策规定，因病、工伤、产假、计划生育假、婚丧假、事假、探亲假，定期休假、停工学习、执行国家或社会义务等原因按计时工资标准或计时工资标准的一定比例支付的工资；

（二）附加工资、保留工资。

第三章　工资总额不包括的项目

第十一条 下列各项不列入工资总额的落围：

（一）根据国务院发布的有关规定颁发的创造发明奖、自然科学奖、科学技术进步奖和支付的合理化建议和技术改进奖以及支付给运动员、教练员的奖金；

（二）有关劳动保险和职工福利方面的各项费用；

（三）有关离休、退休、退职人员待遇的各项支出；

（四）劳动保护的各项支出；

（五）稿费、讲课费及其他专门工作报酬；

（六）出差伙食补助费，误餐补助、调动工作的旅费和安家费；

（七）对自带工具、牲畜来企业工作职工所支付的工具、牲畜等的补偿费用；

（八）实行租赁经营单位的承租人的风险性补偿收入；

（九）对购买本企业股票和债券的职工所支付的股息（包括股金分红）和利息；

（十）劳动合同制职工解除劳动合同时由企业支付的医疗补助费、生活补助费等；

（十一）因录用临时工而在工资以外向提供劳动力单位支付的手续费或管理费；

（十二）支付给家庭工人的加工费和按加工订货办法支付给承包单位的发包费用；

（十三）支付给参加企业劳动的在校学生的补贴；

（十四）计划生育独生子女补贴。

第十二条 前条所列各项按照国家规定另行统计。

第四章　附　　则

第十三条 中华人民共和国境内的私营单位、华侨及港、澳、台工商业者经营单位和外商经营单位有关工资总额范围的计算，参照本规定执行。

第十四条 本规定由国家统计局负责解释。

第十五条 各地区、各部门可依据本规定制定有关工资总额组成的具体范围的规定。

第十六条 本规定自发布之日起施行。国务院 1955 年 5 月 21 日批准颁发的《关于工资总额组成的暂行规定》同时废止。

国家统计局下发《关于职工个人收入的定义和组成内容》的通知

国统字（1992）257号

各省、自治区、直辖市统计局，计划单列的省辖市统计局：

近年来，随着经济体制改革的不断深化，特别是分配制度改革的逐步推开，职工个人收入的分配形式和来源渠道都发生了很大变化，现行的工资总额统计已难以反映职工个人收入的情况。对此，社会各方面反应强烈，迫切要求提供这方面的统计资料。

国务院领导同志对此问题非常关心，在去年的中央工作会议上，要求我局会同有关部门着手解决职工个人收入的统计问题。今年七月七日，邹家华副总理又对我局提出的《关于加强和改进职工个人收入统计的报告》作了批示，同意建立职工个人收入统计。

根据国务院领导同志的指示精神，我局与有关部门就职工个人收入的统计问题进行了协商，形成了一致的认识。现将《关于职工个人收入的定义和组成内容》发给你们。各地区，各部门在统计职工个人收入时，请按照《关于职工个人收入的定义和组成内容》的有关规定执行。

一九九二年八月十日

关于职工个人收入的定义和组成内容

（一）职工个人收入的定义

职工个人收入是指职工在一定时期内从单位内外得到的全部现金和实物。

（二）职工个人收入的组成

职工个人收入主要由两部分组成：一是工资总额；二是职工在工资总额以外得到的各种其他收入（简称职工工资外收入）

1. 工资总额是指各单位在一定时期内直接支付给本单位全部职工的劳动报酬总额。包括：计时工资、计件工资、奖金、津贴和补贴、加班加点工资和特殊情况下支付的工资。

2. 职工工资外收入是指职工在工资总额以外从本单位内以及单位外得到的各种现金和实物。包括：

（1）保险福利费用　指各单位在工资总额以外实际支付给本单位全部职工个人的劳动保险和福利费用。包括：丧葬抚恤救济费、生活困难补助费，各种非工资性补贴（如上下班交通费补贴、洗理卫生费、托儿补助费、计划生育补贴、冬季取暖补贴、防暑降温费等）以及实行公费医疗制度改革的单位直接支付给职工个人的医药费等；

（2）劳动保护方面的费用　指职工从单位得到的由劳动保护费开支的保健食品待遇、解毒剂、清凉饮料以及夏季冷饮费等；

（3）按规定未列入工资总额的各种劳动报酬　包括：创造发明奖、国家星火奖、自然科学奖、科学技术进步奖、合理化建议和技术改进奖，支付给运动员的名次奖、运动水平奖，破记录奖和教练员的培训成绩奖，稿费、翻译费、讲课费、课题费，第二职业收入、兼职收入，以及各单位利用业余时间组织职工进行生产、咨询服务、科研、设计和其他活动，从得到的收入中支付给职工的现金和实物，单位之间业务往来收取的回扣、好处费、手续费收入中给职工个人的提成等；

（4）实物折款　指职工个人从单位内外得到的，按规定未列入工资总额和保险福利费用的各种实物折款；

（5）财产性收入　包括职工个人从银行和企业获得的存款利息、债券利、股息和股金分红等；

（6）转移性收入　包括职工从职工以外其他阶层人员中得到的赠送收入、亲友搭伙费、遗产收入以及从各种意外事故中得到的补偿和由于各种灾害从非营利机构得到的捐赠收入等；

（7）其他　指在上述各项以外职工得到的其他现金收入，包括实行租赁经营单位承租人的风险性补偿收入，职工的误餐补贴，出国置装费以及职工从出差补助和调动工作的旅费和安家费中净结余的现金等。

职工个人收入还可以按来源划分为从本单位取得的收入和从单位外取得的收入，按性质划分为劳动收入和非劳动收入。

（三）职工个人收入的统计对象

职工个人收入的统计对象是职工。按照现行统计制度规定，“职工是指在全民所有制、城镇集体所有制、全民与集体合营、全民与私人合营、城镇集体与私人合营、中外合资、中外合作、华侨或港澳台工商业者经营和外资经营单位及其附属机构工作，并由其支付工资的各类人员”。因此，职工以外其他阶层人员（如离退休人员、乡镇企业和国内私营企业从业人员等）都不是职工个人收入统计的对象。

国家统计局关于机关和事业单位工作人员工资制度改革后劳动统计若干问题的通知

国统字（1994）37号

各省、自治区、直辖市、计划单列市统计局，中央、国务院各部门：

根据《国务院关于机关和事业单位工作人员工资制度改革问题的通知》［国发（1993）79号］和《国务院办公厅关于印发机关、事业单位工资制度改革三个实施办法的通知》［国办发（1993）85号］，从1993年10月1日起对机关和事业单位工作人员的现行工资制度进行改革。改革后，机关和事业单位的工资结构将有一些调整。现对有关劳动统计中的若干问题通知如下：

一、机关、事业单位工资制度改革后，其工资总额构成统计仍分为计时工资、奖金、津贴和补贴、其他工资。

1. 计时工资　列入机关工改范围的单位包括：实行职级工资制的职务工资，级别工资，基础工资；实行岗位技术等级（职务）工资制的岗位工资，技术等级（职务）工资，实行岗位工资制的岗位工资。

列入事业单位工改范围的单位包括：实行专业技术职务等级工资制和实行专业技术职务岗位工资制的专业技术职务工资；实行艺术结构工资制的艺术专业职务工资；实行体育津贴、奖金制的体育基础津贴；实行行员等级工资制的行员等级工资；实行职员职务等级式资制的职员职务工资；实行技术等级工资制的技术等级工资，实行等级工资制的等级工资。

2. 奖金　包括各类人员的年终一次性奖、机关工人的奖金、专业技术人员的一次性重奖和体育运动员的奖金。

3. 津贴和补贴　包括实行职级工资制的工龄工资，实行专业技术职务等级工资制的津贴；实行专业技术职务岗位工资制的岗位津贴，实行艺术结构工资制的表演档次津贴、演出场次津贴；实行体育津贴、奖金制的的运动成绩津贴、突出贡献津贴；实行行员等级工资制的责任目标津贴；实行职员职务等级工资制的岗位目标管理津贴；实行技术等级工资制的岗位津贴；实行等级工资制的作业津贴。

此外还包括艰苦边远地区津贴、地区附加津贴、政府特殊津贴、某他新建的各种津贴以及国务院文件明确保留的现行经国家批准建立的津贴，如机关工作人员岗位津贴、特级教师津贴、教龄津贴、护龄津贴、为特殊行业设立的津贴等。

二、对其他问题的说明：

1. 对现执行七类以上工资区工资标准未列入艰苦边远地区津贴实施范围的工作人员，这次按六类工资区标准套改后，其现行工资高于六类区工资标准的部分。统计在“津贴和补贴”项内。

2. 中小学教师、护士在新的专业技术职务工资标准的基础上提高10%的部分仍统计在“计时工资”项内。

3. 套改工资后，原按国家和地方规定发放的物价、福利性补贴及自行建立的津贴，扣除已纳入工资的64元以外的部分（不含独生子女补贴），统计在“津贴和补贴”中的津贴项内。

4. 增资额未达到35元的，按35元增加工资，其超出职级工资线的部分暂统计在“其他工资”项内。

5. 此次工资制度改革文件未涉及到的工资构成项目，如单位伙食补贴等，仍按原规定统计。

6. 补发1993年三个月的工资统计在“其他工资”项内。

7. 机关、事业单位工作人员工资制度改革后，原统计在保险福利费用中的洗理卫生费、上下班交通费补贴已纳入工资总额。因此对企业工资总额的统计口径作适当调整，从1994年起企业的洗理卫生费、上下班交通费补贴一律计入工资总额中“津贴和补贴”中的津贴项内。

8. 劳动综合统计报表制度中企业、事业、机关的分组仍按统制字（1990）304号文件执行。

三、本通知自1994年定期统计报表起开始施行。

一九九四年二月二日

国家统计局、国家工商行政管理局印发《关于经济类型划分的暂行规定》的通知

国统字（1992）344号

各省、自治区、直辖市统计局、工商行政管理局，计划单列市统计局、工商行政管理局：

国家统计局和国家工商行政管理局一九八〇年联合颁发的《关于统计上划分经济类型的暂行规定》(以下简称《暂行规定》)，已实施了十二年。随着体制改革的不断深化和社会经济的发展，我国国民经济结构发生了新的变化，出现了一些新的经济成份，《暂行规定》已不能反映我国经济体制格局发展变化的新情况。为正确反映我国所有制结构，适应宏观决管、管理和业务管理的需要，国家统计局和国家工商行政管理局在调查研究的基础上，对《暂行规定》进行了修订、补充。现将修订后的《关于经济类型划分的暂行规定》发给你们，请按新的经济类型划分标准组织贯彻执行。

附件：1、关于经济型划分的暂行规定

2、经济类型与代码

一九九二年十月二十日

附件一：

关于经济类型划分的暂行规定

（一九九二年十月二十日）

第一条 为科学统一地划分国民经济中的各种经济类型，规范统计口径，以便正确反映和研究所有制结构以及经济类型的变化情况，为宏观决策、管理和业务管理提供依据，制定本规定。

第二条 本规定以生产资料的所有制性质和国家有关法规作为划分经济类型的依据。

第三条 本规定以在工商行政管理机关登记注册的企业、个体工商户和个人合伙，以及其他经济组织为划分对象。

第四条 本规定将经济类型划分为以下几种：

国有经济

集体经济

私营经济

个体经济

联营经济

股份制经济
外商投资经济
港、澳、台投资经济
其他经济

第五条 国有经济是指生产资料归国家所有的一种经济类型，是社会主义公有制经济的重要组成部分。包括中央和地方各级国家机关、事业单位和社会团体使用国有资产投资举办的企业，也包括实行企业化经济，国家不再核拨经费或核拨部分经费的事业单位和从事经济性活动的社会团体，以及上述企业，事业单位和社会团体使用自有资金投资举办的企业。

第六条 集体经济是指生产资料归公民集体所有的一种经济类型，是社会主义公有制经济的组成部分。包括城乡所有使用集体投资举办的企业，以及部分个人通过集资自愿放弃所有权并依法经工商行政管理机关认定为集体所有制的企业。

集体所有制企业可再划分为 城镇集体所有制企业和乡村集体所有制企业。

第七条 私营经济是指生产资料归公民私人所有、以雇佣劳动为基础的一种经济类型。包括所有按照《中华人民共和国私营企业暂行条例》规定登记注册的私营独资企业、私营合伙企业和私营有限责任公司。

私营独资企业是指由一个投资经营，投资者对企业债务负无限责任的企业。

私营合伙企业是指二人以上按照协议共同投资，共同经营，共负盈亏、由投资人对企业债务，承担连带无限责任的企业。

私营有限责任公司是指投资者以其出资额对公司负责，公司以其全部资产对公司债务承担责任的企业。

第八条 个体经济是指生产资料归劳动者个人所有，以个体劳动为基础，劳动成果归劳动者个人占有和支配的一种经济类型。包括所有按照《民法通则》和《城乡个体工商户管理暂行务例》规定登记注册的个体工商户和个人合伙。

个体工商户是指公民在法律允许的范围内，依法经核准登记，从事工商业经营活动的个体劳动者。

个人合伙是指两个以上公民按照协议，各自提供资金、实物、技术等，合伙经营，共同劳动。

第九条 联营经济是指不同所有制性质的企业之间或者企业、事业单位之间共同投资组成新的经济实体的一种经济类型。联营经济只包括具备法人条件的紧密型联营企业，不具备法人条件的半紧密型联营企业和松散型联营企业，仍按其各自的所有制性质划归经济类型。相同所有制性质的企业之间或者企业、事业单位之间共同投资组成的紧密型联营企业，不列此类，按其所有制性质划归相应的经济类型。

第十条 股份制经济是指全部注册资本由全体股东共同出资，并以股份形式投资举办企业而形成的一种经济类型。股份制经济主要有股份有限公司和有限责任公司两种组织形式。

股份有限公司是指全部注册资本由等额股份构成并通过发行股标（或股权证）筹集资本，股东以其认购的股份对公司承担有限责任，公司以其全部资产对其债务承担责任的企业法人。

有限责任公司是指由两个以上股东共同出资，每个股东以其所认缴的出资额对公司承担有限责任，公司以其全部资产对其债务承担责任的企业法人。

全民、集体、联营、私营企业等经济组织虽以股份制形式经营，但不以股份有限公司或有限责任公司登记注册的，仍按原有所有制性质划归经济类型。

虽以有限责任以司名义登记注册，但由一个全民所有制或集体所有制股东投资的有限责任公司，暂按其股东的所有制性质划归经济类型。

第十一条 外商投资经济是指外国投资者根据中华人民共和国有关涉外经济的法律、法规，以合资、合作或独资的形式在中国大陆境内开办企业而形成的一种经济类型。外商投资经济包括中外合资经营企业、中外合作经营企业和外资企业三种形式。

中外合资经营企业是指外国合营者与中国合营者依照《中华人民共和国中外合资经营企业法》的规定，按一定的比例共同投资，共同管理，分享利润，共担风险，在中国大陆境内共同举办的企业。

中外合作经营企业是指外国合作者与中国合作者依照《中华人民共和国中外合作经营企业法》的规定，通过签订合同明确双方的责任、权利和义务，在中国大陆境内共同举办的企业。

外资企业是指依照《中华人民共和国外资企业法》的规定，在中国大陆境内设立的全部资本由外国投资者投资的企业。外国企业或其他经济组织在中国大陆境内合作开发资源、承包工程或承包经营管理的，也列入此类。

第十二条 港、澳台投资经济是指港、澳、台地区投资者参照中华人民共和国有关涉外经济的法律、法规，以合资、合作或独资的形式在大陆举办企业而形成的一种经济类型。港、澳、台投资经济参照外商投资经济可以分为合资经营企业、合作经营企业和独资企业三种形式。

第十三条 其他经济是指上述第五条至第十二条之外的其他经济类型。随着经济体制改革的深化，可能会出现新的经济形式。各地区、各部门在划分经济类型时，遇到不易划清的具体情况，可列入其他经济类型。

第十四条 本规定由国家统计局会同国家工商行政管理局负责解释。

第十五条 本规定自颁布之日起旅行，国家统计局和国家工商行政管理局一九八0年制定的《关于统计上划分经济类型的暂行规定》同时废止。

附件二：

经济类型与代码

代码	经济类型与构成
1	国有经济
11	国有企业
12	国有联营企业
2	集体经济
21	集体企业
22	集体联营企业
3	私营经济
31	私营独资企业
32	私人合伙企业
33	私营有限责任公司
4	个体经济
41	个体工商户
42	个人合伙
5	联营经济
51	国有与集体联营企业
52	国有与私人联营企业
53	集体与私人联营企业
54	国有、集体与私人联营企业
6	股份制经济
61	股份有限公司
62	有限责任公司
7	外商投资经济
71	中外合资经营企业
72	中外合作经营企业
73	外资企业
8	港、澳、台投资经济
81	与大陆合资经营企业
82	与大陆合作经营企业
83	港、澳、台独资企业
9	其他经济

图书在版编目(CIP)数据

中国社会保险年鉴·1997/劳动部社会保险事业管理局编.—北京:中国人事出版社,1997.12
ISBN 7-80139-147-0

Ⅰ.中… Ⅱ.劳… Ⅲ.社会保险-统计资料-中国-年鉴-1997
Ⅳ.F842.4-66

中国版本图书馆 CIP 数据核字(97)第 23542 号

中国人事出版社出版发行
(100028 北京市朝阳区西坝河南里 17 号楼)
新 华 书 店 经 销
河北衡水冀峰印刷股份有限公司印刷
*
1997 年 12 月第一版 1997 年 12 月第一次印刷
开本:787×1092 毫米 1/16 印张:21
字数:512 千字 印数:1-4000 册
定价:60.00 **元**